Im Sterben dem Leben begegnen

Joan Halifax

Im Sterben dem Leben begegnen

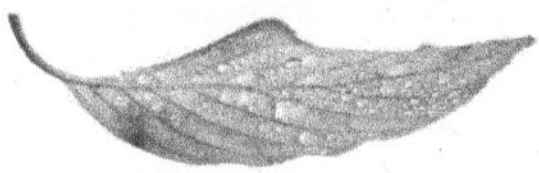

Mut und Mitgefühl im Angesicht des Todes

Aus dem Amerikanischen von
Bernd Bender

Theseus Verlag

Die amerikanische Originalausgabe Being with Dying ist erschienen bei
Shambhala Publications Inc.
Horticultural Hall
300 Massachusetts Avenue,
Boston, Massachusetts 02115

Übersetzung ins Deutsche: Bernd Bender

Layout/Satz: Ingeburg Zoschke, Berlin
Lektorat: Susanne Klein
Umschlaggestaltung: Morian & Bayer-Eynck, Coesfeld, www.mbedesign.de
Umschlagfotos: © Joan Halifax / Hildegard Morian
Druck & Verarbeitung: CPI - Clausen & Bosse, Leck

www.kamphausen.media

Broschurausgabe 2020

Bibliografische Information der Deutschen Nationalbibliothek:
Die Deutsche Nationalbibliothek verzeichnet diese Publikation in
der Deutschen Nationalbibliografie; detaillierte bibliografische Daten sind
im Internet über http://dnb.de abrufbar.

ISBN print 978-3-95883-361-6

ISBN eBook 978-3-95883-115-5

CPI
Mehr Bäume.
Weniger CO_2.
www.cpibooks.de/klimaneutral

Für Francisco Varela
(1946–2001)

»Im Tod wirst du zu dem, was du erfahren hast.«

Inhalt

Vorwort

»Sein mit dem Tode«, der amerikanische Titel dieses Buches, ist eine Wendung, die unsere menschliche Grundsituation treffend beschreibt. Wir sind vielleicht die einzigen Wesen, die sich ihrer Sterblichkeit bewusst sind. Obwohl die Fähigkeit, den Tod in Erwägung zu ziehen, eine unserer grundlegenden Eigenschaften ist, vermeiden es die meisten Menschen, darüber nachzudenken, wie ihr Leben enden könnte.

Während die Kultur des Westens den Tod mehr oder weniger verdrängt, haben sich Buddhisten in den letzten 2500 Jahren mit der Frage beschäftigt, wie es sich in der Gegenwart des Todes am besten leben lässt. In gewisser Hinsicht macht eine lebensgefährliche Verletzung oder Erkrankung uns alle zu Buddhisten, indem sie uns plötzlich und ab diesem Zeitpunkt dauerhaft aus unserer Illusion der Unsterblichkeit aufweckt. Vom Moment der Diagnose an wird die Gewissheit des Todes zu einer Glocke, die nicht aufhört zu schlagen. Wir können ihrem Klang natürlich ausweichen, wie einem unangenehmen Telefonat, doch das Geräusch wird ab jetzt immer da sein. Wir können uns mit medizinischen Informationen und fieberhafter Aktivität ablenken. Wir können trinken und Drogen nehmen, um das Dröhnen abzudämpfen, aber in stillen Momenten werden wir den Schlag der Glocke immer hören. Letztendlich, und doch meist nur zögerlich, werden wir herausfinden, dass wir das bedrängende Geräusch in uns nur zum Schweigen bringen können, indem wir seinem Ruf folgen.

Eine lebensbedrohliche Erkrankung ruft uns an einen Ort – metaphorisch gesprochen eine Wüste oder einen Berggipfel –, an dem wir uns niederlassen, damit der scharfe Wind der Wirklichkeit alles Überflüssige in unserem Leben, wie zu viel Kleidung, Make-up und Accessoires, wegreißt. Wir sind dann nackt, nur noch dieses »Ich«, das in diesem Moment ein- und ausatmet, hier und jetzt. Eine Erkrankung zeigt uns, dass wir jeden Tag, jeden Moment nur einen Herzschlag von unserem Tod entfernt sind – und immer schon entfernt waren. Diese unumstößliche Tatsache muss uns nicht deprimieren. Im Gegenteil: Wie Joan Halifax Roshi in ihrem bemerkenswerten Buch so eloquent beschreibt, kann unsere Bereitschaft zu sterben unser Leben und unsere Beziehungen zu anderen lebendiger gestalten.

Indem wir einfach nur mit unserem Atem sitzen, finden wir vielleicht heraus, dass wir ein neues Leben in uns entdecken – roh, elementar und rein –, wenn wir alles verlieren, was wir bis dahin mit dem Leben verbunden haben. Das ist jedoch nicht einfach. Der Einschnitt einer Erkrankung kann uns in tiefen Schrecken versetzen. Da sind die Anleitungen von Joan Halifax Roshi, die sich auf diesem schicksalsschweren Terrain auskennt, sehr willkommen. Aber auch wenn wir ganz alleine sind, gibt es die Weisheit unseres Körpers. Unser Einatmen verschafft uns ganz wortwörtlich eine Inspiration, während unser Ausatmen, so wie der Klang »Aahhhhh«, uns hilft, uns still in dieser neuen Wirklichkeit niederzulassen.

Wenn wir es zulassen, lehrt uns die Sterblichkeit in der Tat sehr viel über das Leben. Menschen, denen ich als Patienten begegnet bin, berichteten mir, dass ein schweres, lebensbedrohliches Leiden sie zwang – oder ihnen die Chance gab –, ihre Prioritäten zu überdenken. Fragen Sie jemanden, der auf einer Warteliste für eine Herz- oder Lebertransplantation steht, oder jemanden mit Krebs, der zum vierten oder fünften Mal einer Chemotherapie entgegensieht: »Was ist das Wichtigste?«, und zweifelsohne wird die Antwort aus den Namen der Menschen bestehen, die diese Person liebt. Nach einer schwerwiegenden Diagnose beenden viele Menschen schnell ihre Arbeitsprojekte oder geben sie ab. Die meisten verbringen dann mehr Zeit mit ihrer Familie oder mit guten Freunden. Es ist auch üblich, dass Menschen sich dann mehr mit den schönen Dingen des Lebens beschäftigen: Gutes Essen (falls sie es noch genießen können), der Natur, Kindern, Musik und Kunst.

Es wäre falsch, den Eindruck zu erwecken, Menschen müssten den Tod mit offenen Armen begrüßen oder passiv werden, wenn sie sich darauf vorbereiten, »sanft in jene Gute Nacht zu gehen«[1]. Tatsächlich gibt es meiner Erfahrung nach selbst in der Akzeptanz von Leben und Tod oft ein Element des Widerstandes. Vielleicht stellt die Liebe zwischen zwei Menschen den stärksten Akt dieses Widerstandes dar. Die Liebe ist ein bewusster Schöpfungsakt und ein Ja zum Leben. Im Erleben einer progressiven, unheilbaren Erkrankung ist die Liebe eine Erklärung an die höheren Gewalten, dass wir, auch wenn wir bestimmte Dinge, wie den Tod, nicht ändern können, einander wichtig sind.

Immer wieder habe ich erlebt, wie bemerkenswerte Menschen auf die große Ungerechtigkeit und Unannehmbarkeit des sich ankündigenden Todes reagierten, indem sie in jedem Moment noch lebendiger wurden. Das war kein Leugnen, sondern eine weise Reaktion auf eine unerwünschte, schwierige Situation. Einer dieser Menschen, ein Mädchen im Teenageralter, sagte über sein schwindendes Leben: »Es ist, was es ist.« Sie wusste, dass sie nur noch begrenzt Zeit hatte, aber sie gab dem Tod nicht mehr Gewalt über ihr Leben als nötig. Stattdessen war sie entschlossen, in der Zeit, die ihr blieb, das Leben mit noch größerer Intensität zu genießen.

1 Dies ist ein Hinweis auf ein Gedicht von Dylan Thomas: »Do not go gentle into that good night«. Es wird noch einmal auf Seite 203 erwähnt.

Die Anteilnahme am Sterben ist keine philosophische oder metaphysische Angelegenheit, die von der Wirklichkeit des Lebens getrennt wäre, sondern eine Praxis von tiefer und pragmatischer Bedeutung. Dieses Buch vermittelt uns Weisheit und eine praktische Anleitung zum Leben.

Dr. med. Ira Byock[2]

2 Der US-amerikanische Palliativmediziner Ira Byock ist ein engagierter Vertreter der Hospizbewegung und ehemaliger Präsident der American Academy of Hospice and Palliative Medicine.

Einführung

Die Trennung heilen

In vielen spirituellen Lehren ist die tiefe Trennung von Leben und Tod in einer ganzheitlichen Energie aufgehoben, die nicht geteilt werden kann. Aus dieser Sicht ist die Verneinung des Todes zugleich eine Verneinung des Lebens. Wir müssen Alter, Krankheit und Tod nicht mit Leiden gleichsetzen; wir können in einer Art und Weise leben, die das Sterben zu einem natürlichen Übergang macht, zu einer Vollendung des Lebens, ja sogar zur absoluten Befreiung.

Die wunderbare und auch schwierige Arbeit, sterbenden Menschen spirituelle Begleitung anzubieten, ist eine Reaktion auf die von Furcht erfüllte amerikanische Version eines »guten Todes« – ein Tod, der nur allzu oft lebensverneinend, antiseptisch, betäubt, hinter Schläuchen versteckt und institutionalisiert ist. Der eklatante Mangel an sinnstiftenden Ritualen, Lehrbüchern und Materialien für ein bewusstes Sterben hat mittlerweile einer Fülle von Literatur Platz gemacht. Obwohl diese Ansätze der mitfühlenden Begleitung speziell für Sterbende und ihre Betreuer entwickelt wurden, wenden sie sich aber auch an »gesunde Abenteurer«, Suchende, die nicht nur alle Aspekte des Lebens erforschen, sondern sich ganz praktisch mit der einzigen Gewissheit unseres Lebens auseinandersetzen wollen.

Nach vier Jahrzehnten, in denen ich Sterbende und ihre Betreuer begleitet habe, denke ich, dass die Erforschung der Prozesse, die uns den Tod annehmen lassen, auch für all jene von Wert ist, die noch viele Jahre vor sich haben. Natürlich sind Menschen, die krank sind oder leiden, die am Alter oder an einer tödlichen Erkrankung sterben, vielleicht offener dafür, sich mit der großen Angelegenheit des Sterbens auseinanderzusetzen, als junge und gesunde Menschen oder all jene, die noch an ihre eigene Unzerstörbarkeit glauben. Doch je eher wir den Tod annehmen können, umso mehr Zeit haben wir, vollständig zu leben und in der Wirklichkeit zu sein. Wenn wir den Tod annehmen, beeinflusst das nicht nur unsere Erfahrung des Sterbens, sondern auch unsere Erfahrung des Lebens. Leben und Tod sind zwei Seiten desselben Kontinuums. Man kann nicht – was so viele von uns versuchen –, zugleich ein erfülltes Leben haben und sich das Unvermeidliche vom Leibe halten wollen.

In unserem Unbehagen machen wir oft Witze über den Tod, der genauso endgültig ist wie die Steuern. Woody Allen hat diese Haltung, die die meisten von uns amüsant und normal finden, auf die Spitze getrieben: »Ich habe keine Angst vor dem Tod; ich will nur nicht dabei sein, wenn's passiert.«[3] Ja, das ist lustig, aber die tragische Verzerrung besteht darin, dass wir auch das Leben vermeiden, wenn wir den Tod vermeiden. Ich weiß natürlich nicht, wie es Ihnen damit geht, aber ich will bei allem dabei sein.

Wenn Menschen sich zu einem Meditations-Retreat zusammenfinden, können wichtige Veränderungen im eigenen Geist und im eigenen Leben eintreten. Ich denke oft an ein bestimmtes Retreat, weil damals etwas geschah, das mit erbarmungsloser Deutlichkeit aufzeigte, wie zerbrechlich unsere menschlichen Körper sind und wie ernst die »Große Angelegenheit von Leben und Tod« ist, von der Buddhisten sprechen.

Das Retreat fand in den 1970er Jahren auf Cortez Island in Kanada statt, in einem idyllischen Zentrum, das damals Cold

3 Woody Allen: »Death: A Play«. In: *Without Feathers*, New York, 1975, S. 106.

Mountain Institute hieß. Es war gerade der Beginn des Morgenprogramms; wir hatten gerade unsere erste Meditationsrunde abgeschlossen. Ein leiser Glockenschlag beendete die Runde; wir streckten unsere Beine und standen zur Gehmeditation auf – ein Mann jedoch blieb sitzen.

Ich erinnere mich an ein Gefühl der Beunruhigung, als ich mich umdrehte und ihn ansah: Wieso stand er nicht auf? Er saß immer noch mit perfekt gekreuzten Beinen in der Lotushaltung; seine Füße ruhten auf den Oberschenkeln. Doch dann bekam ich einen Schreck, als ich sah, wie sich sein Körper zur Seite neigte, zusammensackte und schließlich zu Boden fiel. Er war auf der Stelle tot. Mehrere Ärzte und Krankenpfleger, die an dem Retreat teilnahmen, versuchten, ihn mit Sauerstoff wiederzubeleben, aber es war zu spät. Hinterher erfuhren wir, dass seine Hauptschlagader geplatzt war, während wir alle in Meditation saßen.

Der Mann hatte gesund gewirkt – er war in seinen späten Dreißigern. Als er zu dem Retreat kam, hatte er sicher nicht gedacht, dass er in dieser Zeit sterben würde. Und dennoch: sechzig Leute setzten sich an diesem Tag in Meditation – aber nur neunundfünfzig standen wieder auf.

Für viele von uns, die wir durchs Leben gehen und uns verhalten, als wären wir unsterblich, ist das eine verstörende Geschichte. Wir spulen dann gekonnt Wahrheiten darüber ab, dass der Tod eben ein Teil des Lebens sei, eine natürliche Phase im Kreislauf der Existenz – und doch handeln wir nicht aus dieser Einsicht heraus. Die Verdrängung des Todes breitet sich in unserer Kultur immer stärker aus, und wir sind gänzlich unvorbereitet, wenn unsere Zeit gekommen ist oder wir anderen beim Sterben helfen sollen. Meist sind wir dann nicht offen für diejenigen, die uns brauchen, sondern reagieren mit Angst und Verdrängung – wir sind dann noch nicht einmal offen für uns selbst.

Als eine, die mit Sterbenden arbeitet, dachte ich in der Vergangenheit manchmal, ich müsse mich dafür entschuldigen, eine

Buddhistin zu sein. Ich dachte, meine Praxis könne sektiererisch oder unangemessen wirken. Über die Jahre habe ich jedoch erfahren, wie sehr die Lehren Buddhas den Lebenden und Sterbenden jeglicher Glaubensrichtung helfen konnten, und meine Vorbehalte sind verschwunden. Es ist äußerst wichtig, dass wir im Westen eine Vorstellung vom Tod entwickeln, die das Leben wertschätzt. Die Begegnung zwischen Ost und West hat uns Einsichten in Liebe und Tod geschenkt, und jetzt sehen wir, dass es sich dabei um zwei Seiten derselben Medaille handelt. Ich hoffe, dieses Buch, in dem sich vierzig Jahre meiner Arbeit in der Sterbebegleitung widerspiegeln, lässt Sie einige der erstaunlichen Möglichkeiten entdecken, die uns das Leben schenkt, wenn wir dem Tod offen begegnen.

Was ich hier schreibe, ist keine Theorie, sondern beruht auf meiner Arbeit mit Sterbenden und den vielen Jahren, in denen ich das Privileg hatte, professionelle und ehrenamtliche Betreuer zu schulen. Geprägt ist es auch durch meine Freundschaft mit Bernie Glassman Roshi, der die »Drei Grundsätze« für friedensstiftendes Handeln entwickelt hat. Die drei Grundsätze sind: Nicht-Wissen, Teilhabe und liebevolles Handeln. Sie beschreiben meine Erfahrungen mit Sterbenden, Trauernden und Betreuern. Diese Grundsätze leiten mich in meiner Praxis, am Sterben Anteil zu nehmen.

Der erste Grundsatz, Nicht-Wissen, hält uns an, unsere starren Vorstellungen über uns und andere aufzugeben und uns dem spontanen Geist des Anfängers zu öffnen. Der zweite Grundsatz, Teilhabe, lädt uns ein, mit dem Leiden und der Freude dieser Welt gegenwärtig zu sein, so wie sie sich zeigen, ohne Urteil und ohne Anhaften an einem Resultat. Der dritte Grundsatz, liebevolles Handeln, ermutigt uns, uns der Welt mit der Verpflichtung zuzuwenden, andere und uns selbst vom Leiden zu befreien. Ich habe die drei Grundsätze in meiner Arbeit mit Sterbenden angewendet, seit Glassman Roshi sie vor Jahren mit mir teilte; in diesem Buch tauchen sie als Anleitung dazu auf, darüber nachzudenken, wie wir mit Leben und Sterben umgehen können.

Wie Sie sehen werden, mache ich in diesem Buch keinen großen Unterschied zwischen Leben und Sterben. Normalerweise denken wir in einer falschen Dichotomie über Leben und Sterben nach, obwohl es in der Realität keine Trennung zwischen ihnen gibt, sondern nur wechselseitige Durchdringung und Einheit. Die Meditationen und die Praktiken, die ich hier beschreibe, können Sie, mit kleinen Veränderungen, selbst ausprobieren, falls Sie krank sind oder vielleicht bald sterben müssen, oder Sie schlagen sie Angehörigen eines Sterbenden vor. Sie können sie aber auch für sich anwenden, falls Sie ein Betreuer sind, oder Sie praktizieren sie für alle Wesen oder einfach nur, weil sie das Leben lebendiger und weicher machen.

Nach jedem Kapitel mache ich Vorschläge für Meditationen, in denen Sie praktisch erfahren können, wie es ist, die »Große Angelegenheit« in einer ganzheitlichen, konzentrierten Art und Weise zu betrachten. Diese Praktiken sind *upaya*, oder – übersetzt aus dem Sanskrit – »geschickte Mittel«, Techniken oder Methoden, die wir einsetzen können, um in unserem Leben und Sterben geschickter und in gewisser Weise effektiver zu werden, indem wir Herz und Geist schulen. Es sind Tore, die wir immer wieder durchschreiten, bis wir sie uns durch die Erfahrung vollständig angeeignet haben.

In unserem Kloster in Santa Fe, sage ich manchmal, sollten wir ein Motto über dem Eingang hängen haben: »Sei da!«. Das ist alles, was es zu tun gilt, wenn wir meditieren – da zu sein. Wir kommen mit all unseren Gedanken und Gefühlen zur Praxis, um mit dem zu sein, was gerade geschieht, ganz gleich, ob wir müde sind, wütend, ängstlich, in Trauer oder ob wir einfach nur Widerstand spüren und keine Lust haben. Es ist egal, was wir fühlen; wir kommen einfach ins Zentrum und setzen uns hin. Experimentieren Sie also mit allem, was in Ihnen auftaucht – es ist der Stoff der

Praxis: »Na, schau mal, wer da auftaucht – Widerstand. Wie interessant!« Oder vielleicht: »Heute bin ich verzagt. Dann werde ich eben damit sitzen.«

Unsere Haltung der Offenheit und Annahme von allem, was geschieht, ist grundlegend dafür, mit Sterben, Tod, Fürsorge und Trauer umzugehen. Der einzige Weg, Offenheit in jeder Situation, so wie sie gerade ist, zu entwickeln, besteht darin, Präsenz und Akzeptanz zu praktizieren. Wir tun unser Bestes, alles so vollständig wie möglich zu erfahren, und weichen nicht vor der Intensität einer Erfahrung zurück, auch wenn sie uns anfangs Angst macht.

Tatsächlich ist das ein ganz natürlicher Zustand. Ich nenne es »No-Big-Deal-Dharma« – etwas ganz Alltägliches, nichts Besonderes. Mit dieser Art von offener, umfassender Bewusstheit sind wir vollständig – und dieser Moment ist vollständig. Es gibt nichts Besonderes, das wir erkennen müssten, keine transzendente Wirklichkeit, die es zu erreichen gilt, nichts außerhalb dessen, was gerade geschieht.

Kontemplative Praxis ist eine durch und durch natürliche Aktivität. Es ist eine direkte Art und Weise, mit den Dingen zu sein, genau so, wie sie sind. Obwohl es sicherlich hilft, sich in diesem Prozess durch Sitzmeditation zu üben, müssen wir keine bestimmte Zeit, keinen bestimmten Ort reservieren, keinen besonderen Geisteszustand haben, um so zu sein. Wir können diese Erfahrung auch nicht erzwingen. Wenn es mühsam und anstrengend wird, wenn ungewöhnliche Geisteszustände auftauchen, dann betrachten Sie diese einfach, entspannen Sie sich und lassen Sie sie los. Wahrnehmen, entspannen und loslassen – die drei zentralen Aspekte der Achtsamkeit. Der Geist des Nicht-Wissens ist einfach, direkt, offen und frisch. Er ist wie die Wolken am Himmel, wie fließendes Wasser, eine leichte Brise: Nichts behindert ihn.

Seien Sie, wenn Sie denken, schreiben, gehen oder in Stille sitzen, offen dafür, alle Aspekte des Lebens, so wie sie sich Ihnen zeigen, zu betrachten. Ich versichere Ihnen, wie bereits Rilke schrieb: »Kein Gefühl ist das fernste.«[4]

Wie unerträglich gewisse Beschwerden auch sein mögen, letztendlich ist alles, was wir erfahren, nicht von Dauer. Und bitte, bemühen Sie sich, für Ihr Leben da zu sein, Moment für Moment, in *diesem* Moment – denn er ist vollkommen, so wie er ist.

4 Rainer Maria Rilke: »Gott spricht zu jedem nur, eh er ihn macht«. In: *Das Stunden-Buch*, Frankfurt, 2008, S. 47.

Erster Teil
Unbekanntes Terrain

Für die meisten von uns beginnt die Reise in die Anteilnahme am Sterben mit einer Diagnose, entweder der eigenen oder der eines Freundes oder Verwandten: Alzheimer, Krebs, Diabetes, Herzschwäche. Für andere ist es der Verlust eines Sohnes im Krieg, die Erschießung einer Tochter auf dem Schulhof, der Tod eines Minenarbeiters unter dem Druck von Erde und Stein. Plötzlich werden wir in unbekanntes Terrain geworfen; wir lassen alles, was uns vertraut ist, hinter uns und betreten das Unbekannte. Buddhistisch ausgedrückt: Wir werden in den Bereich des »Nicht-Wissens«, des »Anfänger-Geistes« gerufen.

In unserer Anteilnahme am Sterben werden wir diesem Nicht-Wissen immer wieder begegnen, egal wie sehr wir auch versuchen, alles zu planen und kontrollieren. Wir fragen uns: »Wie wird das sein, wenn ich sterbe? Werde ich leiden? Werde ich alleine sein? Wohin gehe ich nach dem Tod? Wird man mich vermissen? Ist der Tod schmerzvoll? Ist er eine Erleichterung? Aus diesen Fragen wird Nicht-Wissen geboren, denn in Wirklichkeit werden wir sie nie beantworten können.

Der erste Grundsatz, Nicht-Wissen, mag uns merkwürdig erscheinen. Konzeptuelles Wissen wird in unserer Welt sehr geschätzt. In vielen Kulturen wird jedoch Weisheit nicht mit Wissen, sondern mit einem offenen Herzen gleichgesetzt. Wie können wir überhaupt wissen, was im nächsten Moment passiert? Der Anthropologe Arnold van Gennep beschreibt den Prozess des Heraustretens aus dem Vorhersagbaren und Gewohnten als »Trennung«, als erste Phase eines Initiationsrituals, das uns in das Unbekannte einführt.[5] In dieser ersten Phase der Trennung öffnen wir uns dem Geist des Nicht-Wissens und erkennen ihn. Diese Bereitschaft, inmitten der Ungewissheit offen zu sein, wird in dem alten buddhistischen Lehrgedicht *Lied vom Juwelenspiegel-Samadhi* als das »Betreten der Straße« beschrieben.[6]

5 Arnold van Gennep: *Übergangsriten*, Frankfurt am Main, 2005.

Weisheit, sagte einmal ein Zen-Lehrer, ist ein Geist, der bereit ist. Ein frischer, offener Geist, der sich nicht auf Fakten, Wissen oder Konzepte verlässt. Er ist tiefer als unsere Konditionierungen. Es ist der Geist, der nicht an festen Vorstellungen vom Selbst und von anderen festhält. Es ist ein mutiger Geist, der die bekannte Landschaft der mentalen Geschäftigkeit hinter sich lässt und in einer stillen Wirklichkeit verweilt, in der die Dinge das sind, was sie sind, und nicht das, was wir von ihnen erwarten. Im Nicht-Wissen spiegelt sich das Potenzial eines klaren und offenen Geistes, den alle Wesen besitzen – der Weisheits-Geist der Erleuchtung, der zugleich substanzlos, vertraut, klar, ungreifbar und allumfassend ist.

Die wahre Natur unseres Geistes ist wie ein großer Ozean: grenzenlos, vollkommen und natürlich, so wie er ist. Damit wir uns sicher fühlen und einen vertrauten Orientierungspunkt haben, entscheiden sich die meisten von uns, auf einer kleinen Insel inmitten dieses Ozeans zu leben. Dabei vergessen wir, den Blick aus der scheinbar sicheren und beständigen Landschaft auf die unermessliche Weite zu richten, die wir in Wirklichkeit sind.

Wenn wir sterben, werden die Taue, die uns an das Ufer des Lebens binden, gekappt. Wir treiben dann in unbekannte Gewässer hinaus, jenseits des uns vertrauten Terrains. André Gide erinnert uns daran, dass wir kein Neuland entdecken können, wenn wir nicht für längere Zeit den Blick auf das Ufer hinter uns lassen[7]. So ist auch die Wirklichkeit des Sterbens: ein Loslassen in das Unbekannte hinein; wir verlieren den Boden unter den Füßen und öffnen uns für die Weite dessen, der wir sind.

6 Dongshan Liangjia: *Lied vom Juwelen-Samadhi*, in der deutschen Übertragung von Munish B. Schiekel.

7 André Gide: *Die Falschmünzer*, München, 2004.

1. Pfad der Entdeckung

Beglückende Dunkelheit

Ich bin in den Südstaaten aufgewachsen, und meine Großmutter stand mir als Mädchen sehr nahe. Ich genoss es, die Sommer in Savannah zu verbringen; dort arbeitete sie als Steinmetzin und Künstlerin und fertigte Grabsteine an für die Leute in der Gegend. In ihrem Dorf war sie eine außergewöhnliche Frau; sie ging ganz natürlich mit Krankheit und Tod um und diente der Gemeinschaft, indem sie sterbende Freunde begleitete.

Als sie jedoch selbst erkrankte, konnte ihre Familie ihr nicht die gleiche mitfühlende Anteilnahme zukommen lassen. Meine Eltern waren gute Menschen, doch wie so viele in dieser Zeit waren sie nicht darauf vorbereitet, sie in ihren letzten Tagen zu begleiten. Als meine Großmutter zuerst an Krebs erkrankte und dann auch noch einen Schlaganfall erlitt, wurde sie in ein Pflegeheim gebracht und dort größtenteils alleine gelassen. Ihr Sterben war langwierig und schwer.

Das war in den frühen 1960er Jahren, als die Schulmedizin das Sterben, so wie auch das Gebären, als Krankheit betrachtete. Der Tod wurde meist in einer Klinik außerhalb des eigenen Heims »abgewickelt«. Ich besuchte meine Großmutter in einem sterilen Saal des Pflegeheims, voll gestellt mit Betten, in denen Menschen lagen, die gedankenlos von ihren Verwandten im Stich gelassen worden waren – und ich werde niemals vergessen, wie sie meinen Vater anflehte, sie sterben zu lassen und ihr dabei zu helfen. Sie verlangte nach unserer Anwesenheit, aber wir wandten uns im Angesicht ihres Leidens ab.

Als sie schließlich starb, fühlte ich in mir einen tiefen Zwiespalt, Trauer und Erleichterung. Im Bestattungsinstitut blickte ich in ihren Sarg und sah, dass die tiefe Enttäuschung, die sich in ihr Gesicht eingegraben hatte, verschwunden war. Am Ende schien sie Frieden gefunden zu haben. Als ich dort stand und ihr friedliches Gesicht betrachtete, wurde mir bewusst, wie sehr ihre Not mit der Furcht der Familie, auch meiner eigenen, vor dem Tod zu tun hatte. In diesem Moment nahm ich mir selbst das Versprechen ab, für andere in ihrem Sterben da zu sein.

Obwohl ich protestantisch erzogen worden war, wendete ich mich kurz nach dem Tod meiner Großmutter dem Buddhismus zu. Seine Lehren gaben dem Leiden meiner Jugend eine Perspektive, und die Botschaft des Buddha war klar und direkt – Befreiung vom Leiden findet sich im Leiden selbst; dabei liegt es an jedem Einzelnen, seinen oder ihren eigenen Weg zu finden. Und dennoch: Der Buddhismus gibt uns einen Weg vor, der uns durch unsere Entfremdung hindurch zur Befreiung führt. Der Buddha lehrte, anderen zu helfen, während wir zugleich tiefe Konzentration, Mitgefühl und Weisheit entwickeln. Er lehrte auch, dass Erleuchtung keine mystische, transzendente Erfahrung ist, sondern ein andauernder Prozess, der auf drei grundlegenden Qualitäten beruht: Furchtlosigkeit, Vertrautheit, Offenheit – und dass unser Leiden abnimmt, wenn Verwirrung und Angst sich in Offenheit und Stärke verwandeln.

In meinen Zwanzigern begab ich mich in die »Höhle des blauen Drachen«[8], an den dunklen Ort, wo sich der ganze Morast meines jungen Lebens angesammelt hatte. Instinktiv war mir klar, dass ich Heilung durch meine eigene Erfahrung erlangen musste, dass ich die tiefen Muster, mit denen ich meinem Leiden begegnete, nur auflösen konnte, indem ich mich vollständig mit ihnen

8 Wilhelm Gundert (Übers.): *Bi-Yän-Lu. Niederschrift von der Smaragdenen Felswand*, Wiesbaden, 2005, S. 83.

konfrontierte. Ich spürte, dass ich mich mit der Nacht, mit der Dunkelheit verbinden musste, um zu überleben, und intuitiv verstand ich auch, dass nur darüber nachzudenken keine Lösung war. Ich musste mit dem Leiden *praktizieren* – das heißt, ich musste stillsitzen, mich betrachten und meiner eigenen Weisheit erlauben, aufzutauchen.

Durch die Bürgerrechtsbewegung und Proteste gegen den Vietnamkrieg hatte ich auch verstanden, dass der Rest der Welt ebenfalls litt. Bis in meine Knochen hinein spürte ich, dass buddhistische Lehren und Praktiken die Grundlage dafür sein konnten, mit sozialer und persönlicher Entfremdung umzugehen und sie zu transformieren. So entstand in mir ein tiefes Engagement für soziales Handeln. Meine eigenen Schwierigkeiten wurden durch die Arbeit mit Menschen, die größere Probleme hatten als ich, ins rechte Licht gerückt.

Der Tod meiner Großmutter veranlasste mich, in einem großen städtischen Krankenhaus in Dade County, Florida, auf dem Feld der medizinischen Anthropologie zu arbeiten. Der Tod wurde mein Lehrer, als mir immer wieder vor Augen geführt wurde, wie sehr spirituelle und psychologische Fragen plötzlich für alle drängend werden, die mit dem Tod konfrontiert sind. Ich entdeckte die Sterbebegleitung als spirituellen Weg, aber auch als Schulung darin, die tief in mir und meiner Kultur verankerten Muster der Abwehr abzulegen. Sterbende zu begleiten, auch das lernte ich, zwingt uns förmlich dazu, still zu sein, loszulassen, zuzuhören und sich dem Unbekannten zu öffnen.

Die Marginalisierung von Sterbenden beschäftigte mich sehr – die Angst und Einsamkeit, die sterbende Menschen erfuhren; die Empfindungen der Scham und Schuld, die in Ärzten, Pflegekräften, Sterbenden und Familien auftauchten, wenn die Wellen des Todes das Leben überfluteten. Ich spürte, dass spirituelle Begleitung Angst und Stress lindern konnte. Außerdem reduziert sie den Bedarf an bestimmten Medikamenten und teuren Behandlungen,

Rechtsstreitigkeiten und die Zeit, die Ärzte und Pfleger damit verbringen, Menschen Mut zu machen. Sie hilft professionellen und familiären Betreuern, Leiden, Tod, Verlust, Trauer und Fragen nach der Bedeutung von Leben und Tod anzunehmen.

Während ich mit Sterbenden, Betreuern und Menschen, die ein Unglück erlitten hatten, arbeitete, praktizierte ich Meditation, um meinem Leben ein starkes Rückgrat der Praxis sowie ein offenes Herz zu verleihen, mit dem ich über das hinausblicken konnte, was ich zu wissen glaubte. Ich war dankbar, im Buddhismus so viele Praktiken und Einsichten zu finden, um achtsam und mitfühlend mit Leiden, Schmerz, Sterben, Versagen, Verlust und Trauer umzugehen – dem Stoff, den Johannes vom Kreuz die »beglückende Dunkelheit« genannt hat[9]. Dieser bedeutende christliche Heilige hat erkannt, dass Leiden eine große Chance sein kann, denn ohne Leiden gibt es keine Möglichkeit der Entwicklung. Über all die Jahre verlieh die beglückende Dunkelheit meinem Leben Klarheit – ein Leben, in dem ich den Tod als Feind betrachtet hatte, begann, den Tod als Lehrer und Begleiter zu entdecken.

Als junge Anthropologin erforschte ich den Tod auch anhand der archäologischen Spuren der Menschheitsgeschichte. Durch die Jahrtausende und über Kulturen hinweg hat der Tod Furcht und Transzendenzerfahrungen, pragmatisches Umgehen und spirituelle Annäherung hervorgebracht. Die Grabstätten und die Höhlenmalerei jungsteinzeitlicher Menschen versuchen, das Mysterium in Knochen, Steinen, Körpern, die in fötaler Haltung niedergelegt wurden, sowie durch Abbildungen von Tod und Trance auf Höhlenwänden einzufangen.

Selbst heutzutage, egal ob Menschen naturnah oder in Wolkenkratzern leben, ist der Tod eine tiefe Quelle. Für die meisten von uns ist diese Quelle ihres Mysteriums beraubt. Und dennoch

9 Johannes vom Kreuz: *Die dunkle Nacht*, Freiburg, 2010.

haben wir alle eine Ahnung davon, dass zum Zeitpunkt unseres Todes ein Splitter der Ewigkeit in uns befreit wird. Diese Intuition ruft uns zur Anteilnahme auf – dazu, einen Teil unseres Selbst zu betrachten, der vielleicht verdeckt war und lange schwieg.

Wenn der Tod näher rückt, vernimmt ein sterbender Mensch vielleicht eine leise innere Stimme, die ihn in die Freiheit ruft. Diese leise innere Stimme konnte auch ich hören, als ich Sterbende begleitete, in Meditation saß, mich im Einflussbereich von Kulturen aufhielt, die anders waren als meine eigene. Sie spricht zu uns allen, wenn wir ihr nur den stillen Raum geben, um gehört zu werden.

Meditation:

Wie wollen Sie sterben?

Vor ein paar Jahren las mir eine sterbende Freundin ein paar Zeilen aus dem hinduistischen Epos *Mahabharata* vor. Ich musste lächeln. Der edle König Yudhisthira (Sohn Yamas, des Herrn des Todes) wurde gefragt: »Was ist das Merkwürdigste in dieser Welt?« Yudhisthira antwortete: »Das Merkwürdigste in dieser Welt ist, dass überall um uns herum Menschen sterben, aber wir nicht glauben, dass es uns auch passieren kann.«

Wenn ich Menschen in Sterbebegleitung schule, beginne ich meist damit, nach unseren Geschichten über den Tod zu fragen, einschließlich unserer ererbten kulturellen und familiären Erzählungen. Es ist hilfreich, wenn wir uns diese bewusst machen, denn so lernen wir zu verstehen, wie wir unser Sterben begreifen, und öffnen uns dadurch neuen Vorstellungen.

Wir beginnen mit einer einfachen, direkten Frage: Was ist Ihre schlimmste Vorstellung davon, wie Sie wohl sterben werden? Die Antwort auf diese Frage lauert unter der Oberfläche unseres Lebens und prägt unbewusst viele Entscheidungen, durch die wir es gestalten. In dieser intensiven Praxis der Selbstbefragung bitte ich Sie, ohne groß nachzudenken und doch detailliert aufzuschreiben (einschließlich des Wie? Wann? Woran? Mit wem? Wo?), wie Sie sich den schlimmsten vorstellbaren Tod ausmalen. Schreiben Sie alles unzensiert auf, ohne sich zu korrigieren, und erlauben Sie den unkontrollierten Anteilen Ihrer Psyche, beim Schreiben aufzutauchen. Nehmen Sie sich dafür fünf Minuten Zeit.

Fragen Sie sich danach bitte, wie Sie sich fühlen, was Sie in Ihrem Körper spüren und was für Sie auftaucht. Schreiben Sie diese Reaktionen ebenfalls auf. An diesem Punkt ist es wichtig, dass Sie sich ganz offen und ehrlich selbst betrachten. Was teilt Ihr Körper Ihnen mit? Nehmen Sie sich ein paar Minuten Zeit und schreiben Sie auf, wie Sie sich fühlen, wenn Sie sich Ihren schlimmsten vorstellbaren Tod ausmalen.

Nehmen Sie sich dann weitere fünf Minuten, um eine zweite Frage zu beantworten: »Wie möchten Sie sterben?« Schreiben Sie auch diesmal wieder alles so detailliert wie möglich auf. Was ist die ideale Zeit, der ideale Ort und die ideale Art Ihres Todes? Wer wird bei Ihnen sein? Und auch diesmal wieder: Achten Sie am Ende darauf, was in Ihrem Körper und Geist geschieht, und notieren Sie diese Beobachtungen ebenfalls.

Machen Sie diese Übung, wenn möglich, mit einer zweiten Person, um zu sehen, wie unterschiedlich Ihre Antworten sein werden. Erstaunlicherweise teilt Ihr Gegenüber nicht unbedingt Ihre schlimmsten Ängste, aber auch Ihre Vorstellungen über einen idealen Tod sind nicht unbedingt die des anderen. Meine eigenen Antworten auf diese Fragen haben sich über die Jahre verändert. Heute denke ich, dass es schlimmer wäre, einen sinnlosen, gewaltsamen Tod zu sterben. Ein schleichender Tod würde mir vielleicht die Zeit geben, mich besser vorzubereiten. Außerdem wäre mein Sterben vielleicht hilfreich für andere.

Als ich an einem theologischen Seminar mehrere Kurse über Tod und Sterben gab, sagten ein Drittel der Studenten, dass sie im

Schlaf sterben wollten. In anderen Situationen, in denen ich diese Fragen stellte, wollten mehr Leute allein und in Frieden sterben, als ich angenommen hatte. Viele wollten in der Natur sterben. Unter mehreren Tausend Antworten, die ich auf diese Frage erhielt, gab es nur wenige von Menschen, die im Krankenhaus oder Pflegeheim sterben wollten – auch wenn viele von uns genau dort sterben werden. Und fast jeder wünschte sich, dass der Tod eine spirituelle Erfahrung sein wird. Ein gewaltsamer, plötzlicher Tod wurde als eine der schlimmsten Arten des Sterbens betrachtet. Schmerzfrei zu sterben, spirituell begleitet, und einen Tod zu erfahren, der einen Sinn hat, wurde von vielen als die beste aller Möglichkeiten angesehen.

Nachdem Sie darüber nachgedacht haben, wie Sie sterben möchten, stellen Sie sich bitte noch eine dritte Frage: »Was sind Sie bereit dafür zu tun, um so zu sterben, wie Sie es sich wünschen?« Wir nehmen vieles auf uns, um uns für unseren Beruf auszubilden und zu schulen. Die meisten von uns verwenden viel Zeit und Energie darauf, sich um den eigenen Körper und die eigenen Beziehungen zu kümmern. Darum fragen Sie sich bitte: Was tun Sie dafür, sich auf einen harmonischen, sanften Tod vorzubereiten? Und wie können Sie sich für die Möglichkeit öffnen, Unsterblichkeit der Erleuchtung zu erfahren, sowohl im gegenwärtigen Moment als auch wenn Sie sterben?

2. Das Herz der Meditation

Sprache und Stille

Vor Jahren begegnete ich einem alten tibetischen Lama, der glücklich darüber zu sein schien, dass sein Tod näher rückte. Ich fragte ihn, ob er so froh wirkte, weil er alt und bereit sei zu sterben. Er sagte, er fühle sich wie ein Kind, das zu seiner Mutter zurückkehrt. Dann erklärte er, wie seine lange Vorbereitung auf den Tod ihm überhaupt erst sein Leben gegeben habe. Jetzt, dem Tod ganz nahe, öffne sich sein Geist endlich seiner wahren Natur.

Spirituelle Praxis kann eine Zuflucht sein, ein geschützter Raum, in dem wir Einsichten über das gewinnen können, was außerhalb von uns, aber auch über das, was in unserem Herzen und unserem Geist geschieht. Sie kann Stabilität verleihen, die für Betreuer genauso wichtig ist wie für Sterbende. Durch sie lassen sich heilsame Geistesqualitäten wie Mitgefühl, Freude und Nicht-Anhaftung entwickeln – Qualitäten, die uns das Durchhaltevermögen dafür geben, dem Leiden zu begegnen und es möglicherweise zu verwandeln. Spirituelle Praxis kann auch der Ort sein, an dem Ungewissheit und Zweifel, also das, was Keats als »negative Befähigung« bezeichnete, sich in eine Zuflucht der Wahrheit verwandeln.

Eine sterbende Frau beschrieb ihre Meditationserfahrung so, als würde sie in den Armen ihrer Mutter gehalten werden. Sie erklärte, dass sie durch Meditation nicht versuche, ihrem Leiden zu entfliehen, sondern dass in ihr liebevolle Zuwendung und Stärke auftauchten. Indem sie sich für den Schmerz und die Ungewissheit öffnete, erkannte sie in ihrem Loslassen die Wahrheit des Nicht-Wissens. Diese Erfahrung verlieh ihr größeren Gleichmut.

Wenn wir still bei einem sterbenden Menschen sitzen, wenn wir an der Trauer von Familienangehörigen teilhaben, wenn wir darum ringen, mit der Furcht und Wut, dem Kummer und der Verwirrung von Menschen, deren Leben sich radikal verwandelt, ganz präsent zu sein, tauchen in uns möglicherweise starke und verstörende Empfindungen auf. Wir suchen dann vielleicht nach einen Weg, die Hitze oder Kälte unserer eigenen Geisteszustände zu akzeptieren und zu verwandeln. Falls wir in dieser Situation aus einer kontemplativen Praxis schöpfen können, kann uns das helfen, Stille, Offenheit und Geduld inmitten des Sturms zu finden – einschließlich des Sturms unserer eigenen Probleme, die wir mit dem Sterben haben.

Buddhisten bezeichnen ihre Meditationsübung oft als Praxis – da wir praktizieren, gegenwärtig zu sein. Wir müssen nicht perfekt sein, wir müssen einfach nur da sein. Eine regelmäßige Meditationspraxis macht uns das doppelte Geschenk von Sprache und Stille, Geschenke, die oftmals zusammen auftauchen, um uns zu helfen. Sprache vermittelt uns wichtige Einsichten über Herz und Geist; Stille ist wesentlich für die Entwicklung tiefer Konzentration, Ruhe und geistiger Stabilität. Kontemplative Ansätze, die mit diesem doppelten Geschenk arbeiten, bereiten uns sowohl auf unser Sterben als auch auf die Begleitung Sterbender vor. Einige setzen dazu Stille, Konzentration und Offenheit ein, während andere damit arbeiten, eine positive Einstellung und heilsame Geistesqualitäten zu entwickeln.

Manchmal denken wir vielleicht, dass Schweigen und Stille im Angesicht des Leidens nicht genügen. Wir fühlen, wir sollten etwas »tun« – sprechen, trösten, aktiv werden, putzen, uns bewegen –, »helfen« eben. Doch in der gemeinsamen Meditation halten Begleiter und Sterbende sich gegenseitig in einer stillschweigenden

Vertrautheit, die jenseits von Trost oder Unterstützung ist. Wenn ich einen sterbenden Menschen begleite, frage ich mich bewusst, welche Worte hilfreich sind. Muss in diesem Moment wirklich etwas ausgesprochen werden? Kann ich mich mit ihr oder ihm in eine tiefere Vertrautheit begeben, eine Gemeinschaft jenseits von Worten und Handlungen? Kann ich mich entspannen und darauf vertrauen, einfach nur da zu sein, ohne mich mit meiner Person in die zarte Verbindung, die wir ohnehin teilen, einzumischen?

Ein Mann, der im Sterben lag, erzählte mir: »Ich erinnere mich, wie ich bei meiner Mutter war, als sie starb. Sie war alt, wie ich jetzt, und bereit, zu gehen. Ich saß einfach bei ihr, hielt ihre Hand … würdest du jetzt meine halten?« Und so saßen wir in Stille beieinander, und die Berührung vereinte unsere Herzen.

Worte können, wie die Stille, ebenfalls hilfreich sein. Wir können der Gabe der Sprache vertrauen – im Gebet, als Poesie, Gespräch oder in geführter Meditation –, um die Bedeutung von Erfahrungen und Dingen deutlich zu machen. Wenn wir einem Sterbenden oder einem trauernden Familienmitglied einfach nur zuhören, hilft das der Person, die spricht. Dabei hängt alles davon ab, *wie* wir zuhören. Vielleicht können wir die Worte und Empfindungen so zurückspiegeln, dass der Sprecher zum ersten Mal wirklich hört, was er sagt. In dieser Weise Anteil zu nehmen, kann uns, den Zuhörenden, Einsicht und Inspiration verleihen. Sprache kann den Knoten lösen, der einen Menschen fest an die Angst bindet, und ihn Mitgefühl und ein offenes Herz spüren lassen. Wohlwollende Worte oder eine geführte Meditation können eine positive Haltung bewirken und hilfreiche Mittel auftauchen lassen, mit denen wir den Problemen begegnen können.

Achtsamkeit, das Herz unserer Anteilnahme am Sterben, ist die Praxis, allem, was im gegenwärtigen Moment geschieht, tiefe Aufmerksamkeit zu schenken – allem, was im Körper und im Geist des Betrachters geschieht, aber auch allem, was in unserer Umgebung geschieht. Dabei können wir Achtsamkeit des Körpers, des Atems oder auch der physischen Veränderungen, einschließlich Krankheit und Schmerz, praktizieren. Ebenso können wir achtsam gegenüber unseren Reaktionen sein – den Gefühlen des Wohlbefindens und Unbehagens – und betrachten, wie sie auftauchen und vergehen. Und schließlich können wir dann unsere Geisteszustände betrachten, wie zum Beispiel Begehren, Wut, Verwirrung, Konzentration, Klarheit oder Zerstreutheit. Dies sind die vier Grundlagen der Achtsamkeit: der Körper, Empfindungen, der Geist und die Objekte des Geistes.

Vertrauen und Geduld in Verbindung mit Offenheit und Akzeptanz – Eigenschaften, die durch Achtsamkeitspraxis gefördert werden –, unterstützen uns darin, mit dem Sterben zu sein. Diese Eigenschaften helfen uns, ein ausgewogenes Verhältnis von Mitgefühl und Gleichmut zu entwickeln und aus dem heraus zu reagieren, was tiefer liegt als unsere Persönlichkeit und unser konzeptueller Geist. Mit Gleichmut und Mitgefühl als untrennbaren Begleitern unserer Arbeit werden wir weniger werten oder auf Resultate fixiert sein. Für mich ist Achtsamkeitspraxis das Fundament meines Lernens und meiner Arbeit in der Betreuung. Durch sie haben viele von uns einen Zugang zu dem stillen inneren Raum gefunden, aus dem wir unsere Kraft und Weisheit ziehen.

Durch Achtsamkeitspraxis können wir Körper und Geist stabilisieren. Sie hilft uns, weniger zu reagieren als aufzunehmen und flexibel zu sein. Sie baut Stress ab und lässt uns Zugang zu unseren intuitiven Kräften finden.

Achtsamkeitspraxis gewinnt durch den Wunsch, anderen zu helfen, an Kraft. Engagement, das auf einem altruistischen Geist beruht, hilft uns dabei, uns von unserer Selbstanhaftung zu lösen. Der Wunsch, hilfreich zu sein, verleiht unserer Praxis Kraft und Tiefe und lässt sie empfänglich und offen sein.

Ob wir beten oder ob wir meditieren, wir müssen es mit unserem ganzen Wesen tun, damit unsere Praxis sich wirklich entfalten kann. Der Entschluss, zu praktizieren, um anderen zu helfen, unser Engagement, die Ernsthaftigkeit und der Einsatz für unsere Praxis haben einen großen Einfluss auf die Qualität und das Resultat unserer Meditation. Wenn wir uns verlieben, versuchen wir ja auch, uns dem Geliebten von unserer besten Seite zu zeigen. Wenn wir schwer erkranken, bemühen wir uns ja auch von ganzem Herzen darum, Heilung zu finden. Unsere spirituelle Praxis erfordert das gleiche Maß an Engagement und Bemühen.

Wir sollten uns dabei auch bewusst machen, dass unrealistische Erwartungen ein Problem sein können. Meditation kann tief verwurzelte Muster, die Leiden verursachen, nicht über Nacht auflösen. So wie wir unseren Körper nach und nach dehnen und flexibel machen, so braucht es Zeit, den Geist zu schulen. Wir können nicht gleich am ersten Tag schwere Gewichte stemmen, wenn unser Körper nicht darauf vorbereitet ist. Wir können uns nicht sofort in großen Höhen aufhalten, sondern müssen uns zuerst akklimatisieren. Wenn wir zu hohe Erwartungen haben und Probleme auftauchen, kann es sein, dass wir unsere Praxis aufgeben.

Sogenannte »Probleme« sollten wir sogar erwarten, denn sobald wir in unserer gewohnten geistigen und körperlichen Aktivität innehalten und still sitzen, sind unsere Schwierigkeiten deutlicher zu erkennen. Möglicherweise werden wir dadurch erst für das Leiden sensibilisiert und haben den Eindruck, dass wir auseinanderfallen könnten. Doch was da möglicherweise auseinanderfällt, ist unser Ego – unsere Identität eines kleinen, abgetrennten Selbst –, doch der gesunde Teil von uns sollte das begrüßen. Meist ist es jedoch nicht so einfach, die rohen und schwierigen Emotionen, die die Dekonstruktion des Ego begleiten, anzunehmen. Haben Sie Geduld und machen Sie sich bewusst, dass alle meditativen Praktiken, die Sie in diesem Buch finden, über lange Zeit durch systematisches Ausprobieren entwickelt wurden. Es braucht Zeit, bis sie wirken – haben Sie also Geduld. Schwierigkeiten in Ihrer Praxis können sogar ein Anzeichen dafür sein, dass sie wirkt.

Auch wenn Ihnen das Geduldigsein und Loslassen schwerfallen sollten, warten Sie mit Ihrem Urteil und erinnern Sie sich an diese Geistesqualitäten, sobald Ihr Widerstand auftaucht. Wir müssen die Bereitschaft haben, alles loszulassen, insbesondere das, woran wir uns mit aller Kraft klammern.

Letztendlich sollten Sie nicht vergessen, wie wichtig Engagement, Beständigkeit und Motivation sind – doch um all das müssen wir uns bemühen. Es geht nicht darum, einfach still zu sitzen und darauf zu warten, dass etwas Magisches passiert. Bringen Sie sich ganz in Ihre Meditation ein, auch Ihr Herz, das selbst dann alles annehmen kann, wenn es keinen Grund mehr zu geben scheint, weiterzumachen. Nehmen Sie dieses Gefühl an und gehen Sie weiter. Wenn wir mit unserem Widerstand arbeiten, gewinnt unsere Meditationspraxis an Kraft und Tiefe – was letztendlich die gleichen Qualitäten sind, die uns zu einer offenen Begegnung mit dem Tod befähigen.

Seien Sie bitte auch achtsam, wenn Sie nicht meditieren, und bleiben Sie im gegenwärtigen Moment. Was auch immer wir in der Arbeit mit Sterbenden tun – jemanden waschen, die Bettpfanne wechseln, still bei einer kranken Freundin sitzen, still mit uns selbst sitzen –, wir verpflichten uns dazu, es achtsam zu tun. Formale Achtsamkeitspraxis stellt uns einen weiten, kraftvollen Raum bereit, um diese Bewusstheit zu entwickeln – und wir brauchen diese tiefe Konzentration, denn in der Anteilnahme am Sterbeprozess wird unsere Achtsamkeit regelmäßig durch diverse komplexe Situationen herausgefordert: die Begegnung mit Familien, die in tiefem Schmerz, wütend oder frustriert sind; in der Begegnung mit Sterbenden, die unerträgliche Schmerzen und Angst erleiden, alles verdrängen oder sich gänzlich abschotten; wenn wir mit einem lieben Freund zusammensitzen, dessen Geist allmählich in Alzheimer versinkt, oder mit einer Mutter, deren Sohn tödlich verunglückt ist. Konzentrierte Bewusstheit harmonisiert Körper, Sprache und Geist, sodass wir uns mit voller

Aufmerksamkeit der direkten Situation widmen, ohne dieser Situation etwas hinzuzufügen.

Wir lernen Achtsamkeit – selbst nach vielen Jahren der Meditation –, indem wir uns auf das konzentrieren, was uns am vertrautesten ist, unseren Atem. Wir verweilen in der Vertrautheit des Atems. Dann weiten wir unsere Konzentration auf unseren Körper aus und üben, in der Einheit von Atem, Körper und Geist zu verweilen. Sobald wir uns damit vertraut gemacht haben, können wir unsere Konzentration auf die Welt, die uns umgibt, ausweiten. So dehnen wir unser Vertrauen auf Gebiete jenseits der wehrhaften Mauern unserer Furcht aus. In dieser Weise treten wir in eine ununterbrochene, vertraute Beziehung mit dem Sein selbst ein.

Meditation:

Starker Rücken, weicher Bauch

Die Praxis, dem Atem zu folgen und den Geist zur Ruhe kommen zu lassen, steht nicht nur im Zentrum buddhistischer Praxis, sondern ich glaube auch, dass sie von zentraler Bedeutung für die Begleitung Sterbender ist. In der folgenden Meditation lernen wir, uns einzulassen und dabei innere Ruhe und Stille zu finden. Dies unterstützt uns darin, friedvoll in jedem Moment zu sein, ganz gleich, was dieser Moment mit sich bringt.

Setzen Sie sich in einer bequemen Haltung, in der Sie eine Zeitlang stillhalten können, auf einen Stuhl oder ein Meditationskissen. Werden Sie sich, nachdem Sie sich niedergelassen haben, nach und nach Ihres Atems und Ihres Körpers bewusst. Erlauben Sie Ihrem Körper, weich zu werden. Falls Sie auf einem Stuhl sitzen, entspannen Sie die Beine und stellen Sie beide Füße flach auf den Boden. Falls Sie auf einem Kissen sitzen, legen Sie die Beine so hin, wie es für Sie bequem ist, aber achten Sie darauf, dass die

Blutzirkulation nicht abgeschnitten wird. Spüren Sie die Schwerkraft. Lassen Sie dieses Gefühl, in der Erde verankert zu sein, in Körper und Geist ein. Erlauben Sie Ihrem ganzen Körper, die Kraft Ihrer stabilen Verbindung mit der Erde zu fühlen. Ruhen Sie in dieser stabilen Haltung.

Lenken Sie Ihre Aufmerksamkeit nun auf die Wirbelsäule. Atmen Sie in die Wirbelsäule hinein. Genießen Sie es, wie aufrecht, stark, flexibel und empfänglich sie ist. Pendeln Sie sanft nach links und rechts, um sich so in der Haltung zu verankern. Die Stärke Ihrer Wirbelsäule erlaubt es Ihnen, sich inmitten aller Umstände aufrecht zu halten. Sie können sich an diese Stärke erinnern, indem Sie still für sich »Starker Rücken« sagen. Geist und Rücken sind miteinander verbunden. Spüren Sie das Gefühl von Aufgerichtetsein und Flexibilität in Ihrem Geist.

Konzentrieren Sie sich nun auf den Bauch. Atmen Sie in den Bauch. Atmen Sie kraftvoll, während der Bauch sich hebt und senkt. Fühlen Sie Ihren natürlichen Mut und Ihre Offenheit, während Sie tief in den Bauch hineinatmen. Lenken Sie die Aufmerksamkeit nun auf den Brustraum und spüren Sie dort Ihrem zarten, offenen Empfinden nach. Öffnen Sie sich Ihrem eigenen Leiden und der Tatsache, dass andere, so wie Sie, auch leiden. Stellen Sie sich vor, frei vom Leiden zu sein und anderen dabei zu helfen, ebenfalls frei zu sein. Spüren Sie, wie die Kraft Ihrer Entschlossenheit aus dem Bauch aufsteigt. Lassen Sie alle Anspannung los, während Sie dem Atem erlauben, durch das Herz zu fließen. Machen Sie sich Ihre eigene Zartheit und Verletzlichkeit bewusst, indem Sie sich »Weicher Bauch« vorsprechen.

Richten Sie Ihre Aufmerksamkeit jetzt auf die Lungen. Lassen Sie mit aufrechter Wirbelsäule den Atem tief in die Lungen einströmen. Füllen Sie die Lungen ganz sanft mit Luft. Machen Sie sich, in einer Haltung der Dankbarkeit, bewusst, dass Ihr Leben von jedem Atemzug unterstützt wird. Jetzt fühlt sich die gesamte Vorderseite Ihres Körpers vielleicht offen, empfänglich und durchlässig an. Mit diesem offenen Körper können Sie die Welt spüren, und dadurch entsteht Mitgefühl. Ihre starke Wirbelsäule erlaubt es Ihnen, das Leiden anzunehmen, und das verleiht Ihnen Gleichmut. Lassen Sie es zu, dass diese Geistesqualitäten von Gleichmut und Mitgefühl sich verbinden. Indem beide zusammenkommen, erlangen Sie Ihre authentische Präsenz. *Starker Rücken, weicher Bauch.* Das ist der zentrale Punkt in unserer Arbeit mit Sterbenden.

Konzentrieren Sie sich auf die Schultern; lassen Sie sie weich werden und sich entspannen. Konzentrieren Sie sich nun auf Ihre Hände. Experimentieren Sie mit den folgenden zwei Handhaltungen und schauen Sie, wie sie Ihren Geisteszustand beeinflussen. Bei der einen Haltung liegen die Hände auf den Knien und lassen die Vorderseite des Körpers offen. Auf diese Weise öffnen Sie sich für die Einsicht in die Verbundenheit aller Dinge, indem Sie alle Eindrücke in Ihrem Bewusstsein willkommen heißen. Sie können die Hände aber auch vor dem Bauch ineinanderlegen; dies stärkt Ihre innere Achtsamkeit und Konzentration.

Was Sie mit den Augen machen, beeinflusst den Geist. Ihre Augen können direkt geradeaus schauen und an nichts festhalten. Sie können leicht geöffnet sein, auf den Boden direkt vor Ihnen gerichtet. Oder sie können geschlossen sein. Mit geradeaus gerichteten Augen nehmen Sie das Leben so wahr, wie es sich entfaltet; Ihnen wird dadurch die Intensität der Welt der Erscheinungen bewusst. Mit leicht geöffneten Augen verweilen Sie an der Schwelle zwischen Geist und äußerer Welt. Indem Sie sich in keine der beiden Welten begeben, erfahren Sie ihre gegenseitige Abhängigkeit und Durchdringung. Mit geschlossenen Augen können Sie ohne Ablenkung in Konzentration verweilen.

Welche Klänge, visuellen Eindrücke, Gerüche, Geschmäcke oder Empfindungen auch auftauchen mögen, lassen Sie sie in Ihr Bewusstsein kommen und wieder gehen, während Sie sich auf den Atem konzentrieren. Seien Sie einfach und direkt. Indem Sie sich in dieser Art und Weise entspannen, können Sie sich in etwas sinken lassen, das tiefer ist als Ihre Persönlichkeit, tiefer als Ihre Identität, tiefer als Ihre Geschichte.

Nachdem wir unsere Meditation beendet haben, widmen wir anderen alles Positive, das aufgetaucht ist. Außerdem nehmen wir uns vor, den Geist der Praxis in den Alltag einfließen zu lassen, um anderen zu helfen.

In diesem Buch werden wir immer wieder auf diese grundlegende Meditation zurückkommen. Einige Momente lang dem Atem zu folgen ist der beste Weg, den ich kenne, um den Geist zur Ruhe zu bringen. Dies bereitet uns auf Praktiken und Aufgaben vor, die komplexer sind und uns möglicherweise aufwühlen. Ich konzentriere mich immer wieder auf den Atem als Meditationsobjekt, da unser Leben so ganz und gar von ihm abhängt. Außerdem können wir durch die Qualität unseres Atems etwas über unseren Geisteszustand lernen: Ist er unruhig oder gleichmäßig, flach oder tief, schnell oder langsam? Durch die bewusste Regulierung des Atems können wir uns beruhigen. Sobald eine Situation zu nervenaufreibend oder zerstreut wird, können Sie immer wieder zum Atem zurückkehren, so lange, bis Sie sich wieder stabil fühlen.

3. Den »Stachelschwein-Effekt« überwinden

Die Angst in Sanftmut verwandeln

Der Religionswissenschaftler Huston Smith erzählte mir einmal eine Geschichte über einen bekannten Psychologen, einen störrischen alten Mann, der kurz vor seinem Tod stand. Eines Morgens, als er mühsam versuchte, zur Toilette zu gehen, kam eine Pflegerin ihm zu Hilfe. Er blaffte sie an: »Das kann ich schon alleine!« Dann fiel er um und war tot.

Mit dieser Geschichte wollte Huston Smith aufzeigen, wie wir uns immer wieder dagegen wehren, Hilfe anzunehmen. Er bezeichnete diese Reaktion als »Stachelschwein-Effekt«. Für manche von uns ist es ein Problem, wenn wir uns abhängig fühlen, und es fällt uns schwer, die Unterstützung anderer anzunehmen. In diesem Fall unterdrücken wir meist unsere grundlegende Sanftmut gegenüber anderen.

Meist gründet unsere sogenannte Stärke in Angst und nicht in Liebe. Anstatt eines starken Rückens zeigen viele von uns zur Verteidigung eine Fassade, hinter der sich ein schwaches Rückgrat versteckt. Anders gesagt: Wir sind reizbar, nehmen eine Verteidigungshaltung ein und versuchen, unseren Mangel an Vertrauen zu kaschieren. Wenn wir, bildlich gesprochen, unseren Rücken stärken und eine flexible, aber kräftige Wirbelsäule entwickeln, können wir es riskieren, einen weichen, offenen Bauch zu haben. Darin drückt sich unbegrenztes Mitgefühl aus. Der Ort im Körper, an dem beide sich treffen – starker Rücken, weicher Bauch –, ist der furchtlose und zugleich weiche Grund, in dem wir unsere

Fürsorge verankern, wenn wir damit beginnen, Sterbende zu begleiten.

Wie können wir mit Mitgefühl, das aus einem starken Rücken und einem weichen Bauch kommt, Fürsorge anbieten und annehmen, unsere Angst hinter uns lassen und uns einer authentischen Weichheit öffnen? Ich glaube, dazu müssen wir ganz und gar durchlässig werden und die Welt so sehen, wie sie ist – und zugleich die Welt uns so sehen lassen, wie wir sind.

Der Zen-Priester Issan Dorsey lehrte mich, wie Durchlässigkeit funktioniert. Im Schwulenviertel von San Francisco gründete Issan das Hartford Street Zen Center und das Maitri AIDS Hospiz. Damals war Issan noch nicht HIV-positiv, aber es war ihm wichtig, seinen Brüdern, die in seiner Nachbarschaft starben, Hilfe anzubieten. Obwohl das Gebäude sehr klein war, passte alles und jeder unter sein Dach. Issan war ein Buddhist mit einem großen Dach.

Hin und wieder leiteten Issan und ich gemeinsame Retreats, und schließlich lud er mich ein, in den Hospiz-Vorstand einzutreten. Durch Issans Arbeit lernte ich, wie der Buddhismus auf ganz praktische Weise funktionieren kann in einer Gemeinschaft, die in der Krise steckt. Im Hospiz herrschte keine falsche Frömmigkeit. Gemeinsam mit den anderen nahm man einfach Zuflucht – eine Zuflucht, die so weit war wie der Himmel. Die Praxis wurde durch den ständigen Strom des Leidens nicht geschwächt – ganz im Gegenteil: Sie gewann dadurch an Kraft.

Schließlich wurde auch bei Issan AIDS diagnostiziert. Wir hofften, er würde noch lange leben, aber wie sich herausstellte, hatte er nur noch wenige Jahre vor sich. Kurz vor seinem Tod erhielt Issan von seinem Lehrer, Richard Baker Roshi, den Dharma übertragen. Im Zen-Buddhismus bestätigt die Dharma-Übertragung das Erwachen des Schülers. Issan war so schwach, dass er während der Zeremonie kaum zum Altar gehen konnte. In einem weißen Bademantel erhob er sich zitternd von seinem Stuhl und ging ein paar kraftlose Schritte auf seinen Lehrer zu. Richard Baker traf ihn in der Mitte. In diesem Moment blühte eine große Lotosblume auf.

Ich glaube, schon vor diesem Tag war Issan der Dharma bereits viele Male übertragen worden. Er war durchlässig – sich selbst und anderen gegenüber. Meinungen, Identitäten, Konzepte schränkten ihn nicht ein. Nach einem Vortrag von Issan sagte ein Freund zu mir: »Wie wunderbar – nicht ein einziges Konzept!«

Issans Gesundheitszustand verschlechterte sich zunehmend. Einmal kam ich aus Südkalifornien, um ihn in der Klinik zu besuchen. Obwohl ich bereits am Bett vieler sterbender Menschen gesessen hatte, war es für mich schwer, Issan sterben zu sehen. Für so viele war er da gewesen! Er war ein guter Freund, ein Vorbild, und außerdem konnte man viel Spaß mit ihm haben. Sein Leben lehrte uns, was es heißt, wirklich ein Mensch zu sein – für andere so da zu sein, dass der Eindruck des »Anderen« verschwand. Manchmal löste er sich im Lachen auf, manchmal in der Stille. Manchmal sah er mit seinen braunen Augen direkt ins Herz einer Sache. Wie so viele, wünschte auch ich mir, dass mein Freund leben würde.

Abgemagert und zerbrechlich, nur mit einem Krankenhaushemd bekleidet, saß Issan im Bett, als ich ihn spätnachmittags, vielleicht einen Monat bevor er starb, besuchte. Ich setzte mich auf die Bettkante, und plötzlich kamen mir die Tränen. Issan berührte meine Hand, schaute mich an und sagte: »Das ist nicht nötig.« Dann lächelte er.

In dieser liebevollen Geste wurde mir etwas klar, was ich zuvor nicht gesehen hatte. Ich dachte, ich sei gekommen, um mich um Issan zu kümmern, doch tatsächlich kümmerte er sich um mich. Wie ein wahrhaftiger Buddha, mit reinem, unverstelltem Mitgefühl, hielt er mir einen Spiegel vor, in dem ich mein unnötiges Mitleid sah und die Wahrheit unserer Freundschaft erkennen konnte. Etwas sehr Subtiles – jenseits von Mitleid, jenseits von

Sprache – verband uns und machte uns durchlässig füreinander. Diese Art von Befreiung können wir ohne einen Sinn für Verbundenheit nicht erfahren. An diesem Punkt zeigt sich der Geist – nicht *in* einem Individuum, sondern *zwischen* Individuen. Wenn dies geschieht, löst sich der Unterschied zwischen Selbst und anderen auf, und die Stacheln der Angst verschwinden aus dem Herzen. In diesem Moment durchlässiger Teilhabe schienen Issan und ich die Schatzkiste von Leben und Tod geöffnet zu haben.

Wie können wir diese Durchlässigkeit entwickeln? Ich finde das Bild der Lotosblume hilfreich, um über diese Frage nachzudenken. Die Wurzeln des reinen, weißen Lotos sind tief im dunklen Schlamm vergraben. Aber es ist genau dieser Schlamm, der den Lotos nährt und es ermöglicht, dass seine Blüte sich in ihrer ganzen Pracht zur Sonne öffnet.

Die Lotosblume ist unser erwachter Geist, der vom Leiden genährt wird. Einige von uns verstecken sich vielleicht unter den abgelegten, verrottenden Hüllen unserer Vergangenheit, die am Grund unseres Herzens liegen. Wir sind jedoch jetzt aufgefordert, unser Leiden in Nahrung und Energie zu verwandeln, um unser Leben und das Leben der Welt deutlicher aufzuzeigen. Es ist an der Zeit, den feuchten, klammen Stoff unseres Leidens, der unser Leben so schwer gemacht hat, aufzubrauchen. Wir nähren uns in unserer Praxis vom Bodensatz; wir werden zu Lotosessern, sodass wir die Kraft haben, unser Herz und unseren Geist der Welt zu öffnen – so wie Issan dies tat.

Oft bedarf es eines Unfalls, einer alarmierenden Diagnose oder eines Unglücks, damit wir uns öffnen und unser eigenes Leiden in einer tieferen, geduldigen Art und Weise annehmen. Falls wir sehr empfindsam sind, wollen wir uns vielleicht schützen, indem wir uns zurückziehen. Leiden ist ein zweischneidiges Schwert: es kann uns befreien oder es verschließt uns.

Damit wir dem Leiden begegnen und Anteil nehmen können, ohne zusammenzubrechen oder uns zu distanzieren, müssen wir zuerst den Geist stabilisieren und uns mit ihm anfreunden. Danach öffnen wir den Geist dem Leben – dem ganzen Leben, in uns und um uns herum; wir betrachten es von dieser stabilen inneren Basis aus klar und ohne Vorbehalte. Und dann öffnen wir unser Herz mutig der Welt: Wir heißen alles willkommen, egal, wie elend oder schmerzvoll es sein mag. Ich bezeichne dies als »Dreifache Durchlässigkeit« – unsere Durchlässigkeit für uns selbst, die Durchlässigkeit der Welt uns gegenüber, und unsere Durchlässigkeit gegenüber der Welt.

Es ist hilfreich, jedem Menschen und jeder Situation mit Offenheit, mit dem Geist des Nicht-Wissens zu begegnen. Das kann sehr schwierig sein; fälschlicherweise nehmen wir manchmal an, dass praktische Pflege alles ist, was wir einem Menschen zu geben haben. Doch unsere Präsenz, die aus der Offenheit erwächst, ist die größte Unterstützung, die wir jemandem zukommen lassen können. Wenn wir etwas für andere tun, unterstützt unser ganzes Wesen dieses Tun. Es geht darum, wie wir am besten Anteil nehmen können. Ein älterer Herr, der in einem Hospiz arbeitete, sagte mir einmal: »Ich versuche, alles, was ich weiß, in meinem Wagen zu lassen, bevor ich ein Haus betrete, in dem jemand im Sterben liegt.« So zu tun, als »wüssten« wir etwas, verschleiert nur unsere Angst.

Ganz egal, wie beschäftigt wir sind, wir können immer kontemplative Elemente in unsere Betreuungsarbeit einbringen; dies wird uns helfen, auf die Impulse Sterbender einzugehen und ihnen ohne Angst zu begegnen. Mit sterbenden Menschen eine Meditation, ein Gebet oder Stille zu teilen, trägt auch zum Wohlergehen der begleitenden Person bei. Wenn Sie sich in das, was gerade geschieht, oder in Ihre eigenen Hoffnungen und Ängste verstrickt finden, sollten Sie einfach langsamer werden. Halten Sie inne. Üben Sie sich darin, in jeder Situation dem Atem zu folgen; setzen Sie den Atem ein, um sich zu stabilisieren und den Geist zu zentrieren.

Wir können auch Sprache einsetzen, um Präsenz und Mitgefühl mit uns selbst zu erwecken. Die folgenden Zeilen können dabei hilfreich sein. Ich benutze sie in meiner eigenen Praxis und teile sie mit anderen Sterbebegleitern und Sterbenden. Sprechen Sie sich beim Einatmen vor: »Wenn ich einatme, beruhige ich Körper und Geist.« Beim Ausatmen: »Wenn ich ausatme, lasse ich alles los.« Einatmen: »Ich verweile im gegenwärtigen Moment.« Ausatmen: »Dies ist der einzige Moment.« Vor vielen Jahren lernte ich diese Verse von dem buddhistischen Lehrer Thich Nhat Hanh. Seither sind sie mir zu guten Begleitern geworden.

Eine weitere Möglichkeit, sich mit dem gegenwärtigen Moment zu verbinden, besteht darin, mit den Feldern der Sinne zu arbeiten. Schauen Sie aus dem Fenster und betrachten Sie einen Augenblick lang den Himmel. Hören Sie aufmerksam den Geräuschen im Raum zu. Berühren Sie achtsam die sterbende Person. Trinken Sie ein paar Schlucke kaltes Wasser. Machen Sie sich ein Detail des gegenwärtigen Moments vollständig bewusst. Dann atmen Sie tief ein und lassen mit dem Ausatmen alle Anspannung in Ihrem Körper los. Erinnern Sie sich daran, warum Sie diese Arbeit tun.

Tibetische Buddhisten sprechen davon, dass wir in einem früheren Leben alle einmal Mütter füreinander waren. Stellen Sie sich jedes Wesen als Ihre Mutter vor; üben Sie sich darin, allen, denen Sie begegnen, Liebe zu schenken, einschließlich fremder Menschen, Tiere und sogar jener, die Sie verletzt haben. Diese Praxis fällt einigen von uns im Westen, die wir oftmals konfliktreiche Beziehungen mit unseren Müttern haben, nicht leicht. In diesem Fall können Sie sich vielleicht ein Wesen vorstellen, das Ihnen und anderen das Leben geschenkt hat, Ihnen Schutz, Nahrung und Freundlichkeit gewährt. Wenn ich eine sterbende Person begleite, versuche ich, liebevolle Güte sowohl zu geben als auch zu empfangen. Ich versuche, mich als Mutter des Sterbenden und den Sterbenden als meine Mutter zu sehen, und sage mir innerlich: »Jetzt ist es an der Zeit, die umfassende Güte aller mütterlichen Wesen mit Gleichem zu vergelten.« An alle Wesen mit mütterlicher Liebe zu denken, erdet mich, wenn ich in eine Routine falle, mich abgetrennt fühle oder es mir schwerfällt, mein Herz zu öffnen.

Vor einigen Jahren besuchte ich im dichten, feuchten Dschungel nördlich von Bangkok ein thailändisches Nonnenkloster. Riesige säulenartige Kalkstein-Formationen ragten aus den Baumkronen hervor. Als ich ins Zentrum des Klosters fuhr, war ich ein wenig erstaunt zu sehen, dass die *kutis*, die Meditationshütten der Nonnen, vergittert waren. Außerdem hingen an den Gittern große knallrote ausgestopfte Spielzeugkrokodile. Es war eine recht bizarre Szenerie.

Noch interessanter waren Hunderte von Affen, die überall auf dem Gelände Salto schlugen. Es war der reinste Zoo, nur, dass nicht die Affen, sondern die Nonnen hinter Gittern saßen.

Etwas nervös stieg ich aus dem Auto aus, denn überall gab es so viele überfreundliche Affen. Als ich das Kloster inmitten der um mich herumtanzenden Affen betrat, lud die alte Äbtissin mich ein, mich mitten unter ihnen hinzusetzen und mit ihr über Praxis zu reden. »Eine weitere interessante buddhistische Erfahrung«, dachte ich mir im Stillen.

Inmitten der tobenden Affenhorde fühlte ich mich plötzlich von einem äußerst unangenehmen Geruch belästigt. Um nicht unhöflich zu erscheinen, konzentrierte ich mich auf meine Gastgeberin und setzte unser Gespräch über Meditation fort. Doch schließlich schaute ich mich nach der Quelle dieses üblen Gestanks um. Mein Blick blieb an einer Äffin hängen, in deren Augen ich tiefe Verzweiflung bemerkte. In ihren Armen hielt sie ein Affenbaby, das schon einige Zeit lang tot war. Der kleine Körper war aufgedunsen, die Augen von Insekten bedeckt.

Ich war sprachlos. Ich konnte nicht glauben, was ich sah. Sie erinnerte mich an Kisagotami, die sich nicht vom toten Körper ihres Sohnes trennen konnte. In ihrem Fall halfen ihr der Buddha und ihr ganzes Dorf, sich der Wahrheit zu öffnen, dass alle Wesen sterblich sind. Für diese Affenmutter gab es jedoch keinen Buddha, der ihr helfen konnte, die Wahrheit der Unbeständigkeit und die Vergeblichkeit des Festhaltens zu begreifen.

Inmitten des Gezeters und Geschreis der Affen, die überall waren, begegneten meine Augen den Augen dieser Äffin; einige Minuten lang verharrten wir beide in gegenseitigem Schmerz. In meinem Herzen bat ich sie, ihr Baby loszulassen. Die Zeit war gekommen. In diesem Moment erwachte eine Art von intelligentem Ausdruck in ihrem Gesicht; sie drehte sich um und ging, das Baby in einem Arm an sich gedrückt, in den dunklen Dschungel. Irgendwie hatte sie genügend Vertrauen, um innezuhalten, und ich hatte genügend Vertrauen, ihr zu begegnen.

Unser wahres Wesen ist das eines Buddha, ein Wort, das einfach nur »erwacht« bedeutet. Tatsächlich besteht das Ziel jeglicher kontemplativen Praxis darin, diese uns innewohnende Möglichkeit zu verwirklichen, diese Erfahrung, einfach nur selbstlos zu sein. Der erwachte Geist liegt unter unserer Persönlichkeit, Geschichte, Kultur, jenseits unserer Erwartungen und sogar unserer Spezies. Wenn alle Bedingungen stimmen, kann jeder zu der grundlegenden Wirklichkeit erwachen, dass der Strom des Geistes rein und das Herz gut ist. Dafür meditieren wir; dafür üben wir uns in Achtsamkeit; dafür beten wir: damit wir in dem ankommen, was wir in Wirklichkeit sind. Schauen Sie einmal, was geschieht, wenn Sie sich Moment für Moment folgenden Gedanken vor Augen führen: »Ich werde mich aus der Verstrickung befreien, aus Verzweiflung, aus Elend und das Eine Herz, den Einen Geist verwirklichen.« Bitte denken Sie daran: Erwachen beruht auf Vertrautheit und Durchlässigkeit – schauen Sie genau hin und erkennen Sie, dass wir alle durch ein Band des Leidens, aber auch durch ein Band der Befreiung miteinander verbunden sind.

Entdecken Sie für sich selbst, dass Durchlässigkeit die Grundlage der Furchtlosigkeit ist, und verwirklichen Sie diese Durchlässigkeit in drei Dimensionen: Erstens, werden Sie für sich selbst durchlässig durch Achtsamkeit. Ihre Meditation und das Gefühl einer tiefen inneren Offenheit zeigt Ihnen den Geist und alles, was er enthält. Lassen Sie dann die Welt Ihnen gegenüber durchlässig werden. Blicken Sie in die Natur der Wirklichkeit, in die Herzen anderer, in das Herz der Welt. Werden Sie schließlich durchlässig für andere. Lernen Sie, offen, verletzlich und angreifbar in Ihren Beziehungen zu sein. Wenn wir diese dreifache Durchlässigkeit verwirklichen wollen, müssen wir uns auf das Unbekannte in unserem eigenen Herzen und in unserem eigenen Geist einlassen und uns der Welt öffnen. Das ist die Liebe, die Issan mir zeigte, als er meine Hand berührte und mir das Geschenk der Furchtlosigkeit machte. Das war die Verbundenheit, die ich mit der Affenmutter spürte, deren Schmerz so tief war.

Meditation:

Barmherzigkeit – das Ich mit dem anderen austauschen

Jemand sagte einmal zu mir, Barmherzigkeit sei die Gnade des Mitgefühls. Durch sie drücken wir unsere Liebe und Nichtdualität in Beziehung zu anderen aus. Barmherzigkeit ist von größter Wichtigkeit für unsere Arbeit mit Sterbenden und allen, die leiden. Wie sollten wir uns ohne Barmherzigkeit um andere kümmern können? Ohne Barmherzigkeit wird unsere Fürsorge kalt und mechanisch, pedantisch und begrenzt durch Angst, oder sie wirkt unverbindlich und nachlässig.

Die folgende Übung ist einfach und zugleich vielleicht das Schwierigste, was wir überhaupt tun können. Es ist die Praxis des unbegrenzten, höchsten Mitgefühls, ein mutiger Akt der Liebe, in dem wir versuchen, die Welt durch die Augen eines anderen zu sehen.

Machen Sie sich zuerst bewusst, warum Sie praktizieren. Erinnern Sie sich an Ihren Vorsatz – an das Versprechen, zum Wohle anderer da zu sein; an das Versprechen, aus dem eigenen Leiden zu erwachen. Lassen Sie Ihre Praxis in der Güte Ihres Herzens ruhen, während Sie an Ihren tiefsten inneren Wunsch denken.

Stellen Sie sich dann einen Menschen vor, der tief leidet. Vielleicht sitzt diese Person genau jetzt vor ihnen.

Öffnen Sie diesem Menschen Ihr Herz und Ihren Geist. Fühlen Sie sich in sein Herz ein. Blicken Sie durch seine Augen. Stellen Sie sich intensiv vor, dieser Mensch zu sein, sein Leben zu leben, sein Leiden zu spüren, sein wahres Herz zu kennen.

Werden Sie zu dieser Person. Spüren Sie, wie er oder sie die Welt erfährt, sein oder ihr Leben erfährt. Tauschen Sie Ihre Person mit diesem Menschen auf der tiefsten Ebene aus.

Nachdem Sie dies eine Weile geübt haben, verweilen Sie noch einige Zeit in der bedingungslosen Gegenwart. Beenden Sie Ihre Praxis, und widmen Sie das Verdienst dem Wohlergehen anderer.

4. Holzpuppe und Eisenmann

Selbstloses Mitgefühl, radikaler Optimismus

Über die Jahre wurde ich immer wieder gefragt: »Wie können Sie jemanden anfassen, dessen Körper mit Wunden bedeckt ist?« »Ist es nicht schwierig, sich permanent Schmerzen und Leiden auszusetzen?« »Erschöpft es Sie nicht, so viel zu geben?« »Welche Befriedigung gibt diese Arbeit, wenn am Ende doch einfach nur der Tod steht?« »Belasten Sie die Gefühle der Menschen nicht?« »Stumpfen Sie nicht ab, wenn Ihnen permanent Verlust und Leiden begegnen?«

Anfangs war es tatsächlich nicht leicht. Es fühlte sich nicht natürlich an, und ich tat auch nicht instinktiv das Richtige. Dem Tod so nahe zu sein bereitete mir oft Angst. Ich fürchtete, ich könnte selber an dem erkranken, woran der sterbende Mensch litt. Als ich jedoch erkannte, dass ich genau das schon hatte – nämlich die Sterblichkeit –, fürchtete ich mich nicht mehr.

Wenn wir unsere Verbundenheit in der miteinander geteilten Sterblichkeit erkennen, sind wir in der Lage, Furchtlosigkeit und Mitgefühl zu schenken. Patient und Begleiter sind ein und derselbe, verbunden in Leben und Tod, in Leiden und Freude. Wenn wir es schaffen, durch die Angst hindurchzugehen, indem wir uns mit anderen verbinden, entsteht wirkliches Mitgefühl.

Zen spricht vom Eisenmann und der Holzpuppe, um zu beschreiben, wie wir Furchtlosigkeit entwickeln können. Der Eisenmann – oder die Eisenfrau – verkörpert Mitgefühl durch unerschütterliche Stärke und Gleichmut. Er oder sie steht beispielhaft für die drei Eigenschaften der Entschlossenheit, der Belastbarkeit und des Durchhaltevermögens. Die Eisenfrau ist auf kein Endresultat fixiert und hat auch kein Interesse daran, falsche Hoffnungen zu wecken – sie drückt Liebe ohne Mitleid aus. In seinem Gleichmut ruht der Eisenmann in einer tief verankerten Entschlossenheit, die es ihm erlaubt, in diesem Moment unerschütterlich präsent zu sein. Er begibt sich in schwierige Situationen, aus denen er Kraft zieht, indem er Kraft gibt. Das ist das Herz unserer Arbeit mit Sterbenden: die Praxis, sich einer Niederlage hinzugeben, die uns veredelt – wie ein gehärtetes Schwert, besiegt durch Feuer und gehämmert, um stark zu werden.

Mein Vater war ein solcher Eisenmann, als er mit seinem eigenen Tod konfrontiert wurde. Ein Freund, der an AIDS litt, war ein Eisenmann, als er in meinen Armen lag und seinen Tod zugleich für all jene Menschen annahm, die seine Erkrankung teilten. Eine Freundin, die ihre Mutter im Sterben begleitete, zeigte die Stärke einer Eisenfrau, als sie still an ihrem Bett saß und vier Tage lang an einer unnachgiebigen, entfesselten Wut Anteil nahm, die sich schließlich im Moment des Todes in Glückseligkeit verwandelte.

Ein weiteres buddhistisches Bild, in dem sich das Geschenk der Furchtlosigkeit ausdrückt, ist das der Holzpuppe; sie ist ein ganz anderes Symbol des Mitgefühls. Eine Puppe reagiert einfach nur auf die Welt, wie sie ist. Es gibt in diesem Reagieren kein Selbst, keinen anderen. Wenn jemand Hunger hat, geben wir ihm zu essen. Wenn jemand Durst hat, geben wir ihr zu trinken. Wenn jemand müde ist, machen wir das Bett. Für die Holzpuppe ist die Welt der Puppenspieler, auf den sie nahtlos reagiert, ohne Strategie, egoistische Beweggründe und ohne ein bestimmtes Resultat zu erwarten. Auf sie ist immer Verlass, denn ihr Bauch ist weich und offen. Eine Holzpuppe zu sein bedeutet, am Leiden Anteil zu nehmen und mit einer Durchlässigkeit zu reagieren, die keine Grenzen hat.

Beide, Holzpuppe und Eisenmann, praktizieren das, was ich »radikalen Optimismus« nenne. Sie knüpfen keine Erwartungen an ein bestimmtes Resultat – sei es, einen guten Tod zu sterben oder ein perfekter Betreuer zu sein. Gerade weil sie keine dieser Vorstellungen oder Erwartungen haben, können sie wirklich optimistisch sein. Diese Art von Optimismus entsteht aus dem Nicht-Wissen. Er ist frei von Vorstellungen über Raum und Zeit, Selbst und andere – und doch gründet er in den Erfahrungen unseres alltäglichen Lebens.

Das klingt vielleicht rätselhaft, ist jedoch für die Begleitung Sterbender sehr wichtig. Wenn ich bei jemandem sitze, der stirbt, oder bei einem Gefangenen im Hochsicherheitstrakt der örtlichen Strafanstalt, verschwindet die Wahrheit dieses Moments, wenn ich an einem einzigen Gedanken über ein Resultat festhalte. Ich bin dann nicht mehr mit dem verbunden, was ist, sondern verfalle in Gedanken darüber, wie etwas sein sollte.

Ich werde oft gefragt, wie man einen »guten Tod« haben kann. Für den radikalen Optimisten gibt es jedoch weder einen guten noch einen schlechten Tod. Mit dem Sterben zu sein bedeutet einfach nur, mit dem Sterben zu sein – jeder tut dies auf seine Weise. Ohne etwas erreichen zu wollen, ohne an einem Ergebnis festzuhalten, nimmt ein radikal optimistischer Begleiter Anteil und schenkt Furchtlosigkeit. Zen bezeichnet dies als »Angeln mit einem geraden Haken« – das heißt: Erwarten Sie nichts. Weder am Anfang noch in der Mitte noch am Ende – existieren Sie einfach nur im Jetzt.

Einer meiner Freunde, der an AIDS erkrankt war, kämpfte lange und schwer mit seinem Sterben. Doch schließlich, nach vielen Schmerzen, öffnete er sich der Einsicht, dass er auch für alle anderen Männer und Frauen litt, die am Kaposi-Sarkom erkrankt waren. In dieser Erkenntnis fand er schließlich Frieden. Als er seine Verbundenheit mit all jenen spürte, deren Körper ebenfalls mit purpurnen Flecken bedeckt waren, fiel seine Ich-Bezogenheit von ihm ab, und er spürte tiefe Liebe. Einmal sagte er zu mir, er könne jetzt verstehen, dass das Leiden Jesu Christi ein Beispiel für uns sei. »Wenn wir leiden«, fügte er hinzu, »leiden wir mit allen anderen.« In seinem Schmerz verstand er, dass er nicht alleine war.

Während er sprach, sah ich, wie eine Träne der Erleichterung über seine Wange lief. Er griff nach meiner Hand. Es gab nichts zu sagen. Unsere Finger berührten sich einfach nur und verbanden sich. Dann bat er mich, ihn in den Arm zu nehmen und ihm etwas vorzusingen. Als ich ihn hielt, wirkte er wie ein kleines, ausgemergeltes Kind, dessen Körper mit purpurnen Blüten bedeckt war. Er seufzte im Rhythmus des einfachen Liedes, um das er mich gebeten hatte. Eine Zeitlang war er ganz entspannt und schien keine Schmerzen mehr zu haben. Ich entspannte mich ebenfalls. Er hatte uns beiden einen tiefen Grund gegeben, um zu leben und loszulassen.

Im spirituellen Leben geht es nicht darum, selbstbezogen zu sein; und es geht auch nicht darum, einen Sticker mit der Aufschrift »Ich bin ein Bodhisattva!« zu tragen. Es geht einfach nur darum, das zu tun, was es zu tun gilt, ohne dabei ein Ergebnis zu erwarten. Mit wahrem Mitgefühl tun wir einfach das, was getan werden muss, weil es das Einzige ist, was getan werden kann – ganz natürlich und alltäglich, so, wie das Kopfkissen in der Nacht glattzustreichen. Manchmal scheint es ein gutes Ende zu nehmen. Doch immer wieder müssen wir sogenannten Misserfolg verzeichnen. Genauso ist es dann.

Es gibt eine berühmte Zen-Geschichte über Mitgefühl, ein Gespräch zwischen zwei Brüdern, Tao Wu und Yun Yen:

> Yun Yen fragte Tao Wu: »Wozu hat der Bodhisattva der Großen Barmherzigkeit so viele Hände und Augen?«
> Wu sagte: »Es ist, wie wenn man in der Nacht mit der Hand hinter sich nach einem Kissen greift.«

Yen sagte: »Ich verstehe.«
Wu sagte: »Wie verstehst du es?«
Yen sagte: »Am ganzen Körper sind Hände und Augen.«
Wu sagte: »Da hast du etwas Außerordentliches gesagt, auch wenn es nur achtzig Prozent der Sache erfasst.«
Yen sagte: »Wie würdest du es denn sagen, Älterer Bruder?«
Wu sagte: »Der ganze Körper besteht aus Händen und Augen.«[10]

Dieser Dialog mag etwas rätselhaft erscheinen, aber er kann uns deutlich machen, was ein Bodhisattva eigentlich ist – ein buddhistischer Archetyp des Mitgefühls und der Furchtlosigkeit, ein erwachtes Wesen, jemand, der das Versprechen ablegt, immer wieder in dieses Leben geboren zu werden, um andere vom Leiden zu befreien. Bodhisattvas sind in der Lage, unsere Welt des Leidens für immer hinter sich zu lassen, sie kehren jedoch bewusst in die schreckliche und zugleich schöne Wildnis des Lebens zurück, um Mitgefühl zu praktizieren. In unserer Welt sind Bodhisattvas jene Männer und Frauen, jene Holzpuppen und Eisenmänner, die ihr Leben der Entwicklung dieser Eigenschaften widmen, ganz gleich, ob es sich dabei um Betreuer oder Betreute handelt. In Yun Yens Vorstellung sind sie mit Augen bedeckt, mit denen sie die Bedürfnisse anderer erkennen, und haben Hände, die sie ausstrecken, um zu helfen.

Aus dem Dialog der beiden Brüder können wir lernen, dass authentisches Mitgefühl, mit unzähligen Händen und Augen ausgedrückt, so natürlich und alltäglich ist, wie wenn man sich in der Dunkelheit der Nacht ein Kissen unter den Kopf zieht. Doch dem fügt Tao Wu noch etwas hinzu: Mitgefühl, sagt er, ist wie das Blut,

10 Entnommen aus dem Shôyôroku, Buch 54, u. a. nachzulesen in: Dieter Roloff (Hg.): *Cong-Rong-Lu – Aufzeichnungen aus der Klause der Gelassenheit: Die 100 Kôan des Shôyôroku,* Oberstdorf, 2008.

das durch unseren Körper fließt, wie die Nerven, die sich durch unsere Finger ziehen – es ist unser *ganzes* Wesen. Laut Tao Wu verwirklichen wir vollkommenes Mitgefühl, wenn wir mit dem ganzen Körper Furchtlosigkeit spüren und geben.

Meine Freundin Susanna, eine Anthropologin, lebte als junge Frau unter den Huichol-Indianern im Nordwesten Mexikos. Eines Tages besuchte eine große Huichol-Familie das abgelegene Bergdorf, in dem sie lebte. Eine Frau hielt ein Baby auf dem Arm, das krank und vernachlässigt wirkte. Als Susanna fragte, was mit dem Säugling los sei, antwortete die Mutter, dass er sterben werde. Entsetzt wollte meine Freundin wissen, wieso sie nichts unternehme. Doch die Mutter wiederholte einfach nur, dass der Säugling sterben werde.

Fassungslos fragte Susanna die Familie, ob sie sich um das Kind kümmern dürfe. Sie nahm das kleine Mädchen, wusch und fütterte es, wickelte es in eine warme Decke, legte sich neben es und schlief ein. Als sie am nächsten Morgen aufwachte, war das Kind tot. Die Eltern erinnerten sie daran, dass sie ihr genau dies vorhergesagt hatten. Als Susanna mir diese Geschichte zwanzig Jahre später erzählte, sagte sie, dass sie genau das Gleiche wieder tun würde.

Der Tod ist unvermeidlich. Alle Wesen, Sie und ich, steuern direkt auf sein offenes Maul zu. Was für eine Art von Optimismus kann aus einer so unerbittlichen Wahrheit entstehen? »Lernen Sie, mit dem Unvermeidlichen zu kooperieren«, schlug mir der Mediziner Jonas Salk einmal vor. Wie können wir im harten Licht des Unvermeidlichen lebensfroh und optimistisch sein? Wie können wir unser Herz öffnen, um anderen zu helfen?

Es ist ganz einfach, aber das heißt nicht, dass es leicht ist: Wir müssen unsere fest gefügten Ideen über ein Resultat aufgeben. Wenn es auch nur eine einzige Vorstellung von einem bestimmten Ergebnis gibt, sind wir schon nicht mehr bei dem, was tatsächlich passiert. Der radikale Optimist investiert nicht in die Zukunft, sondern ist ohne Absicht in der Gegenwart. Nur ein radikaler Optimist kann es ertragen, Anteil zu nehmen. Wenn ich einem zum Tode verurteilten Mann gegenübersitze, der ein elfjähriges Mädchen vergewaltigt und ermordet hat, wenn seine Augen durch den schmalen Schlitz in seiner Zellentür auf meine treffen, würde jeder Gedanke daran, »seine Seele retten zu wollen«, die Wahrheit dieses Moments zerstören. Ich betrachte dann, wie bestimmte Ideen über das, was ich ihm wünsche, auftauchen, und lasse sie mit dem Atem los. Wenn ich einer alten Frau die Hand halte und auf ihr Todesröcheln höre, würde jeder Gedanke, ihr Sterben einfacher machen zu wollen, meiner Anteilnahme nur im Wege stehen. Können wir in solchen Augenblicken ganz offen sein, ohne sie als Tragödie, Frustration oder Furcht zu erleben? Ich persönlich finde das nicht leicht – ich habe keine große Geduld mit dem Leiden. Aber ich schenke ihm Aufmerksamkeit und versuche dabei, so offen wie möglich zu sein.

Vor einigen Jahren wurde bei einem Schüler von mir – er war noch ein junger Mann – Nierenkrebs diagnostiziert. Als ich ihn besuchte, bedauerte er mir gegenüber das nutzlose Leben, das er in der Vergangenheit geführt hatte. Jetzt hatte er eine Ahnung davon, was ihm in seinem Leben wirklich wichtig war: Ein Leben, das sich nicht um Geschäfte und Geld drehte, sondern darum, für andere da zu sein. Sein jetziges Leben, in dem es buchstäblich keine Hoffnung mehr gab, lehrte ihn Bescheidenheit und Freundlichkeit. Trotz postoperativer Schmerzen, trotz einer unklaren Prognose war er bester Dinge und spürte einen unglaublichen Optimismus.

Tatsächlich bildete sich der Krebs meines Freundes zurück. In dieser Phase war er sehr dankbar für das, was er erlebt hatte. Er hatte keinen Krebs mehr, und seine Lebenslust und Liebe für andere waren wie ein klarer See nach einem Regenschauer. Er schätzte vor allem die Einsicht, dass er jetzt, wenn er es wollte, ein ganz anderes Leben führen könnte. Zugleich sorgte er sich aber auch ein wenig darüber, dass er diese Einsicht vergessen und in seine alten Muster zurückfallen würde.

Robert Aitken Roshi sagte einmal, dass er nicht so sehr an dem Tag interessiert sei, an dem jemand die Erleuchtung erlangt – sondern an dem Tag danach! Die Befürchtungen meines Freundes bewahrheiteten sich: Nach einem Jahr hatten seine früheren Ambitionen seine spirituelle Sicht verdrängt. Er nahm seine alte Lebensweise wieder auf und dachte nur selten daran, dass er vor Kurzem erst eine Krebserkrankung überlebt hatte. Er machte wieder Geschäfte, und wir sahen uns nur noch selten. Falls wir uns einmal trafen, sprach er nur über Geld und Frauen.

Einige Jahre später, als wir uns wiederbegegneten, war er durch das Leben etwas weiser geworden und wunderte sich über das, was passiert war. Er konnte jetzt sehen, dass sein Materialismus ihn so sehr beherrschte, dass noch nicht einmal die Gefahr, an Krebs zu sterben, genügt hatte, um ihn auf einem spirituellen Weg zu halten. Jetzt fand er, dass er eine Lüge lebte und die Einsicht, die ihm seine Erkrankung geschenkt hatte, ignorierte. Er war tief unzufrieden.

Ein weiteres Jahr ging vorüber, und meinem Freund erschien das Leben immer sinnloser. Schließlich fand er sich in einer weiteren Katastrophe wieder, nur war es diesmal eine psychische: Er litt an schweren Depressionen. Er war wütend auf sich und die Welt und fühlte sich hilflos gegenüber seinen Verhaltensmustern. Als ich ihn traf und seinem unglücklichen Redestrom darüber zuhörte, dass er in seinem Leben nie etwas gefunden hatte, was sinnvoll war, versuchte ich, meine Hoffnungen, dass sich das Leben meines jungen Freundes noch einmal zum Guten wenden würde, loszulassen. Mein Job war es, einfach nur Anteil an seinem Leiden zu nehmen und zu erkennen, dass unter seinem Unglück ein gutes Herz schlug.

Einmal sagte er zu mir: »Du scheinst etwas zu sehen, was ich nicht wahrnehme.« Ich fragte ihn, was ich seinem Empfinden nach sah. Er dachte nach und sagte: »Ich glaube, du siehst, wer ich wirklich bin.« Ich fragte ihn, wer das sei, und er antwortete: »Das weiß ich nicht, aber wenn ich dich sehe, spüre ich es.« In diesem Moment entspannten wir uns beide und lächelten zusammen nach fünf Jahren zum ersten Mal. Obwohl er die Einsichten aus seiner Krankheit aus den Augen verloren hatte, hatte er seinen Weitblick wiedererlangt. Ich war froh, dass ich sowohl an seinem Leiden als auch an seiner wahren Natur Anteil nehmen durfte, sodass auch er seine grundlegende Güte erkennen konnte.

Der tibetische Lehrer Chögyam Trungpa Rinpoche sprach immer wieder über den »Spirituellen Materialismus« und meinte damit unseren Wunsch, Erleuchtung zu *haben*, aber er meinte damit auch unser Festhalten an der erstmal sehr großmütig klingenden Idee, anderen helfen zu wollen. Natürlich ist es eine gute Sache, nach dem Erwachen zu streben oder anderen Gutes zu tun – es hilft uns, zu erkennen, was wirklich wichtig ist, etwa so, wie der Wunsch nach einem friedvollen, bewussten Sterben uns helfen kann, den gegenwärtigen Moment zu schätzen und zu genießen. Doch sobald Praxis zu einem Mittel für einen höheren Zweck wird, investieren wir etwas und erwarten zwangsläufig einen Profit. Doch wie können wir noch eins mit einem bestimmten Moment sein, sobald wir etwas erwarten? Wie können wir loslassen im Sterben, wenn wir in Vorstellungen von einem sogenannten »guten Tod« verfangen sind? Und wie können wir wirklich anderen nützen, wenn wir an einem bestimmten altruistischen Ziel festhalten? Wenn wir anfangen zu praktizieren und auch noch lange Zeit danach kann Altruismus unserer Praxis Tiefe verleihen. Unsere in Liebe wurzelnde Verpflichtung hilft uns, standhaft zu bleiben, wenn die Praxis schwierig wird. Das Bodhisattva-Gelübde ist anfangs eine hilfreiche Strategie, die uns von unserer Ichbezogenheit wegführt. Wenn wir zum Wohle anderer praktizieren, treten wir aus dem begrenzten, kleinen Selbst heraus und öffnen uns der Erkenntnis unserer unbegrenzten Verbundenheit.

Doch letztendlich erkennt der radikale Optimist, dass es kein Selbst gibt, keinen anderen – keinen Helfer, niemandem, dem geholfen wird. Der radikale Optimist wird zur Holzpuppe, die auf die Welt reagiert; ihre Gliedmaßen werden von Fäden gezogen, die am Leiden der Welt hängen. Zeit und Erfahrung lehren uns schließlich einen Umgang mit dem Leiden, der auf einer direkten, ehrlichen Selbstbetrachtung beruht sowie einer Sicht auf die Wirklichkeit, in der wir mit Achtsamkeit, Gleichmut und Mitgefühl unmittelbar auf die Welt reagieren.

Wenn wir in dieser Art und Weise praktizieren, schließen wir nichts aus unserem Herzen aus. Das bedarf meist einer gewissen Kraftanstrengung. Es kann eine Kraftanstrengung sein, tief zu trauern oder stundenlang am Bett eines geliebten Menschen zu sitzen, der an Alzheimer stirbt, und nichts zu tun. Es kann eine Kraftanstrengung sein, anderen zu helfen und keine Gegenleistung zu erwarten. Es kann eine Kraftanstrengung sein, unseren Geist immer wieder auf die Praxis auszurichten. Normalerweise müssen wir uns darum bemühen, Energie und Hingabe in alles einzubringen, was wir tun. Doch wenn wir das tun, wenn wir uns bemühen, bedeutet das im Grunde genommen, dass wir unsere Angst loslassen. Wir haben dann den Mut und die Kraft, der Wirklichkeit nackt gegenüberzutreten und ihr ins Gesicht zu sehen. Inmitten des fest gebundenen Knotens des Leidens bemühen wir uns von ganzem Herzen.

Anstrengung verleiht unserer Praxis Tiefe, Charakter, Stärke und Durchhaltevermögen. Können wir dranbleiben, auch wenn die Situation hoffnungslos erscheint? Können wir uns in dieser Arbeit immer wieder auf unsere Absicht besinnen? Können wir uns auch um uns selbst kümmern, obwohl die Welt nach unserer Aufmerksamkeit zu schreien scheint? Können wir von ganzem Herzen inmitten einer Welt sein, die herzlos wirkt?

Vor einigen Jahren wanderte ich durch den Himalaya und erkannte irgendwann, dass ich nie über die Berge kommen würde, wenn ich nicht alles Überflüssige losließe. Dazu musste ich nicht nur meinen überladenen Rucksack, sondern auch meinen Geist erleichtern. Alles lief auf den einen Satz hinaus: Nichts Überflüssiges! So, wie meine beiden Beine mich über die Berge trugen, trägt dieser Satz mich durch schwierige Tage. Er erinnert mich auch daran, loszulassen. Und er erinnert mich an die Leichtigkeit eines hingebungsvollen Herzens.

Wie die Seelen in Dantes Vorhölle, so tragen auch wir die Last des Lebens und Sterbens nicht nur, um zu leiden, sondern auch, um zu lernen, dass wir nicht alles auf die schwere Schulter nehmen müssen. Die anfangs vielleicht belastenden Steine einer verborgenen, stillen Weisheit werden auf dem Weg zu unseren Lehrern und Gefährten. Sie lassen uns langsamer werden, erden uns und lehren uns das Gewicht und die Leichtigkeit des Seins. Sie erinnern uns daran, innezuhalten, uns zu bücken, die Erde zu berühren und das aufzunehmen, wovon wir glauben, dass wir es unmöglich tragen können. Schließlich stärken sie unseren Rücken, wir öffnen die Augen und entdecken, dass auch die Steine schön sind.

Als der Zen-Lehrer Suzuki Roshi im Sterben lag, kam einer seiner Schüler, um sich zu verabschieden. Er stand am Krankenbett und fragte seinen geliebten Lehrer: »Wo werden wir uns wiederbegegnen?« Der alte, sterbende Mann verneigte sich in seinem Bett und zog mit einer Hand einen Kreis durch die Luft. Ich glaube, er gab seinem Schüler zu verstehen, dass sie sich hier und jetzt, in Form und Leerheit begegneten. Dieser Moment enthielt Vergangenheit und Zukunft, und zugleich existierten weder Vergangenheit noch Zukunft – es gab deshalb keinen besseren Ort, sich zu begegnen, als die Offenheit und Vertrautheit dieses einen Moments.

Der radikale Optimist folgt dem Weg der Innigkeit, dem Weg der Unbeständigkeit im großen Ozean der Veränderung. Die radikale Optimistin ist eins mit der Ebbe und Flut des Übergangs, gegen den sie sich nicht wehrt. Als wahrhafter Bodhisattva surft sie auf den Wellen von Geburt und Tod, ohne ein Ziel vor Augen, während sie dahingleitet, ohne noch ein anderes Ufer erreichen zu wollen. Mit bedingungsloser Akzeptanz, alle Erwartungen loslassend, eilt sie mühelos und voller Hingabe auf dem Kamm der wildesten Wellen dahin. Individuelle Entscheidungen sind aus ihrer Welt verschwunden. Sie ist ganz und gar lebendig; sie schenkt Furchtlosigkeit.

Meditation:

Was ist wirklich wichtig?

In der folgenden Meditation können wir erforschen, was uns angesichts der Tatsache, dass der Tod jederzeit eintreten kann, wirklich wichtig ist. Seien Sie in dieser Übung bitte aufrichtig; fühlen Sie sich auf ganz persönliche Art und Weise in Ihre eigene Sterblichkeit ein. Zögern Sie nicht, dies immer wieder zu tun. In Anbetracht der Tatsache, dass wir den Zeitpunkt unseres Todes nicht kennen, müssen wir uns vielleicht wiederholte Male vor Augen führen, was uns wirklich wichtig ist.

Betrachten Sie Ihr Leben und was Ihnen wichtig ist. Was gibt es gerade jetzt wirklich Wichtiges zu tun? Was möchten Sie jetzt zu Ende bringen oder loslassen? Widmen Sie Ihr Leben der Beantwortung dieser Fragen.

Führen Sie sich vor Augen, dass wir alle sterben werden. Jeden Abend legen wir uns schlafen und sind überzeugt, dass wir am Morgen wieder aufwachen werden. Wir machen Pläne für den nächsten Tag, die nächsten Wochen und Jahre, ja sogar für unser Alter. Wahrscheinlich sind die meisten von uns davon überzeugt, dass wir sehr alt werden. Mit diesem Gefühl gehen wir zu Bett. Viele Menschen wachen jedoch am nächsten Morgen nicht mehr auf. Der Tod hat sie geholt.

Jetzt haben wir die Möglichkeit, uns auf das zu besinnen, was wichtig ist. Lassen Sie sich in der Meditationshaltung nieder. Atmen Sie tief in Ihren Körper hinein.

Stellen Sie sich vor, dass Sie alt sind und auf dem Sterbebett liegen. Höchstwahrscheinlich haben Sie mehr Falten im Gesicht, und Ihr Körper ist weniger flexibel. Stellen Sie sich Ihr Gesicht so realistisch wie möglich vor. Ihr Atem ist flach, Ihr Körper müde und schwach. Fragen Sie sich nun: »Welche Ziele möchte ich zu diesem Zeitpunkt erreicht haben?« Was gab Ihnen Kraft im Alltag, bei der Arbeit, in Ihren Beziehungen? Was unterstützte Ihre Kreativität, Ihren Geist? Welche Dinge umgeben Sie, und wo befinden Sie sich? Wer ist bei Ihnen? Wie wünschen Sie sich Ihr Leben, wenn Sie alt sind?

Fragen Sie sich jetzt bitte: »Was kann ich heute tun, damit mein Leben sich am Ende erfüllt anfühlt?« Was sollten Sie jetzt loslassen, um Ihrem Leben einen Sinn zu geben? Worum sollten Sie sich jetzt bemühen, sodass Ihr Alter etwas freier und leichter sein kann?

Stellen Sie sich vor, zehn Jahre älter zu sein und auf dem Sterbebett zu liegen. Wie alt sind Sie dann? Wer ist an Ihrer Seite? Was möchten Sie zu diesem Zeitpunkt erreicht und verwirklicht haben? Was sind Ihre inneren und äußeren Ziele? Was müssen Sie heute tun, um diese Ziele zu erreichen? Was sollten Sie dafür loslassen? Womit verschwenden Sie Ihre Zeit? Was wollen Sie jetzt wirklich tun? Was hindert Sie daran, das zu verwirklichen, was Ihnen für Ihr Leben und das Leben geliebter Menschen wirklich wichtig ist? Was können Sie heute tun, um sich auf ein friedvolles Sterben vorzubereiten?

Stellen Sie sich jetzt bitte vor, dass sie fünf Jahre älter sind und wissen, dass Sie sterben. Stellen Sie sich vor, Sie liegen friedlich in ihrem Bett und haben nur noch wenige Augenblicke zu leben. Was wünschen Sie sich verwirklicht zu haben? Welcher Geisteszustand unterstützt Sie darin, friedvoll zu sterben? Was können Sie jetzt noch tun, um Ihrem Herzen und Ihrem Geist Kraft zu geben und diese Kraft in das Sterben einzubringen?

Stellen Sie sich jetzt vor, dass Sie in einem Jahr sterben. Wahrscheinlich sehen Sie nicht sehr viel anders aus als jetzt. Sie liegen friedvoll im Bett und sind bereit zu sterben. Was können Sie in diesem Moment tun, um friedvoll zu sterben? Was hat Ihrem Leben Sinn gegeben? Was würden Sie jetzt anders machen, wenn Sie wüssten, dass Sie in einem Jahr sterben werden? Was können Sie morgen tun, um einen guten Tod zu haben?

Jetzt stellen Sie sich bitte vor, dass Sie in einem Monat sterben werden. Was würden Sie in Ihrem Alltag ändern? Was müssten Sie noch tun, um keine ungelösten Probleme zu hinterlassen? Was sollten Sie loslassen, welche Verhaltensmuster sollten Sie ändern, um friedvoll zu sterben? Um welche Beziehungen wollen Sie sich noch kümmern? Wen müssen Sie noch um Verzeihung bitten? Wem haben Sie noch zu vergeben? Welche Qualitäten möchten Sie in sich selbst jetzt noch stärken? Was können Sie morgen für einen friedvollen Tod tun?

Stellen Sie sich vor, Sie sterben in genau einer Woche. Mit wem möchten Sie die letzten Augenblicke Ihres Lebens teilen? Mit wem sollten Sie darüber sprechen, wie Sie sterben wollen und was mit Ihrem Körper geschehen soll? Wem gegenüber möchten Sie in dieser Woche Ihre tiefste Liebe und Dankbarkeit ausdrücken?

Heute Abend werden Sie zu Bett gehen. Keine große Sache. Beim Einschlafen spüren Sie jedoch, dass Sie sterben werden. Was ist das Wichtigste, das Sie heute tun können, wenn Sie an diese Möglichkeit denken? Was ist das größte Geschenk, das Sie in diesem Leben erhalten haben? Mit wem möchten Sie ein letztes Mal Ihre Liebe teilen?

Kehren Sie jetzt mit diesem Gefühl der Liebe und Dankbarkeit zu Ihrem Atem zurück. Holen Sie diese Praxis in Ihr Herz und Ihren Geist und spüren Sie ihrer Essenz nach. Teilen Sie sie in Ihrem Herzen mit allen Wesen. Drücken Sie Ihren Wunsch aus, dass alle Wesen ihre Angst vor Unbeständigkeit und Tod verwandeln können, damit sie ihr Leben schöpferisch einsetzen, um Stabilität und Schönheit hervorzubringen und anderen wirklich von Nutzen zu sein.

5. Zuhause im Grenzenlosen

Verweilen in den Unermesslichen Geisteszuständen

Zu Lebzeiten des Buddha gab es einen Mönch namens Tissa. Jeden Morgen ging er in das nahe gelegene Dorf und nahm alle Essensgaben entgegen, die ihm angeboten wurden. Nach seinem Bettelgang saß er in Meditation, und abends rezitierte und studierte er die Lehren.

Eines Tages wurde Tissa krank. Sein gesamter Körper überzog sich mit fürchterlichen Geschwüren, die immer größer wurden und schließlich aufbrachen. Tissa wurde nicht gesund. Offene Wunden bedeckten seinen ganzen Körper, und ein schrecklicher Geruch erfüllte seine kleine Kammer.

Damals stattete der Buddha dem Kloster einen Besuch ab. Er hörte, dass die Mönche sich nicht um Tissa kümmerten, da der Geruch und Anblick seines kranken Körpers sie abstieß. Der Buddha begab sich in Tissas Hütte. Als er die Tür öffnete, sah er ihn in seinem eigenen Schmutz liegen; seine stinkende Robe klebte an den nässenden Wunden.

Da wandte sich der Buddha an seinen Cousin und Begleiter Ananda und sagte: »Bitte erhitze Wasser über dem Feuer und bereite ein Kräuterbad für ihn.«

Nachdem das Bad fertig war, wusch der Buddha vorsichtig die netzenden Geschwüre an Tissas Körper, während Ananda seine verschmutzten Roben wusch und trocknete.

»Lass ihn uns auf ein sauberes Lager legen«, sagte der Buddha. Ananda und Buddha hoben Tissa hoch und betteten ihn um.

Dann hielt der Buddha seinen Kopf und gab ihm frisches Wasser zu trinken. Tissa öffnete die Augen und sah den Buddha. »Wenn du mir nicht geholfen hättest, wäre ich gestorben«, sagte der kranke Mönch. Der Buddha verbrachte noch einige Zeit mit Tissa und unterwies ihn. Kurz nachdem Buddha und Ananda sich so fürsorglich um Tissa gekümmert hatten, starb er, befreit in Körper und Geist.

Die anderen Mönche, denen Buddhas achtsame Fürsorge nicht entgangen war, schämten sich und ließen die Köpfe hängen. Tränen flossen aus ihren Augen, zahlreich wie Regentropfen. »Tissa war unser Freund«, sagten sie, »wir hätten ihm helfen sollen; immerhin sind wir alle Mönche.«

Der Buddha kritisierte sie nicht, erinnerte sie aber an etwas: »Mönche, eure Mütter und Väter sind nicht hier, um sich um euch zu kümmern. Helft einander – wer sonst sollte es tun? Wenn ihr euch umeinander bemüht, ist es so, als würdet ihr euch um mich bemühen.« Später forderte der Buddha seine Schüler auf, Kranken mit liebevoller Güte, Mitgefühl, Mitfreude und Gleichmut zu begegnen – jene Qualitäten, die im Buddhismus die »Vier Unermesslichen Geisteszustände« genannt werden.

Viele von uns verhalten sich anfangs wie diese verschreckten Mönche. Wir reagieren mit Abwehr und Abscheu auf Schmerzen und Leid. Wir wollen selbst geliebte Menschen, die krank sind, nicht berühren oder uns um sie kümmern – zu sehr erinnern sie uns an unsere eigene Verletzlichkeit und Sterblichkeit und an die Möglichkeit, einen geliebten Menschen zu verlieren. Erwachen beginnt, wenn wir den festen Knoten unseres eigenen Leidens lösen und auf das Leiden in der Welt reagieren. Mitfühlendes Handeln ist der Nährboden für tatsächliche Befreiung.

Es erschöpft uns, wenn wir daran festhalten, dass es ein Ich gibt. Dieses Ich zu verteidigen, es ständig in den Vordergrund zu stellen, sich um seine Anerkennung zu bemühen, laugt uns aus. Selbstloses Mitgefühl kann uns andererseits Kraft und Energie verleihen. In mitfühlendem Handeln spüren wir die Welt auf ganz direkte Weise, jenseits der Grenzen unserer eigenen Geschichten. Wir lassen dann die Erfahrung einfach Erfahrung sein und versuchen nicht mehr, das festzuhalten, was wir mögen, oder uns gegen das zu verteidigen, was uns ängstigt. Wir brauchen ein großes Herz, um uns dem Ausmaß des Leidens zu öffnen. Laut Sharon Salzberg, die viele Praktiken im Zusammenhang mit den Vier Unermesslichen entwickelt hat, braucht es ein Herz so groß wie die Welt.

Die Vier Unermesslichen werden auch »Himmlische Verweilzustände« genannt, da jeder Einzelne von ihnen uns eine Heimat sein kann, der Schatz, der uns bedingungslos in jeder Situation zur Verfügung steht, ob wir krank sind oder sterben oder wir uns um Menschen kümmern, die trauern oder im Sterben liegen. Wenn wir diese Geisteszustände pflegen, kümmern wir uns letztendlich um uns selbst. Indem wir sie praktizieren, erkennen wir, dass sie uns ganz natürlich innewohnen. Sobald wir sie bewusst in unseren Handlungen zum Tragen bringen, stärken wir ihre Präsenz in uns. Und wenn ihre Präsenz in uns stärker wird, manifestiert sich ihre unbegrenzte Natur.

Der erste Unermessliche Geisteszustand ist liebevolle Güte. Durch ihn können wir unser Gefühl des Getrenntseins und der Entfremdung in Liebe verwandeln. Es ist heilsam, wenn wir erkennen, dass wir Teil eines großen Ganzen sind; die kontemplative Praxis der liebevollen Güte erinnert uns daran, dass wir Teil eines Kontinuums sind. Wir sind mehr als unsere Körper, mehr als unsere Gedanken und Gefühle. Jedes Mal, wenn wir uns mit einem festen Punkt in Raum und Zeit identifizieren, verschließen wir unser Herz vor der Unermesslichkeit unseres Seins. Jedes Mal, wenn wir unsere Sicht darauf, wer wir tatsächlich sind, eingrenzen, fallen wir aus der Liebe in die Furcht.

Als mein Vater im Sterben lag, schien er keine Angst zu haben. Selbst als er das Leben losließ, hatte er Altern, Krankheit und

Tod, die Gesamtheit des Lebens, vor Augen. Er erinnerte sich an meine Mutter und schätzte zugleich die Gegenwart seiner neuen Frau. Er war sich der Anwesenheit seiner Kinder, Enkel und Großenkel bewusst, aber auch der Gegenwart seiner Pfleger, Ärzte und Betreuer; seine Beschwerden verdrängten niemals seinen Sinn für Humor. Alles hatte seinen Platz. Im Loslassen wurden seine Weisheit und Güte tiefer und tiefer. Er hielt nicht mehr an Meinungen, Konzepten, Ideen fest. Er ließ uns alle los. Seine wahre Natur leuchtete in seinem Körper, der sich auflöste, als grenzenlose Liebe auf, frei von Festhalten und für alle, die ihn umgaben.

Liebevolle Güte ist ganz und gar eine Beziehungspraxis: Sie funktioniert nur, wenn sie angeboten, gegeben oder geteilt wird. Liebe können wir nicht horten; sie wächst, wenn wir sie weggeben. Und je mehr wir davon weggeben, umso größer wird unser Potenzial für Liebe. Auf diese Weise wird liebevolle Güte unermesslich.

Vor Jahren nahm ich an einem Treffen mit Seiner Heiligkeit dem Dalai Lama teil. Einige Wochen zuvor hatte ich mich einer Augenoperation unterzogen, bei der meine Augen bestrahlt worden waren. Unglücklicherweise hatte der Radiologe die Dosis zu hoch bemessen, und meine Augen waren stark verbrannt. Mehrere Monate lang musste ich Verbände tragen, unter denen meine verletzten Augen heilten.

Da ich praktisch blind war, überlegte ich, nicht an dem Treffen teilzunehmen, entschied dann aber, dass es mir gut genug ging, um daran teilzunehmen, wenn auch in eingeschränktem Maße. Seine Heiligkeit war während der Begegnung sehr freundlich zu mir und fragte mich danach, ob wir noch etwas Zeit miteinander verbringen könnten. Ich wusste, dass er sehr beschäftigt war, so beschäftigt, dass er während seines sechswöchigen Aufenthalts in den USA keine Privataudienzen gegeben hatte. Deshalb schlug ich seine Einladung fast aus, da ich ihn nicht belästigen wollte. In Wahrheit fühlte ich mich seiner Aufmerksamkeit nicht wert.

Doch sein Assistent rief mich an und bestand darauf, dass ich kommen sollte.

Als ich in dem Privathaus ankam, wo Seine Heiligkeit sich aufhielt, legte er seine Arme in einer festen Umarmung um mich. Dann führte er mich zu einem Stuhl und fragte, was passiert sei. Nachdem ich ihm die Geschichte kurz erzählt hatte, sagte er, er hoffe, ich hätte nicht allzu viel gelitten, und dass er froh sei, meinen Geist so klar und stark zu sehen, obwohl meine Augen verletzt seien. Er war freundlich, ohne mitleidig zu sein, liebevoll, ohne mich zu bedauern. Dann legte er seine Hände auf die Bandagen und betete.

In diesem Moment verließ mich meine Angst, und ich war vollkommen glücklich. Ich war von der Verkörperung der liebevollen Güte und des Mitgefühls berührt worden. Etwas, das er in einem seiner Vorträge gesagt hatte, kam mir in den Sinn: »Meine Religion ist Freundlichkeit.«

Mitgefühl ist der zweite Unermessliche Geisteszustand. Wir entwickeln Mitgefühl, wenn wir uns dem Leiden öffnen. Das ist ein schrittweiser Prozess. Durch Achtsamkeit beginnen wir nach und nach, das Leiden in uns selbst wahrzunehmen, und erkennen, dass jeder auf die eine oder andere Art leidet.

Mitgefühl, gepaart mit innerer Stärke, unterstützt uns in unserer Arbeit mit Krankheit, Verlust und allen anderen Formen des Leidens, denen wir in der Erfahrung des Sterbens begegnen. Mitgefühl hat nichts Idealistisches an sich. Mitgefühl beruht auf der tiefen Erkenntnis, dass wir nicht voneinander getrennt sind, und erfordert die Fähigkeit, sich in das Leiden anderer einzufühlen. So wie liebevolle Güte existiert auch Mitgefühl nur im Miteinander und kennt letztendlich weder Subjekt noch Objekt. Liebevolle Güte und Mitgefühl sind die Essenz der Verbundenheit, der Wohlgeruch der Nicht-Dualität.

Mir ist großes Mitgefühl in Sterbenden begegnet. Als Issan Dorsey im Sterben lag, fühlte er sich tief mit dem Leiden anderer verbunden. Er war immer ein sehr offener und experimentierfreudiger Mensch gewesen, doch sein Sterben ließ ihn noch offener werden, und er praktizierte in dieser Zeit Mitgefühl mit absoluter Hingabe und Bescheidenheit.

Der dritte Unermessliche Geisteszustand ist Mitfreude oder Edle Freude. Mitfreude hat drei Aspekte: Mitfreude am Glück anderer, Mitfreude an den guten Charaktereigenschaften anderer und altruistische Freude, also das Erwecken von Freude zum Wohlergehen anderer.

Der erste dieser Aspekte ist die Freude, die wir empfinden, wenn jemand sich in günstigen Umständen befindet: Sie hat nun endlich keine Schmerzen mehr; er konnte die problematische Haltung seiner Geschichte gegenüber loslassen und ist endlich erleichtert und entspannt. Es ist die Freude, die ein Betreuer empfindet, wenn er hört, dass ein geliebtes Familienmitglied endlich von weit her anreisen kann, um einen sterbenden Patienten zu besuchen, oder wenn sich bei einem Patienten die bedrohliche Krankheit doch zurückzieht. Es ist die Freude, die unser Herz füllt, wenn Gutes geschieht.

Der zweite Aspekt ist die Freude, die wir in der Gegenwart eines liebevollen Menschen empfinden. Ich machte diese Erfahrung, als ich einmal die Tochter einer Freundin besuchte, die an Krebs starb. Ich betrat ihr Zimmer, und auf dem Gesicht dieses bemerkenswerten Mädchens brach ein strahlendes Lächeln aus, dessen Licht mich in seinen Bann schlug. Ich musste einfach zurücklächeln. Sie war reine Freude, und in diesem Moment war ich es auch. Vielleicht war dies der Austausch von gegenseitiger Freude, denn ihre Schönheit und ihr Mut bewegten mich tief und berührten mein eigenes tiefes Potenzial der Freude. Diesen zweiten Aspekt der Mitfreude empfinden wir in der Gegenwart eines großen Lehrers, einer liebevollen Patientin, eines geliebten Freundes oder wunderbaren Menschen. Ihr gutes Herz aktiviert unser gutes Herz.

Die dritte Art der Mitfreude besteht in der Erweckung von Freude zum Wohlergehen anderer. Ich besuchte einmal einen Mann im Krankenhaus, der an Unterkühlung und Erfrierungen fast gestorben war. Obwohl es ihm, gemessen an dem, was er durchlitten hatte, einigermaßen gut ging, wirkte er niedergeschlagen und gereizt. Anstatt mich mit seinem Leiden zu identifizieren oder ihn zu trösten, konnte ich plötzlich durch sein Leiden hindurch die Person zu sehen, die frei von Leiden war. Ich begegnete seiner Niedergeschlagenheit mit warmherziger Freude, und innerhalb von Minuten wurde deutlich, wie er von meinem Geisteszustand »angesteckt« wurde. Er öffnete sich und konnte schließlich über sein Unglück lächeln; dann entspannte er sich und freute sich über die Pflege, die ihm zuteil wurde. Altruistische Freude kann die Energie von Depression und Selbstmitleid, Neid, Ablehnung und Wut aufnehmen und transformieren. Sie ist Mitgefühl in Aktion und ganz selbstverständlich frei von Narzissmus und Gedanken an das eigene Selbst.

Manchmal fällt es uns schwer, Mitfreude zu empfinden, wenn ein anderer Mensch etwas Gutes erlebt oder wenn wir jemandem begegnen, der vollkommen wirkt. Selbst wenn wir wissen, dass es hilfreich ist, Mitfreude am Wohlergehen aller Wesen zu entwickeln, sind wir dazu nicht immer in der Lage. Vielleicht fehlt uns dazu gerade die Kraft oder der Wille. Der beurteilende und vergleichende Geist, Neid und Minderwertigkeitsgefühle engen unsere Welt ein und machen es nicht immer leicht, Mitfreude oder altruistische Freude zu empfinden. Wenn eine Betreuerin bis ins Mark erschöpft ist, hat sie vielleicht nicht mehr die Reserven, um etwas anderes als Negativität und Unlust auszudrücken.

Wir können jedoch lernen, anderen Freude entgegenzubringen, auch wenn es sich anfangs so anfühlt, als müssten wir uns dazu ein wenig verstellen. Vor Jahren versicherte mir Sharon Salzberg, dass sie es richtig fände, diese Praktiken auch dann auszuüben, wenn wir verärgert oder depressiv sind. Neuere Forschungen in den Neurowissenschaften haben gezeigt, dass die betreffenden Zentren des Gehirns bewusst beeinflusst werden können. So, wie eine Violinistin ihre Begabung durch Üben fördert, können auch wir unsere Freude durch Üben anwachsen lassen.

Wenn jemand daran zweifelt, dass er einem Sterbenden Freude schenken kann, sage ich: »Wieso nicht? Versuche es trotzdem. Schau, was in deinem eigenen Herzen geschieht, wenn du dich so verhältst, wie du es dir wünschst.« Letztendlich ist es sehr viel weniger erschöpfend, anderen Freude anstatt Kummer zukommen zu lassen.

Mitfreude lässt sich entwickeln. Wenn Sie bei einem sterbenden Menschen sitzen, nehmen Sie sich Zeit, um die einfachen Dinge des Lebens zu genießen – vielleicht lässt sich daraus ein kleines Quäntchen Freude ziehen, das miteinander geteilt werden kann: das Licht, das an einem Nachmittag im Spätherbst ins Zimmer fällt, der Klang und Geruch des Regens an einem Sommertag, die Melodie eines Klavierkonzerts, die aus der Wohnung eines Nachbarn herüberweht. Schauen Sie tief in das Leben dieses Menschen und machen Sie sich bewusst, was es Gutes darin gibt. So entwickeln wir Mitfreude am Leben der anderen. Allzu oft sehen wir einfach nur den Schmerz, Leiden und Neurosen vor uns – einen umfangreichen Katalog des Elends. Blicken Sie tiefer, finden sie das gute Herz dieses Menschen und begegnen sie ihm mit Ihrem eigenen.

Der vierte Unermessliche Geisteszustand ist Gleichmut. In einigen Lehrtexten wird darauf hingewiesen, dass die anderen drei Unermesslichen alle aus Gleichmut entstehen. Die Stabilität des Geistes, die wir durch Gleichmut gewinnen, erlaubt es uns, mit offenem Herzen präsent zu sein, ganz gleich, wie wunderbar oder schwierig die Umstände sein mögen.

Im einen Moment ist Ihr Bruder am Leben; im nächsten Moment stirbt er bei einem Autounfall. Eines Morgens spüren Sie einen Knoten in der Brust, und Ihr Leben verändert sich, wie es

Ihnen bisher nicht vorstellbar war. An einem Nachmittag eröffnet Ihnen der Arzt, dass Sie Krebs im Endstadium und nur noch drei Monate zu leben haben. Ein Jahr später hat sich der Krebs zurückgezogen, und Ihr Leben scheint wieder in den üblichen Bahnen zu verlaufen. Dann findet Ihr Mann eines Tages nicht mehr den Weg nach Hause. Sein Geist verliert sich still und leise in der Demenz, und Sie beide finden sich auf unbekanntem Terrain wieder.

Ein Schüler des Zen-Lehrers Jay DuPont Roshi schrieb nach dessen Tod eine lange E-Mail an Freunde, in der er den Umgang seines Lehrers mit dem Krebs beschrieb. Bei DuPont Roshi wurde schwarzer Hautkrebs im linken Arm diagnostiziert. Als der Arzt ihm mitteilte, dass der Tumor bösartig sei, lachte er. Später sagte er, er habe sich immer gefragt, wie er sterben würde. Als er es schließlich herausfand, war es für ihn eine Erleichterung.

DuPont Roshi entschied, die Krankheit ihren natürlichen Verlauf nehmen zu lassen und zu beobachten, was geschah. Der Krebs wuchs, der Arm schwoll an, und DuPont Roshi, der Linkshänder war, hatte große Schmerzen. Der Arzt sagte ihm, dass er bald, wenn der Tumor eine bestimmte Größe erreichen würde, mit unerträglichen Schmerzen zu rechnen habe.

Der Fortgang der Krebserkrankung schien unabwendbar zu sein, doch plötzlich und unerwartet verschwand der Tumor vollständig. Der ursprüngliche Leberfleck und eine gewisse braune Verfärbung der Haut blieben zurück, ein Zeichen davon, dass jemand Hautkrebs gehabt hatte. Als DuPont Roshi gefragt wurde, warum der Tumor seiner Meinung nach verschwunden sei, antwortete er: »Meiner Ansicht nach kann nichts lange einem prüfenden Blick standhalten.«

Was für ein Geist, was für ein Herz kann inmitten des Chaos der Existenz stark und offen sein? Können wir von ganzem Herzen trauern, ohne an unserer Trauer festzuhalten? Können wir die postoperativen Beschwerden spüren, ohne an unseren Schmerzen festzuhalten? Können wir Erleichterung und Freude fühlen, ohne sie zu ergreifen? Können wir offen für das Unbekannte sein und ihm ganz und gar vertrauen?

Vor ein paar Jahren begleitete ich eine ältere Schülerin, die einen schweren Herzinfarkt erlitten hatte, in die Notaufnahme in der Nähe unseres Zen-Zentrums. An Infusionsschläuchen hängend, begriff sie nach und nach, dass sie dem Tod nahe sein könnte. Während die Pflegekräfte sich um sie bemühten, verweilte sie in einem ruhigen, offenen und furchtlosen Geisteszustand. Sie hatte ihre Kindheit in Berlin während des Zweiten Weltkriegs verbracht und sich damals geschworen, ihren Tod offen und in Würde anzunehmen. Alle, die wir sie in die Notaufnahme begleitet hatten, konnten sehen, wie ihre Absicht Wirklichkeit wurde, je mehr ihr die Wahrheit über ihre Situation bewusst wurde.

In den Tagen vor ihrer Herzoperation verweilte sie in diesem Zustand größtmöglicher Offenheit, als sei das ihre Praxis oder ihr Gelöbnis. Alle, die Zeit mit ihr verbrachten, vom Fahrer des Krankenwagens bis zum Chirurgen, bemerkten ihren Gleichmut und ihre Präsenz. Als Kind hatte sie dem Tod ins Gesicht gesehen; jetzt, als alte Frau, erfüllte sich ihr Wunsch, der Wahrheit mit Kraft und Würde zu begegnen, von der anfänglichen Krise bis zu ihrer Heilung nach der Operation.

Einige Jahre später wurde bei meiner geliebten Schülerin ein schnell wachsender Krebs festgestellt. Sie starb sechs Tage nach der letzten Diagnose, und wieder erstaunte sie mit ihrer stillen Präsenz und Akzeptanz alle, die sich um sie kümmerten. Als ihr mitgeteilt wurde, dass nichts mehr für sie getan werden konnte, zog sie sich zurück und öffnete sich dem tiefen Potenzial des Friedens, das es in uns allen gibt. Sie starb schnell und würdevoll, unterstützt von ihrer Praxis des Gleichmuts.

Wenn wir die Saat der liebevollen Güte, des Mitgefühls und der Freude aussäen, hilft uns das, auf den Wellen der Unbeständigkeit dahinzugleiten, ohne dass wir ertrinken. Gleichmut, der auf dem Loslassen beruht, ist die Fähigkeit, mit dem Leiden in

Berührung zu sein, ohne davon überwältigt zu werden. Gleichmut kann als ein Zustand aufgefasst werden, in dem alles *gleich gültig*, aber nicht *gleichgültig* ist. Wir nehmen alle Wesen mit dem gleichen Herzen an und akzeptieren in gleichem Maße Leiden und Freude. Manchmal glauben Menschen, Gleichmut schließe Anteilnahme aus. Das ist jedoch nicht der Fall. Wir schätzen alle Wesen gleichermaßen, während wir gelassen den Wellen der Veränderung standhalten.

In meiner eigenen Erfahrung können wir die fragile Balance des Gleichmuts leicht verlieren. Gleichmut ist eine tiefe Eigenschaft des Geistes, die sich aus der Verarbeitung vieler Fehlschläge nährt und uns einen starken Rücken gibt, der unser weiches Herz stützt. Gleichmut ist wie ein Juwel, das das Licht des Mitgefühls verbreitet und uns dabei eine friedvolle Unaufgeregtheit verleiht.

Unaufgeregtheit und Frieden kommen aus einem stabilen Geist, einem Geist, der sich nicht in der Hitze von Gemütsbewegungen, Hass, Festhalten und Verwirrungen verfängt. Wenn wir unser Leben durch Gleichmut steuern, werden wir dadurch Dankbarkeit und Freude erfahren, die fest in unserer Achtsamkeitspraxis verwurzelt sind. Auf diese Weise werden auch unsere Konzentration und Aufmerksamkeit stabil und genau, und unsere Fähigkeit, in die Wirklichkeit von Leben und Tod zu blicken, vertieft sich immer mehr.

Die folgende, traditionelle Meditation über Gleichmut hilft uns, die Wahrheit der Unbeständigkeit und die Wirklichkeit von Ursache und Wirkung nicht aus den Augen zu verlieren: »Alle Wesen bewirken ihr eigenes Karma. Glück und Unglück hängen von ihren Handlungen ab, nicht davon, was ich ihnen wünsche.« Das klingt vielleicht hart oder schonungslos, aber es ist wahr. Ein Ausdruck des Gleichmuts ist schonungsloses Mitgefühl. Eine andere Möglichkeit, Gleichmut zu verwirklichen, besteht darin, alle Wesen gleichermaßen zu lieben. Eine dritte Möglichkeit ist es, uns inmitten der »absoluten Katastrophe« aufrecht zu halten.

Im Unermesslichen zu Hause zu sein – unsere Befähigung zu liebevoller Güte, Mitgefühl, Mitfreude und Gleichmut zu entwickeln – lässt uns die Anteilnahme am Sterben als einen Weg erfahren, der Leiden in Freiheit verwandelt.

Laut Spinoza sind alle edlen Dinge so schwierig, wie sie selten sind. Wenn Sie Sterbende begleiten, wenn Sie selbst sterben werden, vergessen Sie bitte nicht die Vision der Freiheit von Furcht und Leiden. Der Weg zur Verwirklichung dieser Vision ist eine edle Reise, die uns Stärke verleiht und unsere Persönlichkeit bildet, gerade weil es auf ihr so viele Hindernisse gibt. Lassen Sie sie uns alle nutzen.

Meditation:

Unermessliche Geisteszustände für Leben und Sterben

Die folgenden Praktiken bringen die Kraft des Gleichmuts mit der Sanftheit des Mitgefühls zusammen, den Mut, präsent zu sein, mit der Offenheit der Hingabe. Sie wurden von Sharon Salzberg, mir selbst und allen Menschen entwickelt, die an der Schulung des Upaya Zen-Zentrums für professionelle mitfühlende Begleitung am Lebensende teilgenommen haben.

Das große Geschenk der *brahmaviharas* – der »Unermesslichen Geisteszustände« – besteht darin, dass sie im Hintergrund unseres Herzens und Geistes existieren können. Wenn wir aus dem Gleichgewicht geraten, können wir uns an einen der folgenden Sätze erinnern, um uns wieder in die Balance zu bringen, um dadurch für andere da zu sein und um uns nicht vom Leiden abzuwenden – unserem eigenen und dem der anderen. Diese Praktiken können wir auch mit allen teilen, die sich vom Leiden überwältigt fühlen – sowohl Betreuern als auch Sterbenden. Wählen Sie Sätze aus, die Sie persönlich ansprechen; Sie können sie Ihren eigenen Bedürfnissen entsprechend abändern oder eigene Sätze formulieren.

Finden Sie eine bequeme Haltung im Sitzen oder Liegen. Atmen Sie ein paar Mal tief und sanft ein und aus, um sich in Ihrem Körper zu verankern, und sprechen Sie im Rhythmus Ihres Atems innerlich den Satz, den Sie ausgewählt haben. Sie können auch damit experimentieren, sich einfach nur auf den Satz zu konzentrieren, ohne ihn mit dem Atem zu verbinden. Fühlen Sie sich in die Bedeutung dessen ein, was Sie sich vorsprechen, ohne dabei irgendetwas zu forcieren. Lassen Sie sich von Ihrer Praxis leiten.

Sätze zur Unterstützung liebevoller Güte:

- Möge liebevolle Güte unbegrenzt fließen.
- Möge liebevolle Güte deinen Körper erfüllen und heilen
- Möge die Kraft liebevoller Güte dich unterstützen.

Sätze zur Kultivierung von Mitgefühl:

- Mögen du und alle Wesen frei von Schmerz und Leiden sein.
- Mögest du auf dich selbst achten.
- Mögen alle Wesen frei von den Ursachen des Leidens sein.

Sätze zur Erweckung von Mitfreude:

- Mögen alle Wesen glücklich sein.
- Möge Freude dich durchdringen und unterstützen.
- Möge dein Wohlergehen von Dauer sein.

Sätze zur Entwicklung von Gleichmut:

- Alle Menschen müssen ihren eigenen Lebensumständen begegnen.
- Dein Glück oder Unglück hängt von deinen Handlungen ab, nicht davon, was ich dir wünsche.
- Mögest du die Dinge so annehmen, wie sie sind.

6. Sie sterben bereits

Einsicht in Unbeständigkeit, Selbstlosigkeit und Freiheit

Wie viele Menschen, die heute sterben, wissen überhaupt, dass dies der letzte Tag ihres Lebens ist? Ich erinnere mich an Freunde, die gestorben sind, ohne ihre Projekte zum Abschluss gebracht zu haben, ohne eine Gelegenheit, sich von Partnern und Kindern zu verabschieden, ohne einem Freund vergeben zu haben. Und doch glauben wir nicht, dass auch uns dies widerfahren kann.

Wir kümmern uns vielleicht um eine sterbende Freundin und begehen den verständlichen Fehler, anzunehmen, dass wir von ihrer Erfahrung getrennt sind. In unserem Geist spalten wir uns von ihr ab: »Sie stirbt; ich bin ihr Begleiter.« Doch in Wirklichkeit sind wir durch die Fesseln der Unbeständigkeit aneinandergebunden. Vielleicht ist es beunruhigend, sich selbst einzugestehen: »Ich sterbe auch.« Aber wie wir in Kapitel 4 gesehen haben, ist es genau so: Sie sterben bereits. Ich auch. Wir alle sind durch die Unvermeidlichkeit von Verlust und Tod miteinander verknüpft, selbst wenn wir gerade sehr entspannt auf der Straße des Lebens entlangschlendern.

Jeder von uns musste bereits etwas loslassen, das er liebte. Wir mussten lieb gewonnene Pläne und Träume aufgeben, haben Trauer und Verlust erfahren. Wir alle wurden von der Unbeständigkeit bereits berührt – was einfach nur eine Form des Sterbens ist. Was hat sich in unserem Leben nicht auf die eine oder andere Weise bereits verändert? Alles verändert sich! Selbst die Sonne, ein Symbol der Unsterblichkeit, wird eines Tages verlöschen.

Wenn wir uns darin üben, die wechselhafte Natur unserer alltäglichen Erfahrungen zu betrachten, sind wir bereits auf dem Weg in die Freiheit vom Leiden. Damit wir die Unbeständigkeit und unsere gemeinsame Sterblichkeit annehmen können, müssen wir die fest geknüpften Knoten unserer Geschichten auflösen. Wir müssen unsere Konzepte, Ideen und Erwartungen darüber, wie das Sterben sein sollte, aufgeben. Außerdem sollten wir uns im Sterben üben, indem wir loslassen, aufgeben, weggeben – das heißt indem wir im besten Sinne Großherzigkeit praktizieren. Wir können dies sofort tun, wir können jederzeit damit anfangen, uns im Sterben zu üben. Und wenn wir dies tun, könnten wir vielleicht auch gleich noch damit beginnen, die gegenseitige Durchdringung von Leiden und Freude zu betrachten – denn Leben und Tod sind nicht getrennt, sondern miteinander verflochten wie Wurzeln, die tief in der Erde stecken.

Während eines Meditations-Retreats hatte ein Mann, der infolge von AIDS an einer Lymphknotengeschwulst litt, tiefe Einsichten in die Unbeständigkeit. Monate später, als er dann im Sterben lag, kam er ins Krankenhaus. Die Tumoren übten Druck auf die Nerven aus, und er litt unter unerträglichen Schmerzen. Als ich ihn besuchte, sagte er mir, er sei dankbar dafür, gesehen zu haben, dass alles sich verändert, also auch seine Schmerzen. Wenn er glauben müsste, dass seine Schmerzen beständig wären, so fuhr er mit leiser Stimme fort, würde er verrückt werden. Sehr mutig brachte er klar zum Ausdruck, dass er wisse, dass der Tod ihn zumindest von seinen stechenden Schmerzen befreien werde, die medikamentös nicht gelindert werden konnten. Seine Einsicht in die Unbeständigkeit – einschließlich seiner eigenen Sterblichkeit – gab ihm die Kraft, seine Schmerzen anzunehmen und die Verzweiflung, die er empfunden hatte, loszulassen.

Wenn ich bei einem Sterbenden sitze, höre ich manchmal folgende Worte in mir: »Welches Leiden auch immer dieser Mensch erfahren mag, es wird sich verändern.« Vielleicht zum Besseren, vielleicht zum Schlechteren. Veränderungen sind unvermeidlich – genau das ist Unbeständigkeit. Zugleich ist es jedoch notwendig, für die oftmals überwältigende und nackte Wirklichkeit des Leidens, so wie es sich von Moment zu Moment manifestiert, da zu sein.

Wenn wir uns die Unbeständigkeit bewusst machen, kann dies den Wunsch, ein sinnvolles Leben zu führen, vertiefen. In vielen Traditionen ist die Unausweichlichkeit des Todes der Ausgangspunkt des jeweiligen spirituellen Weges. Plato ermahnte seine Schüler: »Übt euch im Sterben!« Die christlichen Mönche des europäischen Mittelalters flüsterten sich gegenseitig zu: »Memento mori« – »Bedenke, dass du sterben musst.« Ein buddhistisches Sutra erklärt uns dazu: »Von allen Fußabdrücken ist der des Elefanten der größte; von allen Meditationen ist die über den Tod die wichtigste.«

In der westlichen Kultur wird der Tod jedoch meist nicht als Lehrer verstanden, mit dem man Zeit verbringt, sondern als ein biologisches oder gar moralisches Versagen verleugnet und verdrängt. Wir haben keine kollektive Sicht des Todes als erlösende oder befreiende Erfahrung, sondern betrachten ihn als einen Feind, den es zu überwinden oder, bestenfalls, zu ertragen gilt. Im Moment des Sterbens die eigene Befreiung zu verwirklichen, bietet uns unsere Kultur nicht als Möglichkeit an; somit hat der Tod den meisten von uns wenig bis nichts zu bieten, und unter diesen Umständen ist es nur zu verständlich, dass er gefürchtet wird. Wenn wir uns in dieser unnatürlichen Weise vom Tod distanzieren, scheint die einzige Lösung für das Problem des Sterbens darin zu bestehen, weder Kosten noch Mühen zu scheuen, um ihn zu vermeiden. Und kostspielig ist diese Haltung in der Tat – in den letzten sechs Monaten unseres Lebens sind die Krankenkassen meist stark gefordert.

Unsere Kultur hält es nicht für sicher oder ratsam, sich im Sterben zu üben. Falls wir jedoch erkennen könnten, dass Leben und Tod nicht zu trennen sind, würde sich unsere Haltung gegenüber beiden vielleicht ändern. Zumindest würden wir den Tod nicht länger verdrängen und damit weniger kollektive Angst und Schmerzen über die fortwährenden Verluste und Veränderungen, die das Leben uns bereitet, erfahren. In den großen spirituellen Traditionen der Vergangenheit können wir manchmal eine Vorstellung vom Sterben wiederfinden, die uns das Unbekannte annehmen lässt, ohne dass wir vor Angst erstarren, sodass wir mit dem Annehmen der Unbeständigkeit zugleich die Welt annehmen. Oder, wie es ein Freund einmal ausdrückte: »Veränderungen sind unvermeidlich, Entwicklung gibt es nur, wenn man sich dafür entscheidet.«

Bis wir eine alarmierende Diagnose erhalten oder jemanden verlieren, den wir geliebt haben, nehmen wir das Leben meist als gegeben hin. Wenn uns jedoch mitgeteilt wird, dass wir nur noch kurze Zeit zu leben haben, oder wenn unser engster Freund stirbt, verändert sich unsere Perspektive – zumindest für eine gewisse Zeit –, und wir unterziehen unser Leben und unser Schicksal einer Prüfung. Vielleicht entscheiden wir dann, die uns verbleibende Zeit zu einem medizinischen Projekt zu machen, oder wir konzentrieren uns auf der Suche nach Sinn auf psychologische oder spirituelle Fragen, kümmern uns um unsere Beziehungen und sind für andere da.

Interessant ist, dass die meisten von uns diese innere Arbeit erst beginnen, wenn das Leiden offenkundig wird. Dann ist es aber vielleicht schon etwas spät, denn unsere Verhaltensmuster sind tief verankert. Sie innerhalb von Tagen, Wochen oder wenigen Monate aufzudecken ist zwar möglich, aber sehr schwer. Oder, wie es der Zen-Lehrer Richard Baker Roshi einmal mir gegenüber ausdrückte: »Erleuchtung ist ein Zufall, aber Praxis macht dich anfällig für Zufälle.«

Wir können anfällig für das Erwachen sein oder uns vom Leiden einnehmen lassen. Das liegt vielleicht auf der Hand, aber ich habe mich schon immer darüber gewundert, wieso viele von uns bis zur »letzten Minute« damit warten, sich um unser Herz und unseren Geist zu kümmern. Wieso wenden wir uns von Situationen ab, in denen wir reifen könnten? Wieso nehmen wir die günstige Gelegenheit dieses Augenblicks nicht wahr, sondern warten immer wieder, bis eine Katastrophe eintritt? Was braucht es eigentlich, damit wir aufwachen? Früher oder später, um es mit den Worten Robert Louis Stevensons auszudrücken, setzt sich jeder zu einem Bankett der Konsequenzen nieder.

Großzügigkeit ist eine wichtige Praxis, durch die wir ein Bewusstsein für die Unbeständigkeit entwickeln können. Warum fangen wir nicht einfach jetzt damit an, das wegzugeben, was uns gehört, denn wenn wir sterben, verlieren wir sowieso unseren gesamten Besitz und all unsere Verbindungen? Anstatt uns an die Dinge zu klammern, von denen wir glauben, dass sie uns gehören, könnten wir uns in Freigebigkeit üben und das, was wir lieben, anderen geben. Ein guter Freund von mir trennte sich bereits geraume Zeit vor seinem Tod von Vermögen und Landbesitz. Er starb friedvoll im hohen Alter von zweiundneunzig Jahren, nachdem er den Morgen seines Todestages in seinem Büro damit verbracht hatte, anderen sein Geld zukommen zu lassen. Als er älter wurde, spürte er, dass jeder Tag eine Gelegenheit war, seine Last loszulassen – einschließlich der Last seines Vermögens. Über die Jahre befreite er sich von riesigen Geldsummen und schien sich damit selbst zu befreien. Dieser wundervolle, ältere Herr spürte, dass Großzügigkeit ein Verhaltensmuster in seinem Geist einbettete, das es ihm erlauben würde, sein Leben in seiner Todesstunde loszulassen.

Die Erkenntnis, dass der Tod unmittelbar bevorsteht, kann ein direkter Pfad sein, auf dem wir den Sinn des Lebens entdecken. Im Leben vieler Menschen ist Sinnlosigkeit das tiefste Leiden. Es ist schon merkwürdig, aber Leiden und Sterben lassen in Existenzen, denen fast alles genommen wurde, oftmals einen Sinn für die

Bedeutung und Tiefe des Lebens wiederauferstehen. So schrieb Viktor Frankl als Überlebender des Holocaust, dass der Tod dem Leben seine Bedeutung gebe. »Ich möchte immer im Endstadium sein«, sagte mir ein Krebspatient kurz vor seinem Tod. Seine Diagnose gab ihm eine Sicht, die er als gesunder Mann verloren hatte. Im Sterben drückte er vieles von dem aus, was er nicht gelebt hatte – und das war nicht nur gut für ihn, sondern für alle, die ihn umgaben. Mich erinnerte er daran, dass wir alle im Endstadium sind.

Doch das Tor des Todes kann auch sehr eng wirken und uns in Panik versetzen, sobald es sich uns öffnet, insbesondere dann, wenn es keinen Ausweg mehr gibt, sondern nur noch den Weg mitten hindurch. Wir können in einen Abgrund der Angst stürzen, wenn wir glauben, nichts anderes als der Körper zu sein, der sich aufzulösen beginnt. Wenn wir glauben, dass wir letztendlich alleine sterben, wenn wir uns in unserem Schmerz verlieren, kann das Gefühl der Isolation unsere Sicht verdüstern und eng werden lassen. Wenn wir die Schmerzen, die wir erleiden, als fest gefügt, unveränderlich und von Dauer betrachten, wird unsere Erfahrung hart und klaustrophobisch sein.

Es gibt drei wichtige Tore, die uns die Sicht auf einen weiteren Horizont ermöglichen können – wenn wir den Weg zu ihnen finden. Wenn wir das erste Tor öffnen, wird uns gezeigt, dass alles unbeständig ist, auch – oder gerade –, in diesem menschlichen Körper zu leben. Wenn wir das zweite Tor durchschreiten, sehen wir, dass es kein abgetrenntes Selbst gibt. Hinter dem dritten Tor scheint die leuchtende Natur unseres eigenen Geistes auf.

Mein Freund Rob Lehman, der an einer bösartigen Lymphknotenvergrößerung litt, sagte, dass die Erwartung des Todes ihm die Gestalt und Zähigkeit seines Ichs bewusst gemacht habe. In den Wellen von Furcht und Verdrängung, die ihn überfluteten, erkannte er, dass dieses Ich, an dem er mit seinen Geschichten so sehr festhalten wollte, der eigentliche Autor seines Leidens war.

Dadurch konnte er sehen, dass er und andere ein und dasselbe sind, die, je nach Umständen, einen Moment lang zusammenkommen und sich im nächsten wieder auflösen.

Rob begann, mit einem Gebet aus den Psalmen zu praktizieren: »Hilf mir, die Kürze des Lebens zu erkennen, auf dass ich die Weisheit des Herzens erlange.« Er sah, wie er ein Leben lang nach etwas Größerem als dem, was er bereits hatte, gesucht und dementsprechend gelitten hatte. Mit dem Tod als neuem Begleiter welkten sein Festhalten und sein Anhaften dahin. Er ließ los und öffnete sich dem, was er »ein größeres Selbst« nannte, »das sich wiederum in einer noch größeren Liebe zur Welt auflöst.« Was er bisher außerhalb von sich selbst gesucht hatte, entdeckte er nun in seinem eigenen Inneren.

Seinen Freunden teilte er mit, wie seine Einsichten eine tiefe Veränderung in ihm bewirkt hatten. Er schrieb: Meine Identität ist nicht einfach nur die Summe aller Aspekte meiner Persönlichkeit. Da, wo sie ganz durchlässig wird, ist sie die Integration von allem, was ich bin, mit allen anderen, und dieses integrierte Ganze wird vom Mysterium einer großherzigen Liebe getragen. Wenn ich mir erlaube, die Auswirkungen dieser Veränderung zu spüren, erkenne ich, dass ich nicht sterben werde, wenn ich sterbe.

Es ist wichtig zu erkennen, wie unser Leiden darauf beruht, dass wir uns als beständig und abgetrennt begreifen. Mitgefühl entspringt der Einsicht, nicht getrennt zu sein und über keine feste Identität zu verfügen. Wenn wir uns erlauben zu lieben, wehren wir uns nicht mehr gegen das Leiden anderer. Lama Lodro Dorje erinnert uns daran, dass Liebe ein Verschmelzen ist. Dieses Verschmelzen eröffnet uns einen ganzheitlichen, leuchtenden Bereich der Güte – und der Traurigkeit. Wir müssen uns darin nicht länger vor dem Leiden anderer schützen. Wir erfahren das Leiden dann einfach nur als Leiden – nicht meines, nicht Ihres –, sondern so, als wäre die rechte Hand verletzt und die linke würde ihr zu Hilfe kommen. Die rechte und linke Hand tun nur das, was ganz natürlich getan werden muss, und den Raum zwischen beiden Händen trägt das menschliche Herz.

Als mein Vater im Sterben lag, hatte ich keine Erwartungen an ihn. Die rechte Hand kümmerte sich einfach nur um die linke. Zugleich brach mein Herz auf. Nach seinem Tod saß ich bei seinem Körper und fragte mich, wohin sein sogenanntes Selbst gegangen war. Gab es irgendeinen Teil von ihm, der überdauerte? Plötzlich konnte ich deutlich sehen, dass das Selbst meines Vaters an keinen Ort gebunden war. Heute lebt er in seinen Kindern und Enkeln. Seine Güte berührte viele Menschen, und seine Absichten leben in ihnen fort. Er ist in der Erde des Zen-Zentrums, in dem ich lebe, in den Gärten, die wir dort angepflanzt haben. Er ist in den Sätzen, die ich schreibe, den Vorträgen, die ich halte. Er ist in den guten Taten meiner Schwester und meines Halbbruders, in ihren Kindern und Kindeskindern. Er ist jetzt überall. In Wahrheit war er immer überall gewesen – ich hatte ihn nur begrenzt wahrgenommen, ihn nicht in seiner Universalität gesehen, bis er starb.

Zwei Tage vor seinem Tod fragte ihn eine Krankenschwester: »Wie fühlen Sie sich, Herr Halifax?« Ohne zu zögern antwortete mein Vater: »Alles.«

In unserer Kultur, mit ihrer starken Betonung der persönlichen Identität und Geschichte, fällt es vielen schwer zu verstehen, was mit Nicht-Selbst gemeint ist. Wir sind als Wesen nicht von anderen Wesen getrennt. Wir sind miteinander verbunden, entstehen miteinander, durchdringen einander.

In unserem Zen-Zentrum rezitieren wir vor dem Essen einen Segensspruch:

Erde, Wasser, Feuer, Luft und Raum
verbinden sich zu dieser Nahrung.
Unzählige Wesen gaben ihr Leben und mühten sich,
damit wir essen können.

Mögen wir genährt werden, sodass wir das Leben
nähren können.

In dieser einfachen Segnung des Essens finde ich die Erde wieder, Wasser, Feuer, Luft und Raum. Ich sehe die Pflanzen, den Ackerboden, bestäubende Bienen, die Insekten, die Arbeit der Menschen und eine endlose Kette von Beziehungen. Auch wir bestehen aus Erde, Wasser, Feuer, Luft und Raum. Wir alle sind mit der Sonne, dem Mond, dem Wind und dem Regen verbunden und kehren eines Tages zu diesen Mutter-Elementen zurück. Wir alle sind darüber hinaus auch im Strom grundlegender Güte miteinander verbunden.

Wenn wir erkennen können, dass wir von anderen nicht getrennt sind, dass es in uns keine inhärente Identität gibt, dass es in Raum und Zeit nichts gibt, was unveränderlich ist, vermindert sich unser Leiden, oder es löst sich sogar auf. Doch sehen heißt glauben. Es bedarf einer direkten, persönlichen Erfahrung der Verbundenheit und Unbeständigkeit, damit sie in unserem Leben wirksam werden.

Eine Freundin von mir, die an Eierstockkrebs starb, war noch immer von ihrer Arbeit als Grafikerin besessen. Sie hing sowohl an Infusionsschläuchen als auch an ihrem Computer, und es fiel ihr sehr schwer, sich dafür zu öffnen, dass ihr Leben enden würde. Eines Tages wurde sie auf Bitten ihrer Tochter von einem tibetischen Arzt besucht. Als Gegenmittel gegen ihre Gewohnheit, sich auf ihre Arbeit zu fixieren, und ihre Angst vor dem Sterben schlug er meiner Freundin vor, sich auf einen Berg zu setzen und in den Himmel zu schauen. Als sie wieder etwas zu Kräften gekommen war, bat sie später in dieser Woche darum, zu einer Skistation oberhalb von Santa Fe begleitet zu werden. Sie saß dort neben ihrer Tochter eine Stunde lang in fast vollkommener Stille und beobachtete, wie die Wolken an diesem späten Nachmittag über den Himmel des Südwestens zogen. Während der Begräbnisfeier für ihre Mutter erzählte ihre Tochter uns, dass dies der Wendepunkt in ihrer Beziehung gewesen sei. Die Vertrautheit, die sie miteinander geteilt hatten, begann an diesem stillen Nachmittag in den Sangre de Cristo-Bergen, und sie fand, es war diese Vertrautheit und Offenheit, die ihrer Mutter das Sterben erleichtert hatte.

Wenn wir uns dem Himmel oder dem Meer öffnen, wenn wir einfach nur in Stille sitzen, wenn wir das bekannte Terrain unserer Ideen, das innere Geplapper und unsere zwanghafte Arbeitswut hinter uns lassen – all das, wovon wir glauben, dass es unser Leben trägt –, können wir den Raum entdecken, der unsere wahre Heimat ist, unser ursprüngliches Zuhause.

Gehen Sie an diesen Ort, an dem Sie bereits sind, Ihr ursprüngliches Zuhause. Eine weite, offene Sicht ist Ihnen genau jetzt zugänglich, in der ungefilterten Erfahrung des gegenwärtigen Moments – eine Erfahrung, die unter den seichten Wellen der Konzepte liegt, tiefer als Sprache. Setzen Sie sich einfach nur hin und atmen Sie. Nehmen Sie sich einen Moment, um Ihren Geist zu stabilisieren und Ihre eigene natürliche Weisheit auftauchen zu lassen. Ich versichere Ihnen: Sie werden dann selbst erkennen, dass nichts, einschließlich Ihrer eigenen, individuellen Identität, in einem absoluten Sinne als unveränderliche, permanente Wirklichkeit existiert. Mit dieser offenen, klaren Sicht auf die Realität entdecken wir den weiten Horizont des Nicht-Wissens, der in der Morgendämmerung von Stille und Hingabe aufscheint.

Meditation:

Die neun Betrachtungen

Einer Legende zufolge wurde Konfuzius vor die schwierige Aufgabe gestellt, einen Faden durch neun Löcher eines Edelsteins zu ziehen – er musste also den weichen Faden um neun unglaublich enge Biegungen im Zentrum des Steins fädeln. Die Strafe, falls er die Aufgabe nicht bewältigen konnte, war der Tod. Der Philosoph konnte nicht herausfinden, wie er diese schwierige Sache bewerkstelligen sollte. Die Zeit wurde knapp, aber er fand keine Lösung. Er war in den Bereich des Unvorstellbaren geraten.

Dann begegnete er ganz überraschend einem mysteriösen jungen Mädchen, das in einem Maulbeerbaum saß. Sie sagte ihm, er müsse ein Geheimnis entdecken. Im Chinesischen klingt das Wort für »Geheimnis« ganz ähnlich wie das Wort für »Honig«. Im selben Moment, ohne nachzudenken, verstand Konfuzius die Lösung des Problems. Er band den Faden an den Körper einer Ameise. Dann lockte er sie mit Honig in das verzweigte Labyrinth der Bohrungen im Edelstein. Auf diese Weise bewegte sich die Ameise um die neun scharfen Biegungen des engen Weges, der Faden wurde durch den Edelstein gezogen, und Konfuzius blieb am Leben.

Dem Zen-Lehrer Jan Chozen Bays zufolge ist der Edelstein nichts anderes als unser eigenes Leben, unser eigener Geist. Doch wie die Ameise sind wir dafür blind, und wie für Konfuzius ist es auch für uns ein großes Problem. Der enge, gewundene Pfad ist der Weg der Initiation, eine Passage des Übergangs, der Leben in unser Leben bringt, wenn wir hindurchfinden. Wir müssen diesen Weg allerdings selbst entdecken. Auch der Faden ist unser Leben. Eine Aufgabe unseres Lebens besteht darin, den feinen, biegsamen Teil unserer Natur durch Engstellen zu fädeln, um unsere eigene Weisheit zu befreien. Gezogen wird er jedoch nicht vom Wissen, sondern von argloser Süße.

Mit den neun folgenden Betrachtungen können wir unsere Verletzlichkeit und die Unvermeidlichkeit des Todes betrachten. Es sind neun Blickwinkel auf Leben und Sterben, die von dem großen Mönch und Gelehrten Atisha Dipankara Shrijnana im 11. Jahrhundert entwickelt wurden. Atisha fordert uns in diesen Praktiken auf, das zu hinterfragen, was wir in diesem Moment mit unserem Leben tun, und zu erkennen, was angesichts unserer Sterblichkeit wirklich wichtig ist. Die einfachen Wahrheiten, die darin aufgezeigt werden, wollen uns bewusst machen, wie wir unser Leben besser gestalten können. Was tun wir jetzt, um unsere Erfahrung zu vertiefen? Wie begegnen wir unserer Angst und unserem Leiden – sowie dem der anderen? Was tun wir dafür, uns nicht nur auf die Befreiung im Moment des Todes, sondern auf die Befreiung in diesem Moment vorzubereiten?

Die neun Betrachtungen sind im Grunde genommen eine Wettervorhersage, die uns vor Stürmen in der Zukunft warnt. Sie kann zwar nicht genau vorhersagen, wann und wie der Sturm eintreffen wird, aber sie zeigt uns, dass der Sturm auf jeden Fall kommt und wir uns besser auf ihn vorbereiten. Da dies so ist, wieso bereiten wir uns nicht einfach jetzt schon vor? Wieso entwickeln wir nicht eine Lebensweise, in der wir uns darin üben, wach zu sein – wach, um zu leben, und wach, um zu sterben? Wenn wir die Wahrheit über die Unausweichlichkeit des Todes annehmen, können wir über unsere Angst hinausgehen und uns vollständig auf unser Leben einlassen.

Lassen Sie sich in einer bequemen Haltung nieder. Gestatten Sie Ihrem Körper, sich zu entspannen und zur Ruhe zu kommen. Wenn Sie möchten, schließen Sie die Augen. Bitte überdenken Sie aufrichtig jede dieser Betrachtungen.

Die erste Betrachtung

Wir alle werden früher oder später sterben.

Der Tod ist unausweichlich; niemand wird verschont.

Mir diesen Gedanken bewusst machend, verweile ich im Atem.

Selbst wenn es Ihnen nicht leichtfällt, sich bewusst zu machen, dass Sie eines Tages sterben werden – nichts führt daran vorbei. Kein einziges Wesen – ganz gleich, ob spirituell entwickelt, mächtig, reich oder auf der Suche nach der Unsterblichkeit – ist dem Tod je entkommen. Weder Buddha, Jesus noch Mohammed konnten ihn überwinden, und auch Sie und ich werden ihm nicht entgehen. Alle Gaben des Lebens – Bildung, Reichtum, gesellschaftliche Position, Stärke, Ruhm, Geschlecht, Freunde und Familie – werden uns nicht helfen. Der Tod verleiht uns allen eine tiefe Gleichheit.

Wenn der Geist von der Betrachtung der Unausweichlichkeit des Sterbens abschweift, rufen Sie ihn zurück. Abzuschweifen oder sich in Fantasien zu verlieren kann ein Ausdruck der Abwehr sein. Betrachten Sie, was Ihr Geist macht, um dieser Wahrheit zu entfliehen. Können Sie der Tatsache, dass der Tod jede Zelle Ihres Körpers durchdringen wird, ins Auge sehen? Konzentrieren Sie sich wieder auf diese Chance, die Wahrheit zu erkennen, und begreifen Sie, dass Sie sterben werden, dass jeder Mensch und jede Kreatur, die jetzt auf der Erde lebt, sterben wird.

Die zweite Betrachtung

Meine Lebensspanne nimmt beständig ab.

Die Lebensspanne des Menschen nimmt beständig ab;
jeder Atemzug bringt uns unserem Tod näher.

Mir diesen Gedanken bewusst machend, erforsche ich tief
diese Wahrheit.

Ihre Lebensspanne verkürzt sich in jedem Moment. Das Leben fließt, ob uns das gefällt oder nicht, von der Geburt in den Tod, diesen zwei Punkten des Wandels. Die unaufhörliche Bewegung des Lebens hin zum Tod wird nie unterbrochen. Jeder Atemzug, jedes Wort, das Sie sprechen, jeder Gedanke, den Sie denken, bringt Sie diesem Endpunkt näher. Jeder Schritt, den Sie machen, bringt Sie Ihrer letzten Ruhestätte näher.

Achten Sie darauf, was in Ihrem Geist auftaucht, wenn Sie dies bedenken. Wenn der Geist sich zerstreuen will, sollten Sie sich die Wahrheit, dass das Leben begrenzt ist, ins Gedächtnis zurückrufen. Erfreuen Sie sich an dem, was Sie jetzt haben, und gestehen Sie sich ein, dass es vielleicht kein Morgen geben wird. Wie nutzen Sie Ihr Leben, um es voll auszuschöpfen und einen friedvollen, sanften Tod herbeizuführen? Wie helfen Sie anderen? Was verleiht Ihrem Leben Sinn?

Die dritte Betrachtung

Der Tod kommt, ob ich darauf vorbereitet bin oder nicht.

Der Tod kommt gewiss, ob wir darauf vorbereitet sind oder nicht.

Mir diesen Gedanken bewusst machend, öffne ich mich dem Leben vollständig.

Die meisten von uns werden dem Tod begegnen, ohne eine Bewusstheit von unserer wahren Natur entwickelt zu haben. Wie viel Zeit verwenden Sie jetzt darauf, Ihren Geist zu schulen und zu stabilisieren? Wie vieler Ihrer Gedanken sind Sie sich bewusst? Wie viele davon drehen sich um die Freiheit von Leiden und Tod? Wie oft erinnern Sie sich daran, dass der Tod kommen wird? Wir verbringen so viel Zeit mit Essen, Trinken, Körperpflege, Vergnügungen, Arbeit, Schlaf. Wir machen Geschäfte, verdienen Geld und geben es aus, wir kümmern uns um unsere Beziehungen. Die meisten von uns tun nur wenig, um sich auf den Tod vorzubereiten. Welche Praktiken stärken Ihren Geist? Was können Sie tun, um in diesem Leben aufzuwachen? Schenken Sie Ihrem Körper und Ihrem Geist genügend Aufmerksamkeit, um der Herausforderung des Sterbens zu begegnen? Sie können bereits jetzt bereit sein. Treffen Sie doch bitte schon vor der Reise die besten Vorbereitungen auf das Ziel namens Tod.

Die vierte Betrachtung

> Meine Lebensspanne ist nicht festgelegt.
>
> *Die Lebenserwartung der Menschen ist unbestimmt; der Tod kann jeden Moment eintreten.*
>
> *Mir diesen Gedanken bewusst machend, achte ich sorgfältig auf jeden Moment.*

Denken Sie an die vielen Wesen, die heute sterben. Wie viele davon rechneten damit, heute zu sterben? Glauben sie wirklich, Sie wüssten, wie viel Zeit Ihnen noch bleibt? Der Tod kann jeden Moment eintreten. Vielleicht sterben Sie heute Nachmittag; vielleicht morgen früh; vielleicht auf dem Weg zur Arbeit; vielleicht im Schlaf. Meist verdrängen wir, dass der Tod jederzeit eintreten kann und wir die Stunde unseres Todes nicht kennen. Können wir jeden Tag so leben, als wäre es der letzte? Können wir miteinander so umgehen, als gäbe es kein Morgen?

Die fünfte Betrachtung

> Der Tod hat viele Ursachen.
>
> *Es gibt viele Ursachen für den Tod – selbst Lebensgewohnheiten und Begierden führen ihn herbei.*
>
> *Mir diesen Gedanken bewusst machend, bedenke ich die endlosen Möglichkeiten.*

Die Ursachen des Todes sind unbegrenzt. Sie können durch einen Sturm oder einen Unfall ums Leben kommen; Sie können an Krebs, Herzkrankheiten, Diabetes oder Altersschwäche sterben; Sie können aus Angst oder an einem gebrochenen Herzen sterben. Selbst wenn bei Ihnen eine sogenannte tödliche Erkrankung diagnostiziert wird, ist diese nicht unbedingt die Ursache Ihres Todes. Der Tod kennt viele Bedingungen, das Leben dagegen nur wenige. Achten Sie darauf, wie Ihr Geist sich verhält, wenn Sie sich bewusst machen, dass der Tod durch viele Türen eintreten kann. Versuchen Sie diesen Gedanken zu vermeiden oder können Sie all diese Eventualitäten bedenken?

Die sechste Betrachtung

> Mein Körper ist schwach und verletzlich.
>
> *Der menschliche Körper ist schwach und verletzlich.*
> *Mein Leben hängt an einem Atemzug.*
>
> *Mir diesen Gedanken bewusst machend, folge ich achtsam meinem Ein- und Ausatmen.*

Sie fühlen sich vielleicht, als ob Sie ewig leben würden – oder, da Sie schon älter sind und den Tod anderer erlebt haben, wissen Sie, dass dem nicht so ist. Das Leben hängt buchstäblich an einem Atemzug. Atmen Sie ein. Bedenken Sie nach dem Ausatmen, dass dies durchaus Ihr letzter Atemzug sein könnte. Wenn der Atem nicht mehr durch den Körper fließt, endet Ihre Lebensspanne, und Sie sterben. Sagen Sie sich: »Dieses Leben ist zerbrechlich und hängt vollständig von meinem Atem ab.« Können Sie sich von diesem Wissen wirklich berühren lassen? Der Herzschlag, die Aktivität Ihres Gehirns verleihen Ihrem Leben das Leben. Ein Unfall, eine plötzliche Gewalttat, schon ein einziger falscher Schritt kann Ihr Leben an ein schnelles und überraschendes Ende bringen. Wenden Sie sich im Wissen um die Fragilität und Verletzlichkeit der Existenz stärker dem Leben zu?

Die siebte Betrachtung

Mein materieller Besitz wird mir nicht von Nutzen sein.

Zum Zeitpunkt des Todes ist materieller Besitz von keinerlei Nutzen.

Mir diesen Gedanken bewusst machend, wende ich mich von ganzem Herzen der Praxis zu.

Stellen Sie sich vor, Sie liegen auf dem Sterbebett und werden jeden Moment schwächer. Sie haben Ihr Leben damit verbracht, Geld zu verdienen und Besitz anzuhäufen. Sie besitzen ein schönes Haus, gefüllte Bankkonten, einen teuren Wagen, elegante Kleidung und Schmuck. Doch was nutzt Ihnen das alles jetzt, an der Schwelle des Todes? Jeden einzelnen Cent, jeden Gegenstand müssen Sie zurücklassen – alle Annehmlichkeiten, für die Sie so schwer gearbeitet haben. In der Stunde Ihres Todes wird das alles vollkommen nutzlos sein – vielleicht sogar mehr als nutzlos: Hindernisse, die Sie davon abhalten, sich dem, was geschieht, zu überlassen. Können Sie wahrnehmen, wie Sie an Ihrer Geschichte und Ihrer Identität festhalten? Bedenken Sie, dass Ihr gesamter wohlgehüteter Besitz nach Ihrem Tod einfach verteilt wird. Alles, was Sie angesammelt haben, wird an Freunde und Verwandte gehen. Manches wird vielleicht sogar beim Trödler oder auf dem Müll landen. Fragen Sie sich jetzt bitte: Welche Investition lohnt sich in diesem Leben wirklich? Was ist im Moment des Todes wichtig? Lassen Sie alle Anhaftungen los und praktizieren Sie von nun an Großzügigkeit.

Die achte Betrachtung

> Selbst alle, die mich lieben, können mich nicht retten.
>
> *Die, die uns lieben, können den Tod nicht von uns fernhalten; sein Kommen lässt sich nicht aufschieben.*
>
> *Mir diesen Gedanken bewusst machend, praktiziere ich Nicht-Festhalten.*

In schwierigen Zeiten ist es ganz natürlich, dass wir uns an Freunde oder die Familie wenden. Doch die Menschen, die Sie lieben, können Ihren Tod nicht aufhalten. Starke Anhaftungen führen sogar zu Leid und Festhalten und machen das Sterben noch schwieriger. Alle, von denen Sie geliebt werden, sind machtlos angesichts Ihres Todes. Es ist ganz egal, wie liebevoll oder geschickt Ihre Freunde sind: Wenn Sie sterben, können sie letztendlich nichts für Sie tun. Was hilft Ihnen im Moment Ihres Todes wirklich?

Die neunte Betrachtung

> Wenn der Tod naht, hilft mir auch mein eigener Körper nicht mehr.
>
> *Der Körper kann uns im Moment des Todes nicht helfen; auch er löst sich auf.*
>
> *Mir diesen Gedanken bewusst machend, lerne ich loszulassen.*

Sie haben so viel Zeit auf Ihren Körper verwandt – ihn genährt, ihm zu trinken gegeben, ihn trainiert, an- und ausgezogen, ihn gemocht und nicht gemocht. Vielleicht denken Sie viel über Ihren Körper nach – betrachten ihn im Spiegel, beurteilen, wie er wirkt, versuchen, ihn jünger und schöner erscheinen zu lassen. Dieser

Körper ist Ihr ständiger Begleiter, manchmal ein Freund, manchmal ein Feind. Sie haben mit ihm so viel Schmerz, aber auch so viel Freude erfahren. Sie schätzen ihn. Sie verachten ihn. Und im Moment des Todes verlieren Sie ihn. Können Sie Ihre Abhängigkeit von Ihrem Körper, Ihr Anhaften spüren? Erkennen Sie, wie das Festhalten an Ihren Körper Sie quälen könnte? Verstehen Sie, wieso es so viel Furcht und zugleich so viel Anhaften im Leben gibt? Wieso der Gedanke, es aufgeben zu müssen, so viel Widerstand weckt? Haben Sie Mitgefühl mit sich selbst und anderen? Was ist wirklich wichtig, angesichts der Wahrheit, dass wir diesen Körper nicht festhalten können? Wie können Sie sich darauf vorbereiten, dem Tod gut zu begegnen und anderen zu helfen, ihren eigenen anzunehmen?

Zweiter Teil

Furchtlosigkeit schenken

Im Upaya Zen-Zentrum steht eine sehr schöne Bronzefigur von Mahapajapati, der Stiefmutter des Buddha. Ihr Ausdruck ist heiter, ihre rechte Hand erhoben, die Handfläche in einer Geste nach außen gekehrt, die wir als »Furchtlosigkeit schenken« bezeichnen. Wenn wir Sterbenden Anteilnahme schenken wollen, ist Furchtlosigkeit das größte Geschenk, das wir anderen und uns selbst machen können.

Um Furchtlosigkeit zu schenken, bedarf es der Einsicht in unsere Verbundenheit. Wir sind durch unser Blut miteinander verbundene, durch das Netzwerk des Nervensystems, das sich in uns und zwischen uns erstreckt. Das Leben verbindet uns miteinander, wie auch Leiden, Freude, Tod und Erwachen. Wenn wir unsere Angst deutlich erkennen und sie durchschreiten, indem wir uns mit diesem Moment und unserer kreatürlichen Gleichheit wiederverbinden, kann die Furcht abfallen und Mitgefühl entstehen. Wenn ich bei einem sterbenden Menschen sitze, kann ich mich in der Tiefe der Wirklichkeit nicht von ihm abtrennen. Unsere vorbehaltlose Güte verbindet uns.

Oft ist der Übergang vom Leben zum Tod unvorhersehbar und chaotisch. Für den sterbenden Menschen ist dies eine Zeit der Ungewissheit. Vielleicht steht uns dann nichts mehr von dem zur Verfügung, was uns bisher unterstützt hat. Das Beste, und meist das Einzige, was wir dann tun können, ist, loszulassen und, wie Bernie Glassman Roshi es lehrt, Anteil zu nehmen an der Veränderung. Das heißt, einfach nur da zu sein für das, was geschieht, ohne Widerstand, und die unvermeidlichen Veränderungen, die ein sterbender Mensch erfährt, geschehen zu lassen. Wir können uns der Wirklichkeit anvertrauen und lernen, einfach nur da zu sein, dafür, wie sie sich entfaltet – sei es die Schattenseite des Leidens, das Mysterium der Transzendenz oder einfach nur die Alltäglichkeit des Gewöhnlichen.

Können wir auf diesem Weg der Anteilnahme am Sterben Furchtlosigkeit schenken? Sind wir in der Lage, unseren Wunsch, alles unter Kontrolle zu haben, loszulassen, unsere Ideen davon, was ein »gutes Sterben« ist – Konzepte, die uns blind für die Erfahrungen derjenigen machen können, denen wir helfen wollen –, und können wir dem sterbenden Menschen wirklich die Führung überlassen? Und, was genauso wichtig ist, kümmern wir uns um uns selbst, wie wir uns um andere kümmern wollen? Ob Sie sterben oder Sterbende begleiten, beides verlangt danach, dass Sie alles vollständig in den gegenwärtigen Moment hinein loslassen. Der gegenwärtige Moment, an dem Sie Anteil nehmen, ist die Mutter der Achtsamkeit.

Im Sterben lösen sich Körper und Geist auf, wie auch unsere Beziehungen zu anderen und zu den Dingen. In diesem Loslösen der Fäden liegt die Chance, sich mit etwas Größerem zu verbinden als unserem kleinen Selbst, das so sehr daran festhält, getrennt zu sein. Die Zeit, so wie wir sie bisher kannten, fließt in den großen Ozean der Zeitlosigkeit. In dieser anderen, intensiven Verfassung zieht uns die Erfahrung der Schwelle, des Übergangs, nach innen und nach unten, und in dieser Initiation bietet sich die Möglichkeit, unser Festhalten am kleinen Selbst loszulassen. Wenn wir unsere Geschichte sterben lassen, erfahren wir einen Verlust, aber vielleicht auch die Befreiung des Loslassens.

Anteil zu nehmen ruft uns dazu auf, immer wieder über die Grenze unserer Geschichte hinauszugehen. Die meisten von uns leiten aus den eigenen Erwartungen, Ansichten und Ängsten eine Version davon ab, wie die Dinge sind. Wir schützen uns durch diese Geschichten vor unserer Angst vor dem Schmerz; wir setzen sie als ein Bollwerk gegen die Unbeständigkeit ein und wollen uns damit gegen die Tatsache schützen, dass der Tod, oft ohne Warnung, jeden einholt. Indem wir uns unsere individuelle kleine Geschichte eingestehen und sie hinter uns lassen, drücken wir wirkliches Mitgefühl aus. Wir teilen dann die Freude und das Leiden der anderen, während wir zugleich mit unserer eigenen Situation in Berührung sind.

Im Übergang vom Leben zum Tod durchschreiten Sie keine Geschichte, keine Idee, die irgendwo »da draußen« ist. Ihre bisherige Identität wird dann wie Getreide gedroschen, und vielleicht erwächst ein neues Leben aus dem Bruch mit der Vergangenheit und dem Aufbrechen der Gegenwart. Sterben und für Sterbende da zu sein sind Schwellenerfahrungen, denen das Potenzial innewohnt, unser Selbstanhaften loszulassen und uns in einen offeneren Raum hinein zu befreien.

7. Fiktionen, die hindern und heilen

Der Wahrheit ins Gesicht sehen

Als junge Frau, während der Arbeit an meiner Dissertation, verbrachte ich im Krankenhaus Zeit mit einer alten Frau, die Brustkrebs hatte. Kurz bevor sie starb, sagte sie zu mir, dass man nie wissen könne, wie das Sterben sei, bis es einem selbst passiert. Ihre Augen sagten dabei mehr als ihre Worte. Alle Geschichten, die sie sich einst darüber erzählt hatte, wie sie sterben würde, zerbrachen an der Wirklichkeit ihres tatsächlichen Sterbens.

Zwar können wir uns mit den physiologischen, psychologischen und spirituellen Abläufen des Sterbens vertraut machen, aber wir werden den Tod nicht kennen, bis er uns einholt. Wir können jedoch sein Terrain erkunden. Wir können die vielen kleinen Tode und Geburten betrachten, die wir im Alltag erfahren, und Verlust, Wandel und Unbeständigkeit erforschen. Wir können versuchen, unseren Geist in spiritueller Praxis zu stabilisieren. Wir können auf die Geschichten hören, die wir uns selbst über den Tod erzählen. Vielleicht können wir den Knoten lösen, mit dem wir uns an diese Geschichten binden, indem wir tief in sie eintauchen und zu ihrem Herzen vordringen.

Verständlicherweise versuchen viele von uns, der Wahrheit, dass wir eines Tages sterben werden, aus dem Wege zu gehen. T. S. Eliot weist darauf hin, dass wir Menschen »nicht allzu viel Wirklichkeit vertragen«.[11] Anstatt uns auf den Tod vorzubereiten,

11 T. S. Eliot: Vier Quartette. In: *Gesammelte Gedichte*, Frankfurt a. M., 1988, S. 281.

versuchen wir, ihn zu kontrollieren oder zu ignorieren, und erzählen uns Geschichten über ein Leben bis ins hohe Alter, in der Hoffnung, unserer Existenz dadurch ein Fundament zu geben, eine Gewissheit, in der wir uns sicher fühlen. Diese Geschichten können entweder problematische Illusionen sein oder »heilsame Fiktionen«, wie der Psychologe James Hillman[12] sie nennt, Geschichten, die uns darin unterstützen, im Leben und Sterben einen Sinn zu finden.

Falls wir zum Beispiel an einer Geschichte über den Tod als Tragödie und Niederlage festhalten, beeinflusst dies ganz gewiss unsere Erfahrung des Sterbens und wie wir sterbenden Menschen begegnen. Wenn wir uns andererseits eine Geschichte über den Tod als großes Abenteuer erzählen, es sich dann aber herausstellt, dass wir im Sterben unsere geistigen und körperlichen Fähigkeiten verlieren und uns einfach nur schlecht fühlen, fragen wir uns vielleicht, was mit unserer Idee eines sogenannten »guten Todes« geschehen ist.

Wir wissen nicht, wann und wie wir sterben werden – selbst während wir bereits im Sterben liegen. Der Tod ist in allen seinen Aspekten etwas Mysteriöses, doch können unsere Geschichten ein Tor zum Unbekannten sein; sie können uns und andere aber auch über das hinwegtäuschen, was geschieht.

Eine Freundin in ihren späten Achtzigern, eine agile, unerschütterliche Optimistin mit einem wilden Haarschopf, spürte, dass sie sich bald davonmachen würde. Ihr Herz musste sich anstrengen, um mit ihr noch Schritt zu halten. Sie hatte eine humorvolle oder auch romantische Idee von ihrem Ableben; sie wollte von ihren jüngeren Freunden und Freundinnen umgeben sein, wenn sie starb, ja, sie wollte sogar eine Party haben! Ihre Erschöpfung – eine Konsequenz ihrer Herzinsuffizienz – zu überwinden bedurfte eines eisernen Willens. Wenn jemand fähig war,

12 James Hillman: *Healing Fictions*, New York, 1994.

seine Sterbeszene zu planen, dann sie. Doch wie es sich ergab, starb sie eines Nachts im Schlaf, frei von ihrer Geschichte. Einige Freunde waren enttäuscht, als sie herausfanden, dass sie ihren fröhlichen Abgang ohne sie gemacht hatte. Die Party fand dann trotzdem statt.

Ein junger Mann, den ich begleitete, fand, dass er bereit war zu sterben, und setzte seine Medikamente ab. Er hatte die Vorstellung, dass er dadurch einige Tage später einen »würdevollen Tod« sterben würde. Wir sagten ihm, dass der Körper sich seine eigene Zeit nimmt, um zu sterben, und wir nicht wüssten, was geschehen würde. Er konnte unseren Rat jedoch nicht annehmen, sondern hielt an seiner Geschichte fest, dass er einen schnellen, heroischen Tod sterben würde.

Die Tage vergingen, und er starb nicht. Der junge Mann wurde immer unglücklicher. Er hatte sich beherzt von seiner Familie und seinen Freunden verabschiedet; er war bereit und wollte nicht, dass sich die Dinge noch länger hinzogen.

Vier Monate später war seine Geduld erschöpft. Sein Tod stellte sich nicht so ein, wie er ihn sich vorgestellt hatte, und er fühlte sich von seiner »Geschichte« betrogen. Keine noch so große Anteilnahme, Unterstützung, Liebe oder vernünftiges Zureden konnten seinen Ärger beschwichtigen, während er seine Geschichten auswechselte – diesmal für eine, in der er sich als Opfer sah: Mit allem anderen in seinem Leben hatte er jetzt auch die Kontrolle über seinen Tod verloren.

Wir, seine Betreuer, hatten alles Menschenmögliche getan, um für ihn da zu sein, während er mit seinen Enttäuschungen und körperlichen Schmerzen kämpfte. Er war ein junger Mann, der immer alles sorgfältig geplant und mit Hingabe durchgeführt hatte. Doch diese Energie war jetzt, wo es darum ging, sein Sterben zu leben, zu einem Hindernis geworden. Er hatte sogenannte »gute Tode« von Freunden erlebt und erwartete, genauso zu sterben. Er hatte klar definierte Vorstellungen davon, wie die Dinge sein sollten, aber die Dinge waren ganz deutlich anders. Schließlich gab er am Morgen eines Tages, der sich als sein Todestag erwies, nach einem letzten Kampf gegen die Ideen, die seiner Wirklichkeit im Wege standen, alles auf.

Während ich diesen jungen Mann betreute, fragte ich mich, ob es überhaupt einen »guten Tod« gibt. Ich konnte seinen Tod weder als gut noch als schlecht bezeichnen. Er starb auf seine eigene Art und Weise, und obwohl es zeitweise hart für ihn und hart für uns war, schien es mir im Rückblick eine erstaunliche Reise gewesen zu sein. Ich respektierte seinen merkwürdigen Heldenmut.

Jeder Mensch stirbt auf seine oder ihre Weise. Dieser junge Mann schien in gewisser Weise zu spät gestorben zu sein. Aber war das wirklich der Fall? Ließ ihn der Wechsel in seiner Geschichte, vom Helden zum Opfer, nicht vielleicht am Ende eine dritte Perspektive erfahren, eine, die frei war von »schlecht« und »gut«, »Held« und »Opfer«?

In seinen letzten Stunden schien alles von ihm abzufallen, einschließlich seines Leidens und seiner Geschichten. Er tauchte unter die Welle des Lebens ab und geriet außer Sicht. Letztendlich kann ich die Reise, die er durchlebt hatte, nicht beurteilen. Ich spürte einfach nur Liebe für meinen jungen Freund, und über die Jahre ist mein Respekt für ihn gewachsen.

Die Vorstellung eines guten Todes kann unglaublichen Druck auf Sterbende und Betreuer ausüben und das Mysterium des Todes sowie den Reichtum des Nicht-Wissens schmälern. Unsere Erwartungen darüber, wie jemand sterben soll, können zu einem unterschwelligen oder direkten Druck werden. Niemand will dafür beurteilt werden, wie gut er stirbt!

Ein »würdevoller Tod« ist ein weiteres Konzept, das dem, was tatsächlich geschieht, im Wege stehen kann. Sterben kann sehr würdelos sein. Beschmutzte Nachthemden und Leintücher, austretende Körpersäfte und Toben, Nacktheit und ungewöhnliches sexuelles Verhalten, Verwirrung und derbe Sprache sind häufige Begleiter des Sterbens. All die Geschichten, die wir uns erzählen – »guter Tod«, »würdevoller Tod« –, können zu hinderlichen Vorstellungen werden, mit denen wir uns vor der manchmal rohen und manchmal äußerst erstaunlichen Wirklichkeit des Sterbens zu schützen versuchen.

Unsere Geschichten können aber auch Brücken in die Freiheit sein. Es gibt viele beeindruckende Berichte über das Sterben, über einen »erleuchteten Tod«, die unsere Inspiration und Entschlossenheit erneuern können. Viele außergewöhnliche Erfahrungen mit dem Sterben bedeutender Lehrer haben Schüler dieser Männer und Frauen auf Dauer inspiriert und beeinflusst. Geschichten über den harmonischen Tod von Freunden können uns zeigen, das das Sterben uns etwas über die Stärke des menschlichen Geistes zu lehren hat und der Tod eine wirkliche Befreiung sein kann. Diese Geschichten sind ein Vermächtnis, das das Leben selbst unterstützt.

Geschichten können unserem Leiden eine Sinn, dem Sterben Tiefe und unserer Trauer eine Perspektive verleihen. Sie können ein Tor aufstoßen oder einen Pfad aufzeigen. Immer wieder habe ich gelernt, wie befreiend es sein kann, unsere Geschichten auszudrücken, lange bevor der aktive Sterbeprozess beginnt, und diese Erzählungen loszulassen, wenn das, was wirklich geschieht, sich entfaltet.

Bitte machen Sie sich die unterschiedlichen Erzählungen über den Tod bewusst – die, die wir uns selbst erzählen, die Geschichten unserer Kultur, die Geschichten, die von den Institutionen des Gesundheitswesens verbreitet werden. Lenken Sie Ihren Blick auf das, was Sie sich über das Sterben und den Tod erzählen. Machen Sie sich damit vertraut, wie Sie sich mit bestimmten Vorstellungen möglicherweise vor der Wirklichkeit des Todes schützen, aber auch, wie diese Erzählungen ein Floß sein können, das sie ans andere Ufer bringt.

Lernen Sie, sich dem stillen, inneren Raum anzuvertrauen, in dem die Weisheit ruht, eine Weisheit, die uns befähigt, alles, was in uns und außerhalb von uns geschieht, zu befragen, es zu betrachten und davon zu lernen. Diese tiefe Weisheit nimmt unsere Geschichten an, durchleuchtet sie und ist zugleich kein Teil unserer Geschichte.

Eine Frau, die im Sterben lag, drückte ihre Erleichterung darüber aus, dass alle um sie herum voller Ruhe waren. Ihre eigene ruhelose Suche nach einer Therapie für ihren Krebs hatte sie viele extreme Situationen erleben lassen, während sie an ihrer Geschichte festhielt, sie würde an Altersschwäche sterben. Der Impuls dieser Suche trieb sie auch noch an, als ihre aktive Sterbephase begann. Dann, eines Tages, von einem Moment zum nächsten, hielt sie inne. Ihre Geschäftigkeit hörte einfach auf. Wir, die wir sie begleiteten, spürten die Veränderung, mit der sie sich uns anschloss, wie eine Insel, die auf einen stabilen Kontinent zusteuert. Mit einer neuen Geschichte des Annehmens, die ihre Reise ins Unbekannte unterstützte, konnte sie sich schließlich niederlassen, um zu sterben. Die neue Geschichte gab ihr die Kraft loszulassen.

Unsere Praxis des Nicht-Wissens verweist auf eine offene Perspektive, die tiefer ist als jede Geschichte, tiefer als unsere Erwartungen, tiefer als unsere Wünsche, tiefer als unsere Persönlichkeit, tiefer als kulturelle Strukturen. Am Sterben Anteil zu nehmen gibt uns die einmalige Chance, alle Geschichten infrage zu stellen, die alten, problematischen Gedankengebäude, die nicht länger hilfreich sind, loszulassen und unsere Erzählungen in hilfreiche Fiktionen zu verwandeln, die uns darin unterstützen, für unser Leben und Sterben da zu sein.

Meditation:

Zwei Wahrheiten bezeugen

Erster Teil: Reines Sehen

Reines, unverfälschtes Sehen bedeutet, dass wir dem, was jeder Mensch ist, unsere tiefste, wertfreie Aufmerksamkeit schenken. Wir wollen in die tiefste, erwachte Natur einer Person blicken, während wir zugleich ihre Erfahrung des Leidens erkennen und respektieren. Dies ist der Kernpunkt der nun folgenden Praxis: Wie wir im selben Moment mit der Wahrheit des Leidens und der Wahrheit der grundsätzlichen Güte eines jeden Menschen vollständig gegenwärtig sein können. Zuerst öffnen wir die Quelle unseres eigenen guten Herzens und wenden uns dann der grundlegenden Güte des anderen zu. Wir schauen durch den ätzenden Überdruss, den Zorn oder das Unglück auf die Stelle, die immer schon frei war und auch immer frei sein wird von den Zeichen des Leidens.

Sie können dies jederzeit und überall praktizieren. Versuchen Sie es einmal, während Sie auf einem Stuhl sitzen. Setzen Sie sich einem Freund oder einer Freundin gegenüber, oder stellen Sie sich diese Person vor, und schließen Sie sanft die Augen. Setzen Sie sich bequem hin und verändern Sie Ihre Haltung, falls es nötig ist. Lenken Sie Ihre Aufmerksamkeit auf den Atem, während Sie sich in der Haltung niederlassen. Atmen Sie tief in den Bauch. Entspannen Sie sich, während Ihr Geist dem Ein- und Ausatmen folgt. Lassen Sie alle aufsteigenden Gedanken, Empfindungen und Gefühle los und verweilen Sie einfach nur im Atem. Während Sie dem Atem folgen und sich entspannen, erlauben Sie sich, unter ihre Persönlichkeit oder Identität zu gleiten. Es gibt nichts zu tun, nirgendwohin zu gelangen. Sie sind einfach nur Präsenz, ohne Objekt oder Ziel, Präsenz, die tiefer ist als Ihre Person.

Stellen Sie sich jetzt vor, ein drei- oder vierjähriges Kind zu sein. Sehen Sie sich selbst in einer Zeit, in der Sie glücklich und frei waren. Vielleicht erinnern Sie sich an ein Foto von sich oder Sie stellen sich das arglose, freudige Gesicht eines Kindes vor. Fühlen Sie, wie es ist, dieses Kind zu sein. Blicken Sie durch seine Augen, Augen, die klar und leuchtend sind, frisch und rein. Dieser arglose Blick ist auch Ihr Blick. Sie *sind* diese wertfreien, vorurteilslosen Augen. Fühlen Sie den Frieden in dieser einfachen, direkten Situation.

Öffnen Sie jetzt die Augen und blicken Sie auf den Brustbereich Ihres Freundes oder Ihrer Freundin oder stellen Sie sich einen leidenden Freund vor. Seien Sie einfach nur präsent. Falls Sie spüren, dass Sie etwas tun müssten, schließen Sie die Augen und kehren Sie wieder zu dem Bild der kindlichen, arglosen Augen zurück.

Machen Sie sich das Atmen Ihres Freundes bewusst. Wenn Sie wollen, können Sie Ihren Atem mit ihm synchronisieren. Seien Sie einfach nur präsent. Blicken Sie einfach nur mit Ihren nicht wertenden Augen auf die Person, die Ihnen gegenübersitzt. Machen Sie sich den eigenen Atem bewusst und das Heben und Senken der Brust Ihres Freundes. Schauen Sie aus Ihren einfühlsamen Augen.

Wenn Sie sich bereit fühlen, lenken Sie den Blick auf den Halsbereich Ihres Freundes. Halten Sie mit diesem Blick nichts fest, wenden Sie sich aber auch nicht ab. Blicken Sie einfach nur offen und still auf die Kehle Ihres Freundes. Dadurch wird Ihnen etwas mehr von seiner Persönlichkeit gezeigt. Bleiben Sie bei Ihrem Atem. Lassen Sie Ihren Blick sanft und annehmend sein und heben Sie jetzt die Augen, um in die Augen Ihres Freundes zu schauen. Achten Sie darauf, ob dieser Kontakt Ihnen unangenehm ist. Wenn dem so ist, kehren Sie bitte nach innen zurück und erinnern Sie sich an die Augen des Kindes, durch die Sie wahrnehmen. Sobald Sie sich wieder sicher fühlen, öffnen Sie sanft Ihre Augen und betrachten Sie Ihren Freund von einem Ort aus, der tiefer liegt als Ihre Persönlichkeit.

Sobald Sie für diesen Menschen in diesem Moment wirklich präsent sind, versuchen Sie bitte, Ihren Freund als das kleine Kind zu sehen, das voller Erwartungen und guter Absichten ist. Sehen Sie ihn, wie er damals vielleicht war, jung und frei von Leiden. Stellen Sie sich vor, dass dieses hoffnungsvolle Wesen noch immer in Ihrem Freund lebendig ist. Betrachten Sie nur, ohne zu urteilen und ohne in eine Geschichte zu verfallen. Nehmen Sie das Leuchten und die Unschuld in den Augen dieses Menschen wahr, frei von Furcht und Schmerz. Nehmen Sie von dem Ort, der tiefer liegt als Ihre Persönlichkeit, das gute Herz Ihres Freundes wahr, seine reine Natur. Seien Sie einfach und direkt. Blicken Sie durch Ihre eigenen unschuldigen Augen. Wenn Sie an etwas festhalten, sollten Sie die Augen schließen und zum Atem zurückkehren.

Holen Sie Ihren Freund jetzt in die Gegenwart. Betrachten Sie ihn, wie er jetzt ist, und sehen Sie zugleich seine ursprüngliche Natur, die immer noch da ist. Schauen Sie mit offenen Augen in die Wahrheit des Lebens dieses Menschen. Machen Sie sich seine Freude und sein Leiden bewusst – und machen Sie sich bewusst, dass es in ihm einen Ort gibt, der frei von allen Merkmalen ist.

Verweilen Sie in dieser Sicht eines reinen Herzens, entspannen Sie sich, schließen Sie Ihre Augen und kehren Sie zu Ihrer Konzentration auf den Atem zurück.

Zweiter Teil: Anteilnahme

Wenn Sie diese Übung mit einem Partner machen, legen Sie bitte als Erstes fest, wer Anteil nimmt und wer spricht. Die Anteil nehmende Person hört ihrem Partner einfach nur zu. Sie sagt nichts, tut nichts, sondern ist einfach nur präsent. Berühren Sie die sprechende Person nicht; bieten Sie keinen Trost an. Vertrauen Sie darauf, dass Ihre Gegenwart genügt. Falls Sie alleine üben, stellen Sie sich vor, was Ihr Partner sagen könnte, und lassen Sie diese Worte so offen wie möglich in sich einfließen.

Der Sprechende nimmt sich ein paar Momente Zeit, um sich eine leidvolle Erfahrung ins Gedächtnis zu rufen. Er spricht dann fünf Minuten lang, ohne unterbrochen zu werden, über dieses Erlebnis. Tauschen Sie danach bitte die Rollen. Beenden Sie diese Übung, indem Sie einander danken.

Sobald Sie entschieden haben, wer zuerst spricht, schließen Sie die Augen und entspannen sich. Die zuhörende Person atmet tief in ihren Bauch. Die sprechende Person erinnert sich an eine leidvolle Erfahrung. Sobald sie zu sprechen beginnt, atmet der Zuhörende tief und gleichmäßig und ist für den Sprechenden achtsam präsent. Falls Sie zuhören, machen Sie sich bitte alle auftauchenden Impulse bewusst, kommentieren oder einen Rat geben zu wollen, die Situation verändern oder lösen zu wollen. Wenn wir Anteil nehmen, folgen wir diesen Impulsen nicht.

Nach fünf Minuten kann der Zuhörende eine kleine Glocke schlagen oder dem Sprechenden zunicken. Wenn Sie der Sprechende sind, beenden Sie bitte, was Sie zu sagen haben. Legen Sie nach dem Glockenschlag eine kurze Pause ein; der Sprechende kann dann kurz mitteilen, wie es sich angefühlt hat, in dieser Weise gehört zu werden. Danach beschreibt der Zuhörende, wie es sich angefühlt hat, Anteil zu nehmen. Tauschen Sie jetzt bitte die Rollen.

Selbst wenn Sie sich dieser Praxis nur in der Vorstellung widmen, ist sie ein nachhaltiges Training dafür, als Betreuer einfach nur gegenwärtig zu sein, ohne trösten, erleichtern oder den Leidenden retten zu wollen, sondern einfach nur offen Anteil zu nehmen an allem, was auftaucht.

8. Zwei Pfeile

»Ich habe Schmerzen« und »Ich leide nicht«

Wenn ich Betreuer schule, frage ich immer wieder, was sie am Sterben vor allem ängstigt: der Gedanke an den Tod oder die Vorstellung, Schmerzen zu erleiden. Wenn das Wort »Schmerz« fällt, schießen meist hundert Hände in die Höhe. Tatsächlich ist unser Körper ja wie ein Magnet, der Schmerzen anzieht; das ist Teil unserer menschlichen Erfahrung, der wir nicht entgehen können.

Manchmal überwältigt uns selbst der kleinste Schmerz. Ein pochender, schmerzender Zahn kann von unserem gesamten Leben Besitz ergreifen. Ein Knochenbruch nimmt mit seinem Jucken und Schmerzen unseren Geist vollständig gefangen. Selbst das Pieksen einer Nadel kann uns in Furcht und Schrecken versetzen. Das ist nur zu verständlich – unsere gesamte Kultur betrachtet Schmerz als Feind und lehrt uns, alles, aber auch alles zu tun, um ihm zu entkommen. Wir sind völlig davon in Anspruch genommen, dem Schmerz aus dem Wege zu gehen, manchmal, indem wir uns mit Süchten betäuben, manchmal mit der unheilvollen Obsession, den Schmerz überhaupt zu vermeiden.

Die meisten von uns werden Schmerzen jedoch nicht vollständig vermeiden können. Der Tag wird kommen, vielleicht wenn wir sterben, an dem wir eventuell starke Schmerzen erleiden – doch tatsächlich kann der Schmerz unser größter Lehrer sein, sobald wir aufhören, ihm fieberhaft entfliehen zu wollen. Wir müssen lernen, mit dem Schmerz umzugehen: ihn zu erkennen, mit ihm zu arbeiten. Dabei kann es uns wirklich unterstützen, wenn wir unsere Erfahrung des Schmerzes, den wir genau *jetzt* empfinden, nutzen, um uns auf das vorzubereiten, was kommen mag.

Vor fünfzehn Jahren war ich sehr krank und hatte große Schmerzen. Ich machte mir Sorgen und war mutlos, weil mein Körper krank war. Ich fürchtete mich vor einer Operation, die von den Ärzten empfohlen wurde.

Ich hatte Glück. Gute Freunde rieten mir, in den nahe gelegenen Bergen wandern zu gehen. Manchmal strengte es mich sehr an, dies zu tun, aber ich überwand mich, denn die Berge sind meine Freunde. Sie gaben mir die Unterstützung, die es möglich machte, dass ich mit meiner Geschichte über mein Leiden arbeiten konnte.

Als meine Kräfte zurückkehrten, konnte ich sehen, wie viele andere Frauen ebenfalls so krank waren wie ich. Ich öffnete ihnen mein Herz und dachte an sie, während ich praktizierte. Mein Schmerz verwandelte sich in Mitgefühl für andere. Mit diesem offeneren Herzen konnte ich mir selbst mehr inneren Raum geben und die Schmerzen in meinem Körper einfach *sein* lassen. Nach und nach fand ich den Mut, das zu tun, was getan werden musste, und machte einen Termin für die anstehende Operation aus.

Wenn ich jetzt, Jahre später, darüber nachdenke, kann ich sehen, wie ich in meinem Leiden feststeckte. Ich war wie hypnotisiert und tat nichts, außer mir Sorgen zu machen – verständlich vielleicht, aber eben auch ein wenig selbstbezogen. Im Zen nennen wir eine derartige Blockierung »ohne Strick gefesselt sein«. Wenn ich länger in dieser Lähmung verharrt hätte, wäre meine Heilung letztendlich verhindert worden. Ich war von meiner Krankheit besessen, und das trieb mich in die Enge. Ich konnte geheilt werden, als ich meine Haltung gegenüber der Situation veränderte. Nachdem ich meinem Problem mehr Luft und Raum gegeben hatte, war ich in der Lage, mich positiven Aktivitäten zuzuwenden. Und nachdem ich meine eigene Erkrankung schließlich akzeptieren und um Hilfe bitten konnte, öffnete mich das für das Leiden von Frauen, die in der gleichen Situation waren, und ich konnte ihnen meine Unterstützung anbieten.

Unsere Leben umfassen beides: Schmerz und Leiden. Schmerz ist körperliches Unwohlsein, während das Leiden die Geschichte ist, mit der wir dem Schmerz begegnen. Der Buddha sagte: »Wenn Menschen, die nicht in den Lehren geschult sind, gemeinhin von einem Empfinden des Schmerzes berührt werden, sind sie bekümmert, grämen sich und klagen, schlagen sich an die Brust und verzweifeln. Sie spüren demnach zweierlei Schmerzen: körperliche und geistige, so, als wären sie von einem Pfeil getroffen, dem gleich darauf ein zweiter folgte, sodass sie nun den Schmerz beider Pfeile empfinden.«

Ich hatte den sehr menschlichen Fehler begannen, dem Pfeil des Schmerzes mit dem Pfeil des Leidens zu begegnen. Der erste Pfeil, das Empfinden des Schmerzes, ist schlimm genug. Aber es ist der zweite Pfeil, die Geschichte, die wir uns über unseren Schmerz erzählen, der das eigentliche Problem ist.

Wir erfahren Befreiung, wenn wir erkennen, dass dem ersten Pfeil nicht unbedingt der zweite folgen muss. Viktor E. Frankl schrieb, dass uns alles genommen werden kann, außer »der letzten menschlichen Freiheit – in allen Umständen die eigene Haltung zu wählen, den eigenen Weg zu wählen«.[13] Können Sie den Unterschied zwischen der Empfindung des Schmerzes und der Geschichte, mit der Sie ihn umgeben und verstärken, erkennen? Das nächste Mal, wenn Sie Schmerzen haben, könnten Sie sich an diesen Satz erinnern: »Ich habe Schmerzen, aber ich leide nicht.« Schauen Sie einmal, ob es hilft, wenn Sie sich dazu anhalten, den Schmerz nicht auch noch durch eine Geschichte zu verstärken.

Den Naturwissenschaften zufolge setzen sich Schmerzen aus Elementen zusammen, die nicht als Schmerzen gedeutet werden. Wir erfahren diverse Sinneseindrücke wie Dauer, Intensität und

13 Viktor E. Frankl: *Man's Search for Meaning*, Boston, 1959, S. 9.

Rhythmus, und dann macht unser Gehirn den Rest – der Sinneseindruck wird als Schmerz interpretiert und mit einer Geschichte umgeben. Schmerzen an sich sind jedoch weder gut noch schlecht. Es ist die Geschichte, die wir über den Schmerz erzählen, durch die wir das Leiden hervorbringen. Obwohl unser hektisches Gehirn uns etwas anderes suggeriert: Schmerzen verändern sich von Moment zu Moment und dauern nicht ewig. Selbst größte Schmerzen sind unbeständig. Und, was noch wichtiger ist: Wir sind nicht unsere Schmerzen.

Jeder, der oder die schon einmal lange unbewegt in Meditation gesessen hat, weiß, dass Schmerzen ein Weg sein können, der unsere spirituelle Entwicklung fördert. Wenn wir mit unserem Körper viele Stunden stillhalten, taucht unweigerlich der Wunsch auf, uns zu bewegen, da es uns unbequem wird. Vielleicht spüren Sie nur eine kleine körperliche Irritation, ein Jucken im Ohr oder aber einen brennenden Schmerz im Knie. Vielleicht steht auch Ihr gesamter Rücken in Flammen, oder der Magen will sich nicht beruhigen, und Sie spüren, dass Sie sich übergeben müssen. Wie stark auch immer die Erfahrung des Schmerzes oder des Unwohlseins sein mag, diese unangenehmen Gefühle lösen in Ihnen den Wunsch aus, sich zu bewegen – um ihnen zu entkommen, auf Abstand zu gehen, um einen Weg zu finden, sie so schnell wie möglich loszuwerden. Aus diesem Grund bieten viele meditative Traditionen Unterweisungen darüber an, wie wir dem Schmerz begegnen können, wenn er auftaucht. Viele Übungen in diesem Buch – *tonglen* in Kapitel 9 zum Beispiel und die Achtsamkeitspraxis, mit der wir uns bereits beschäftigt haben – lehren uns, mit dem Schmerz zu arbeiten. Schmerzen sind Teil des menschlichen Dramas, und wie wir ihnen begegnen, prägt unser Leben und Sterben.

Wenn wir den Schmerz als Empfindung betrachten können, die aus verschiedenen Elementen zusammengesetzt ist, die keine Schmerzen sind, fühlen wir uns vielleicht das nächste Mal, wenn wir Schmerzen empfinden, nicht so sehr in die Ecke gedrängt. Dann könnten wir zum Beispiel die Unbeständigkeit entdecken, indem wir wahrnehmen, dass Schmerzen sich immer auf die eine oder andere Weise verändern. Oder der Schmerz hilft uns, Mitgefühl für andere zu entwickeln, da wir erkennen, dass viele die gleichen Schmerzen haben wie wir. Vielleicht können wir unsere Schmerzen auch als ein Geschenk begreifen, das uns Geduld lehrt – uns die Stärke verleiht, auszuhalten, achtsam zu sein, und uns daran erinnert, dass unsere Lebenszeit begrenzt ist und unsere Verbindung mit dem Leben leicht zerbrechen kann. Aber vielleicht raubt uns auch die Intensität des Schmerzes unseren gesunden Menschenverstand, und wir begreifen uns als sein Opfer. Wir sollten darüber, wie wir dem Schmerz begegnen, nicht urteilen. Die vermeintlich Mutigsten unter uns haben im Geheimen vielleicht nur ihre Angst hinuntergeschluckt. Und diejenigen unter uns, die auf Schmerzen sehr sensibel reagieren, können sie vielleicht nicht allzu lange ertragen.

Haben wir den Mut, unsere Geschichten über den Schmerz loszulassen, ihn vollständig zu erfahren, ohne den zweiten Pfeil des Leidens abzuschießen? Der tibetische Lehrer Tulku Thondup beschreibt in einem wunderbaren Bild, wie es ist, die enge Umklammerung von Schmerz und Leid loszulassen. Frei von diesem Zustand zu sein, sagt er, ist, wie wenn ein Fallschirmspringer im Himmel tanzt, während er zur Erde fällt. Der Trick besteht laut Tulku Thondup darin, zu entspannen und loszulassen.

Jetzt fragen Sie sich vielleicht: »Gut, aber wie soll das gehen?«. Offen gesagt: Wir müssen den Mut finden, unsere gesamten fest gefügten Vorstellungen aufzugeben, einschließlich der Vorstellungen über etwas so Beängstigendes wie den Schmerz. So erschreckend es klingen mag, aber wir müssen aufhören, uns zurückzuhalten, und vorwärtsgehen, um uns vorsichtig in die Arme des Schmerzes zu begeben. Wir fürchten uns davor, von ihm überwältigt zu werden, wir haben Angst, dass er uns verschlingt. Doch wenn der Schmerz wirklich stark ist, wollen wir vielleicht so verzweifelt einen Weg finden, um mit ihm umzugehen, dass unsere Verzweiflung uns den Mut gibt, den wir brauchen, um ihm begegnen zu können.

Mitten in der Nacht rauben Ihnen vielleicht ein Phantomschmerz oder Schmerzen im Unterleib den Schlaf, oder ein Tumor im Bauch, der gegen Nerven drückt, fühlt sich an, als würde er Sie verbrennen. Wenn Ihr mutigstes Herz in diesem Moment vorwärtsschreitet und sagt: »In Ordnung, ich bin offen dafür, auch dies zu erfahren«, machen Sie den Schmerz zu Ihrem Lehrer.

Doch wie gehen Sie normalerweise mit Schmerzen um? Fürchten Sie sie? Versuchen Sie, ihnen auf ungesunde Weise zu entkommen? Bauschen Sie sie auf? Werden Sie schnell ängstlich, wenn Sie mit Schmerzen konfrontiert sind? Kommen Sie nicht von der Vergangenheit los – erinnern Sie sich an alle früheren Erfahrungen des Schmerzes oder malen Sie sich eine Zukunft voller Schmerzen aus? Oder akzeptieren Sie Ihre Schmerzen und versuchen, sich mit ihnen anzufreunden? Können Sie Schmerzen annehmen und dadurch Kraft und Durchhaltevermögen stärken? Sind Schmerzen für Sie eine Chance, sich für andere zu öffnen, die Ähnliches erfahren? Können Sie Ihren Schmerzen mit Gleichmut begegnen? Erlauben Sie dem Schmerz, Sie etwas über die Unbeständigkeit zu lehren und auch, dass er eine Grundlage für Stärke und Mitgefühl sein kann?

Manchmal ist es jedoch richtig, wenn wir uns dem Schmerz entziehen. Falls wir ihm zu viel Aufmerksamkeit schenken, verstärkt er sich vielleicht und wird zu einem unnötigen Problem. Oder wir haben gerade nicht die geistige Kraft und Energie, um mit ihm umzugehen – wir sind vielleicht zu angegriffen, zu müde oder haben zu viel Angst. In solchen Fällen ist es ratsamer, sich anderen Dingen zuzuwenden, einer Sache, die heilt, uns interessiert oder angenehm ist. Ablenkung kann ab und zu ebenso hilfreich sein wie Bewusstheit, wenn der Schmerz uns überwältigt.

Wenn wir uns jedoch kräftiger fühlen, die richtige Unterstützung haben, Auftrieb, Engagement und Durchhaltevermögen spüren, haben wir vielleicht die Stärke, mit dem Schmerz direkt umzugehen und ihn vollständig zu erfahren. Das kann uns heilen, uns Demut lehren und Mitgefühl entstehen lassen. Wenn wir für unsere Schmerzen offen sind, kann das die Erfahrung des Leidens mindern. Indem wir den Schmerz betrachten und sehen, wie er sich verändert, nehmen die Emotionen, die die direkte Erfahrung des Schmerzes begleiten und verstärken, ab.

Aber manchmal lassen sich Schmerzen weder durch Praxis noch durch psychologische Ansätze transformieren. So ist es dann einfach, und wir müssen realistischerweise anerkennen, dass der Schmerz ein Hindernis für unsere Praxis und unser Leben ist.

Immer häufiger wird der Einsatz von Medikamenten in der Schmerztherapie von spirituellen und psychologischen Ansätzen begleitet. Dadurch verstärkt sich die Wirkung dieser Präparate, und den sterbenden Menschen wird geholfen, sich zu entspannen. Mittlerweile gibt es viele wirksame Mittel, die Schmerzen lindern, ohne dadurch die Bewusstheit zu trüben. Ich erwähne das, weil ich Menschen begegnet bin, die ihren sterbenden Verwandten aufgrund ihres spirituellen Hintergrundes eine schmerztherapeutische Behandlung vorenthielten. Ihrer Meinung nach waren Schmerzen ein Weg zur Klärung des Geistes, weswegen sie befürchteten, die Schmerzmittel würden den Geist des sterbenden Menschen trüben, oder sie sorgten sich über eine mögliche Abhängigkeit. Meine eigene Haltung dazu ist sehr pragmatisch: Ich unterstütze es, die Möglichkeiten der modernen Medizin mit den hilfreichen Ansätzen der Psychologie und Spiritualität zu verbinden.

Ich teilte einmal mit Seiner Heiligkeit dem Dalai Lama meine eigene Frage darüber, was wir zu tun haben, wenn Schmerzen nicht durch spirituelle oder psychologische Mittel gelindert werden können. Er war voller tiefem Mitgefühl und meinte, wir sollten alles versuchen, um Schmerzen und Leiden zu lindern, sei es durch moderne pharmakologische Mittel oder durch Meditation und Anteilnahme. Er meinte, dies sei ein mitfühlender Ansatz. Ich dachte an eine enge Freundin, die an Gebärmutterhalskrebs gestorben war und am Ende darum gebeten hatte, zur Linderung betäubt zu werden, und konnte Seiner Heiligkeit nur zustimmen. So etwas wie ihre Schmerzen hatte ich noch nie miterlebt. Nichts konnte ihre Heftigkeit lindern. Sie ertrug sie mit Würde und Auflehnung. Am Ende brachten die Schmerzen sie an ihre Grenze – und darüber hinaus. Als sie im Sterben lag, drängte sie die Ärzte, sie zu betäuben, um ihr weitere Schmerzen zu ersparen. Nach ihrer Bitte wurde es still, und schließlich stimmten alle um sie herum erleichtert zu.

Ich fragte Seine Heiligkeit, ob es für den Geist eine Gefahr darstellt, wenn starke Mittel eingesetzt werden, um unerträgliche Schmerzen zu lindern. Voller Mitgefühl meinte er, selbst wenn der Geist durch Medikamente getrübt wird, bleibt unser grundlegender Geist davon unberührt. Der grundlegende Geist, der durch nichts, auch nicht durch Chemikalien getrübt werden kann, wird im Moment des Todes freigesetzt. Wenn der Verstorbene in seinem Leben eine fundierte Praxis hatte, kann er sich im Moment des Todes mit der Natur des Geistes verbinden, ganz gleich, welche Medikamente eingesetzt wurden.

Manchmal ist es sehr schwer, Anteil zu nehmen, wenn Menschen starke Schmerzen haben – wie im Fall meiner Freundin, die an Gebärmutterhalskrebs litt. Als Betreuer mussten wir sehr genau unsere eigenen Motive betrachten und uns fragen, wieso wir ihren Wunsch, betäubt zu werden, unterstützten. War es unsere eigene Intoleranz gegenüber dem Leiden, die unsere Entscheidung motivierte, oder war es der Respekt gegenüber dem Wunsch unserer Freundin, von ihrer Qual erlöst zu werden? Hätte es noch einen anderen Weg gegeben, außer, sie zu betäuben? Würden wir unsere bedingungslose Präsenz für sie aufrechterhalten können, nachdem sie betäubt war? Sollten wir ihre Entscheidung unterstützen?

In solchen Situationen wären wir gerne in der Lage, etwas zu tun. Wir fühlen uns hilflos, untröstlich, wütend und verwirrt. Was haben wir überhaupt anzubieten, fragen wir uns. Der Schatz, den viele von uns vergessen, ist unsere Präsenz. Oft gibt es nichts anderes zu tun, als für den Schmerz, so wie er ist, da zu sein – oder, wie im Falle unserer Freundin, ihre Entscheidung, sich ein Betäubungsmittel geben zu lassen, zu unterstützen und danach bei ihr zu sitzen, während sie in einem unsichtbaren Strom auf ihren Tod zusteuerte.

Wenn wir uns an unseren starken Rücken und weichen Bauch erinnern, können wir Gleichmut und Mitgefühl anbieten – dann kann unsere Bereitschaft, mit dem Leiden zu sein, auch den Leidenden darin unterstützen, präsent zu sein. Es ist dabei wichtig, alle Hoffnungen und Erwartungen hinsichtlich eines bestimmten Resultats aufzugeben. Ich habe gelernt, dass mein Festhalten an einem sogenannten »guten Resultat« oft sogar weiteres Leiden verursachen kann.

Wenn ich jemanden besuche, der im Sterben liegt, möchte ich alles tun, um seinen Schmerz und sein Leiden zu mildern. Manchmal gibt es auch etwas, was ich tun kann, um zu helfen: freundliche Worte, Meditation, körperliche Berührung, Unterstützung der richtigen medizinischen Versorgung oder einfach nur Anteil nehmen und präsent sein. Aber vielleicht gibt es auch nichts, was gerade hilft. Vielleicht ist das körperliche und geistige Elend so groß, dass alle Möglichkeiten davor kapitulieren. Ich muss die Wirklichkeit dieser Erfahrung respektieren, sie akzeptieren, mich von ihr berühren lassen, aufmerksam auf meine eigenen Reaktionen sein und mich dann daran erinnern, dass Schmerzen und Leid nicht beständig sind. Wenn ich nur tief genug blicke, gibt es unter dem Elend einen unkonditionierten Bereich, in dem der Leidende frei von seinem Elend ist. Indem ich dies tue, bin ich ein

Beispiel für die umfassenden und geduldigen Qualitäten des Herzens und des Geistes, von denen ich hoffe, dass sie auch den leidenden Menschen berühren mögen. Wenn ich vor seinem Leiden davonlaufe, wird das Gegenteil signalisiert – und traurigerweise geschieht oft genau dies. Furcht ergreift dann von uns Besitz, und unser Mitgefühl verkümmert.

Diese komplexe Vision ist ein weiteres Paradoxon in der Anteilnahme am Sterben. Ich versuche, mich beidem zu öffnen: dem Leiden *und* der Freiheit vom Leiden. Wenn ich nur das Leiden wahrnehme, bin ich im relativen Aspekt unserer Existenz verfangen: Wir sind dann einfach nur Leiden. Wenn ich jedoch nur das reine, weite Herz sehe, verneine ich unsere menschliche Erfahrung.

Finden Sie neue Wege, den Schmerz so zu betrachten, dass er zu Ihrem Verbündeten und nicht zu Ihrem Feind wird. Unsere Lehrer fordern uns auf, uns mit dem Schmerz anzufreunden. Reichen Sie ihm die Hand. Schauen Sie, was er braucht. Vielleicht wissen Sie nicht, was Sie tun sollen, aber vielleicht weiß Ihr Schmerz es. Geben Sie ihm Raum; reizen Sie ihn nicht. Seien Sie ihm ein guter Zuhörer und lehnen Sie ihn nicht ab. Finden Sie heraus, was er Sie lehren will. Und üben Sie sich bitte darin, den Schmerz von den Geschichten über ihn zu trennen, sodass dem einen Pfeil des Schmerzes nicht auch noch der zweite Pfeil des Leidens folgen muss.

Meditation:

Begegnung mit dem Schmerz

Erster Teil: Mit dem Schmerz gegenwärtig sein

Wenn wir Schmerzen achtsam betrachten, ohne ihnen unsere Geschichten hinzuzufügen, stellen wir oft fest, dass der Schmerz sich verwandelt oder wir sogar von ihm befreit werden. Viele Menschen, die ihren Geist schulen, entdecken Wege, den Schmerz nicht so intensiv werden zu lassen, dass er schulmedizinisch behandelt werden müsste. Eine Freundin malte ihre Schmerzen. Ein Freund vertonte sie. Ein weiterer schrieb sie sich vom Leibe. Doch wenn der Schmerz eine gewisse Schwelle überschreitet, können schmerzlindernde Mittel Lebensqualität spenden und ein sanftes Sterben unterstützen. Eine gute Schmerztherapie in Verbindung mit spiritueller und psychologischer Unterstützung kann Menschen helfen, die aktive Sterbephase mit weniger geistigen Widerständen zu erleben.

Die folgenden Praktiken können dazu beitragen, den spitzen Stachel des Schmerzes zu transformieren. Machen Sie sich als Erstes bewusst, wieso Sie praktizieren: um anderen und sich selbst zu helfen. Öffnen Sie Ihr Herz für diese Möglichkeit. Lenken Sie dann Ihre Aufmerksamkeit sanft auf den Atem. Lassen Sie den Atem zur Ruhe kommen und gleichmäßig werden. Nehmen Sie sich die Zeit, die Sie dafür brauchen.

Atmen Sie nun tief in den Körper. Lassen Sie, nachdem Ihr Körper zur Ruhe gekommen ist, Ihren Atem und Ihre Konzentration nach und nach eins werden. Fühlen Sie sich vom Einatmen genährt. Sagen Sie beim Ausatmen leise: *ah*, so als würden Sie seufzen. Machen Sie das mindestens zehn Atemzüge lang.

Wenn Sie sich bereit fühlen, richten Sie Ihre Aufmerksamkeit auf Ihre Schmerzen. Entspannen Sie sich in Ihren Schmerz hinein. Versuchen Sie, ihn anzunehmen, ohne ihn zu beurteilen oder sich vor ihm zu fürchten. Machen Sie sich den Schmerz bewusst und atmen Sie in ihn hinein. Versuchen Sie, Ihren Schmerz mit dem Ausatmen vollständig anzunehmen. Lassen Sie Ihren Atem und Ihren Schmerz jetzt eins werden. Atmen Sie in ihn hinein und aus ihm heraus. Lassen Sie mit dem Ausatmen alles los, was Sie erfahren. Machen Sie das mindestens zehn Atemzüge lang.

Erforschen Sie nun die Empfindung des Schmerzes. Ist er stechend oder stumpf, pochend oder durchdringend? Ist er in einem Punkt konzentriert oder breitet er sich von einem Zentrum aus? Untersuchen Sie die Empfindung, Intensität und Eigenschaft des Schmerzes. Erlauben Sie sich, neugierig auf Ihre Erkundung zu sein und, wenn möglich, nichts zu beurteilen oder zu fürchten. Nehmen Sie sich Zeit, Ihre Schmerzen wirklich zu erforschen.

Richten Sie Ihre Aufmerksamkeit nun ganz sacht auf den gesamten Körper. Verweilen Sie mühelos in der Empfindung des Körpers. Machen Sie sich jetzt auch Ihre Umgebung bewusst. Nehmen Sie Ihre Erfahrung an, wie immer sie sein mag. Wenn Sie Ihre Praxis beenden wollen, widmen Sie alles Gute, das aufgetaucht ist, dem Wohlergehen anderer.

Die folgenden Sätze können Sie darin unterstützen, sich Ihre Schmerzen bewusst zu machen:

- Möge ich meine eigenen inneren Ressourcen finden, um für meinen Schmerz offen zu sein.
- Möge ich mich meinem Schmerz mit liebevoller Güte zuwenden.
- Möge ich meinen Schmerz mit Gleichmut betrachten.
- Möge ich erkennen, dass dieser Schmerz nicht beständig ist.
- Möge ich meine Erwartungen gegenüber meinem Schmerz loslassen.
- Möge ich erkennen, dass ich nicht mein Schmerz, nicht mein Körper, nicht meine Krankheit bin.

- Möge ich den Schmerz annehmen und wissen, dass mich das nicht schlecht oder falsch sein lässt.
- Möge ich meinen Schmerz annehmen, wissend, dass mein Herz dadurch nicht eingeschränkt wird.

Zweiter Teil: Der Schmerz und die Elemente

Werden Sie sich Ihres ganzen Körpers bewusst und lassen Sie ihn zur Ruhe kommen. Nehmen Sie Ihre Erfahrung an, wie auch immer sie in diesem Moment sein mag. Ruhen Sie in Ihrem Körper, während Sie ein- und ausatmen. Machen Sie sich Folgendes bewusst: Ihr Körper ist aus den Elementen Erde, Wasser, Feuer, Luft und Raum zusammengesetzt.

Betrachtung des Erd-Elements. Fühlen Sie die Stabilität und Festigkeit der Erde. Spüren Sie die Stabilität Ihres Körpers und das Erd-Element in Ihrem Körper. Spüren Sie die Knochen, das Gewebe. Ihr Körper ist Ihre Heimat. Spüren Sie, wie er Sie willkommen heißt. Laden Sie Ihren Geist dazu ein, sich im Körper zuhause zu fühlen.

Betrachtung des Wasser-Elements. Spüren Sie die Fluidität des Wassers, seine Kraft, alles anzunehmen und zu reinigen. Fühlen Sie das Wasser-Element in Ihrem Körper: Blut, Urin, Schleim, Scheidensekrete, Sperma, Lymphe. Spüren Sie dem Fließen in Ihrem Körper nach. Fühlen Sie die Kraft Ihres Körpers, Emotionen zu reinigen und zu klären. Lassen Sie Ihren Geist ruhen und klar sein wie ein stiller Teich.

Betrachtung des Feuer-Elements. Spüren Sie die Energie des Feuers, wie es wärmt, Licht spendet, reifen lässt und heilt. Fühlen Sie, wie die Kraft des Feuers verwandelt. Fühlen Sie das Feuer-Element in Ihrem Körper. Verbinden Sie sich mit der Wärme Ihres Körpers und seiner Fähigkeit, Nahrung zu verbrennen. Erlauben Sie dem Feuer-Element, Ihren Geist für sein eigenes inneres Strahlen zu öffnen.

Betrachtung des Wind-Elements. Fühlen Sie die Kraft des Windes in Ihrem Atem. Spüren Sie das Wind-Element in Ihrem Körper. Machen Sie sich die Leichtigkeit und Stärke des Windes in Ihrem Körper bewusst. Erlauben Sie dem Wind-Element, Klarheit in Ihren Geist zu bringen.

Betrachtung des Raum-Elements. Spüren Sie die endlose Weite des Raumes. Erfahren Sie die Offenheit Ihrer eigenen Natur. Öffnen Sie sich und spüren Sie die Grenzenlosigkeit des Raumes. Erlauben Sie dem Raum-Element, Ihnen Frieden zu schenken. Lenken Sie Ihre Aufmerksamkeit jetzt auf Ihren Schmerz. Erlauben Sie dem Erd-Element, Ihnen Toleranz für Ihre Schmerzen zu geben. Erlauben Sie dem Wasser-Element, Ihre Schmerzen zu absorbieren. Erlauben Sie dem Feuer-Element, Ihre Schmerzen zu transformieren. Erlauben Sie dem Luft-Element, Ihre Schmerzen loszulassen. Erlauben Sie dem Raum-Element, Ihre Schmerzen in einen offenen Raum aufzunehmen.

9. Furchtlosigkeit schenken

Gifte in Medizin verwandeln

Wieso lassen wir eigentlich dem ersten Pfeil des Schmerzes den zweiten Pfeil des Leidens folgen? Wir haben gesehen, dass Leiden und Schmerz zwei verschiedene Dinge sind – das eine ist die Geschichte über das andere. Doch wenn Leiden immer wieder auftaucht – und das tut es sicherlich –, was ist es dann eigentlich, was unsere Geschichten über unser Unglück und Leid vorantreibt?

Das tibetische »Rad des Lebens« ist eine bunte, lebensnahe Darstellung davon, wie wir immer wieder in die Fänge unserer mentalen Fallen geraten. Der Herr des Todes hält in seinen hässlichen Krallen ein Rad, das sich beständig dreht. In seinem Zentrum treiben drei Tiere seine Achse an: ein Hahn, der für die Gier steht, eine Schlange, die für den Hass steht, und ein Schwein, das unsere Unwissenheit repräsentiert. Im Buddhismus werden Gier, Hass und Verblendung als die drei Gifte bezeichnet, und der Buddha lehrte, dass es genau diese drei selbstsüchtigen Zustände sind, die unser Leiden vorantreiben.

Durch seine eigene Erfahrung konnte der Buddha sehen, dass ein gieriger, hassender und verwirrter Geist nur wenig oder keine Verbindung zu anderen Wesen hat. Solch einem Geist geht es nur um sich selbst, er kreist um sich selbst, er steckt in der Falle des Narzissmus, seiner Präferenzen und Selbstbezogenheit. Buddha erkannte, dass unser tief verankerter Glaube an die Abgeschlossenheit unserer Identität uns dazu antreibt, die Wesen und Dinge um uns herum festhalten oder verändern zu wollen. Das bringt eine besitzergreifende Haltung hervor, einen Bereich des Besitzes und einen Geist, der von der Vorstellung seiner eigenen Abgetrenntheit und Besonderheit besessen ist. Das sind die Bedingungen, die das Sterben schwer machen, Begleiter ermüden lassen und den Trauerprozess in die Länge ziehen. Wenn die drei Gifte der Leidenschaft, Aggression und Unwissenheit die Wurzeln des Leidens sind, dann ist unsere Erfahrung der Angst eine seiner Ausdrucksformen – eine Angst, die darin wurzelt, dass wir unsere Wahrnehmung einer permanenten und eigenständigen Identität aufrechterhalten wollen.

Vielleicht fragen wir uns jetzt: Können wir das Leiden wirklich beenden? Gibt es einen Pfad, einen Weg, der uns darin unterstützt, die drei Gifte in die Medizin der Großherzigkeit, Klarheit und Furchtlosigkeit zu verwandeln? Wie können wir, selbst in der Gegenwart des Todes, Barmherzigkeit entfalten und einen Geschmack der Grenzenlosigkeit und Leichtigkeit der Freiheit spüren? Ich hörte einmal einen tibetischen Lehrer sagen, dass Leiden auch heilsame Eigenschaften habe: Es nährt unsere Sehnsucht nach Freiheit. Danach meinte er noch, dass unser Mitgefühl durch die Begegnung mit dem Leiden anderer entfacht wird.

Indem er sein eigenes Leiden annahm und betrachtete, lernte der Buddha, es zu transformieren, und erwachte letztendlich zu dem, was wahrlich und wirklich ist. Er ging seinem eigenen Unglück und dem der anderen nicht aus dem Wege. Er sah einfach, dass im Chaos unseres Unglücks viele hilfreiche Gaben zu finden sind, einschließlich des Geschenks der Barmherzigkeit. Das Leiden führte ihn ins Zentrum seines spirituellen Lebens und schließlich in die Freiheit.

Das lässt mich an einen alten Witz denken: »Religion ist für Leute, die Angst vor der Hölle haben; Spiritualität ist für Leute, die durch die Hölle gegangen sind.« Buddha ist durch die Hölle gegangen. Die meisten von uns sind durch die eine oder andere Form der Unterwelt gegangen und, merkwürdigerweise, geht es uns dadurch, dass wir diese Schwierigkeiten durchlebt haben, besser. Selbst die Systemtheorie bestätigt diese Erfahrung: Lebende Systeme werden stärker, nachdem sie zusammengebrochen sind und gelernt haben, sich selbst wiederherzustellen. Sie und ich sind durch die Herausforderungen, die wir erfahren haben, stärker geworden. Aber es braucht viel Mut, mit Pauken und Trompeten unterzugehen, ins Nicht-Wissen hinein loszulassen und all unser Festhalten an einem positiven Ausgang aufzugeben. Das ist ganz besonders schwierig, wenn wir Begleiter und Betreuer sind. Wir wollen helfen. Doch wie können wir beides tun: helfen und zugleich jede Idee von Erfolg loslassen?

Ich denke, es ist wichtig, uns daran zu erinnern, dass der Buddha einfach nur ein Mensch war, der Leiden und Tod direkt betrachtete und sich davon zu einem sinnvolleren, barmherzigen Leben anleiten ließ. Andere haben das Gleiche getan. Der Buddha muss ein sehr mutiger Mensch gewesen sein. Wir können ebenso mutig sein. Was er erlebt hat, ist nicht so weit von den Erfahrungen entfernt, die Sie und ich in unserem Leben gemacht haben.

Wäre Buddha ein Gott oder mit angeborenem Wissen ausgestattet gewesen, hätte er sein Heim sehr wahrscheinlich nicht verlassen, um sich auf seine entbehrungsreiche spirituelle Suche zu begeben. Wie so viele von uns verfolgte er die Frage nach dem Sinn und suchte Erleuchtung – und begegnete in diesem Prozess noch mehr Leiden. Er ließ sich inmitten des Feuers nieder, und wie das Metall eines hervorragenden Schwertes wurde er durch die Begegnung mit elementaren Energien gestärkt.

Sich seines eigenen Leidens und des Leidens anderer bewusst, erkannte er, wie wichtig es ist, dafür offen zu sein, dass unser Leben von Leiden geprägt ist. Er erkannte aber auch, dass es einen Weg durch das Leiden hindurch in die Freiheit gibt. Er erkannte dies in der Konfrontation mit seinen Schwierigkeiten und nicht, indem er ihnen entfloh. Anscheinend ist innere Reifung nicht so einfach für uns – noch nicht einmal für einen Buddha.

Ja, Leiden ist ein zweischneidiges Schwert: Es kann uns befreien, oder wir verschließen uns. Ob wir sterben, jemanden betreuen oder trauern, sobald wir vor dem Leiden ins Nichts oder in die Abhängigkeiten davonlaufen – sei es in Hyperaktivität, Drogen, Essen, Sex, Einkaufen oder sogar Schlaf –, treibt uns das nur noch in tiefere Konfusion. Es ist dann noch schwieriger zu sehen, was tatsächlich passiert. Aus diesem Grund verlassen wir manchmal die Hektik des Lebens: Um uns daran zu erinnern, wer wir in Wirklichkeit sind. Innezuhalten und Herz und Geist zu betrachten ist für unsere Arbeit als Begleiter und dafür, Anteil am Sterben zu nehmen, von zentraler Bedeutung.

Es gibt eine grundlegende Ebene des Geistes, die frei ist von jeglicher Dualität und nichts ausschließt. Sie zu erfahren macht uns unsere wahre Natur bewusst: Buddhanatur, Christusnatur, das große Herz jenseits allen Kummers. Der Buddhismus lehrt, dass diese grundlegende Natur unseres Geistes rein und leuchtend ist. Wenn wir sterben, wird dieser Geist in das klare Licht des Todes befreit.

In vielen Weisheitstraditionen wird der Moment des Todes als größte Chance zur vollkommenen Befreiung des Geistes von allen Verstrickungen, Kümmernissen und allem Trennenden verstanden. Wenn wir wirklich tief schauen, können wir erkennen, dass Leiden und die Befreiung vom Leiden untrennbar miteinander verbunden sind. In der scheinbaren Dunkelheit des Todes ruht das Licht der Befreiung – wir müssen es nur wahrnehmen. Wir können dieses klare Licht der Befreiung aber auch schon vorher, in unserer Praxis und in unserem Alltag, wahrnehmen.

Stellen Sie sich vor, bei einem sterbenden Menschen zu sitzen, bei jemandem, der hartnäckige Schmerzen erleidet; oder aber Sie sind diese Person, Sie haben intensive Beschwerden, Sie liegen im Sterben. Stellen Sie sich vor, für alle Gefühle, die in dieser Situation auftauchen, vollkommen offen zu sein. Blicken Sie jetzt durch die Schmerzen hindurch auf den Grund des Seins, in das unerschütterliche Herz, das von allen Unterscheidungen, Dualismen, Verlangen, Verwirrungen und Abneigungen nicht berührt wird. Schauen Sie in die wahre Natur dieser Person oder Ihre eigene, frei von allem Leiden – und blicken Sie im selben Moment in die Wahrheit des Leidens.

Können wir zwei Dinge im selben Moment erkennen, etwa, dass die Welle und das Wasser nicht getrennt sind? Können wir, selbst wenn wir diese Wahrheit noch nicht empfinden können, uns ihr anvertrauen? Wenn wir in der engen Umklammerung unseres Unglücks gefangen sind, ist das sehr schwer. Aber vielleicht hilft es uns dann, uns an die Lehren zu erinnern, an etwas, das wir gelesen haben, oder an unsere tiefsten Einsichten. Wenn wir uns die Wahrheit ins Gedächtnis rufen, selbst wenn wir sie in diesem Moment nicht erfahren können, ist das eine Rettungsleine, die uns mit unserem offenen Herzen verbindet.

Wenn Sie Ihr Leben betrachten, ist das eine weitere Möglichkeit für Sie, sich in einer nicht-dualistischen Sichtweise zu üben. Sie existieren in einem unendlichen Netz der Verbundenheit. Da sind Ihre Vorfahren, Ihre Eltern; da sind all Ihre Beziehungen, von Ihrer Familie und Ihrem Freundeskreis bis zum Essen, das Sie zu sich nehmen, und der Luft, die Sie atmen. Sie stehen buchstäblich mit der gesamten Welt in Beziehung – das gilt für die Vergangenheit, die Gegenwart und sogar für die Zukunft.

Sie sind Nicht-Dualität. Sie sind dieses grenzenlose, endlose Netz, das sich durch Ihr gesamtes Leben und das Leben aller Wesen und Dinge zieht. Alles, was in Ihrem Leben geschieht, ereignet sich durch die Realität der Verbundenheit. Weder in Ihnen noch in mir gibt es ein abgetrenntes, substanzielles Selbst. Wir existieren einzig und allein durch unsere Verbindung mit jedem einzelnen Ding. Deshalb können wir auch nicht das Leben vom Tod, Leiden von Freiheit trennen.

Selbst wenn wir das rational verstehen, müssen wir die Erfahrung der Befreiung schmecken, damit sie als Wahrheit für uns wirklich werden kann. Der Buddha verstand, dass Leiden nicht verwandelt werden kann, indem einfach nur darüber gesprochen wird. Er selbst saß lange unbewegt unter einem Baum und gab sich selbst das Versprechen, diesen Ort nicht zu verlassen, bis er die Wahrheit erkannt hatte. Er war entschlossen und engagiert.

Erkenntnis ist eine direkte Erfahrung. Doch da die meisten von uns wirkliche Freiheit noch nicht gekostet haben, ist es wichtig, darauf zu vertrauen, dass Freiheit vom Leiden möglich ist. Diese Art von Vertrauen ist kein blinder Glaube, sondern beruht auf Erfahrung. Es ist wie eine klare Sehnsucht, die aus unserer eigenen Tiefe kommt und intuitiv um das Mysterium der Grenzenlosigkeit weiß. Dieses Vertrauen hilft uns, innezuhalten und tief zu blicken.

Als ich zum ersten Mal Leo Tolstojs Erzählung *Der Tod des Iwan Iljitsch* las, vertraute ich Tolstojs Worten – ein Vertrauen, das mich darin bestärkte, innezuhalten und meine eigene Erfahrung, meinen eigenen Geist genauer zu betrachten. Das Ende der Erzählung beschreibt eine unerwartete Befreiung im Moment des Todes. Tolstojs sterbenskranke Hauptfigur Iwan steuert in einer Mischung aus Depression und Verdrängung auf den Tod zu. Seine Familie ist unzufrieden und distanziert, und für ihn selbst scheint das Leben sinnlos zu sein. Als er sich an der Schwelle des Todes befindet, scheint er allen, die ihn umgeben, in tiefer Agonie zu sein. Doch Iwan hat eine Einsicht nach der anderen.

Zuerst fällt die Erfahrung des Schmerzes von ihm ab, und er erkennt: Es gibt keinen Schmerz. Dann durchschreitet er das Tor des Todes und erkennt: Es gibt keinen Tod. Zum Erstaunen der Leser wird er in diesem Moment des todlosen Todes eins mit dem klaren Licht. »Welche Freude!«, ruft er innerlich aus, während im selben Augenblick jemand an seinem Bett konstatiert: »Es ist vorbei!«[14]

14 Leo Tolstoi: *Der Tod des Iwan Iljitsch*, Gießen, 2009, S. 137.

Wenn ich einen sterbenden Menschen oder jemanden, der sich in der Umklammerung von Schmerz und Leiden befindet, begleite, hoffe ich vielleicht, dass er frei von Schmerz und Leid sein möge, länger leben oder einen guten Tod haben wird. Oder aber ich fürchte zukünftige Schmerzen und das Leiden, das er vielleicht zu ertragen haben wird. Dann muss ich innehalten, mir selbst Raum und Zeit geben, um meine Hoffnungen loszulassen und mich neu zu besinnen. Ich wünsche diesem Menschen das Beste und werde versuchen, das Beste für ihn zu tun. Ich mache mir dann bewusst, dass der Tod unvermeidlich ist, doch vielleicht gibt es für meinen Patienten, wie für Iwan Iljitsch, ebenfalls die Erfahrung, dass Schmerzen und Tod abfallen. Ich kann es nicht wissen. Ich sitze dann mit den zwei Wahrheiten: der Wahrheit des Leidens und der Wahrheit der Befreiung vom Leiden. Ich versuche, offen zu sein für das, was geschieht.

Wenn ich bedenke, wie wertvoll das Leben ist, überlege ich in solchen Momenten auch, was wirklich Vorrang hat. Ich frage mich, was gibt es in dieser Situation tatsächlich zu tun – oder zu lassen. Ich wende mich vom Leiden nicht ab, weder meinem eigenen noch dem der anderen, denn es öffnet mich für vieles – für Mitgefühl, aber auch für einen Sinn für die Unmittelbarkeit des Lebens. Außerdem ist mein Glaube an unsere ursprüngliche Güte ein Floß, das mich über den Strom des Unglücks trägt. Dieser Glaube führt mich immer wieder an das grenzenlose Ufer des Nicht-Wissens.

Einmal verbrachte ich viele Stunden bei einer Freundin, die an Krebs starb. Sie war schon viele Jahre lang krank, und der Krebs hatte sich in ihre Bauchregion gefressen. Für mich war das eine intensive Erfahrung. Manchmal war der Geruch ihres Körpers so penetrant, dass es Menschen schwerfiel, ihr Zimmer zu betreten.

Diese Frau war zu ihren Besuchern stets freundlich und fragte: »Wie geht es dir? Brauchst du etwas?« Besonders während ihrer letzten Tage, als der Faden, der sie ans Leben band, bereits so dünn geworden war, dass er sich mit jedem Atemzug zu zerfasern schien, saß ich in ihrem Zimmer, bei ihrem Körper, der sich auflöste, ihrem unregelmäßigen Atem, ihrer kupferfarbenen Haut, und spürte, dass die ganze Welt anwesend war. Alles war da, nichts wurde ausgelassen. Ihre Güte war da, aber auch ihr Ringen und ihre Wut. Das Leiden vieler Frauen füllte den Raum, aber auch der Mut und das Mitgefühl dieser Frauen. Die Angst war gegenwärtig, aber auch die Furchtlosigkeit.

Leiden kann zu einer umfassenderen Perspektive und größeren Widerstandskraft führen, und in einer seltsamen Weise ist Leiden die Mutter von liebevoller Güte und Mitgefühl, wenn wir uns ihm offen zuwenden und uns mit ihm anfreunden. Leiden wringt uns aus, aber das Gewebe unseres Lebens wird dadurch offener. Diese Offenheit lässt uns in einer umfassenderen, gütigen und sanften Weise mit dem Leiden sein. Leiden ist auch der Zündstoff, der unser Mitgefühl entfacht. Dieser Prozess mag sich so langsam entfalten wie die geologische Zeit, oder er ist wie das Aufleuchten eines Blitzes. Mitgefühl, liebevolle Güte, Mitfreude und Gleichmut sind bereits in uns. Die Umstände unseres Lebens erwecken sie in ihrer eigenen Zeit.

In Platons Dialog *Phaidon* sagt Sokrates: »Philosophieren heißt Sterben lernen.« Ich glaube, Platon will uns dazu anregen, uns mit jedem einzelnen Atemzug im Sterben zu üben und uns jeden Augenblick unserer eigenen Sterblichkeit bewusst zu sein. Ich denke auch, dass das anfängliche Zusammenziehen des Herzens, wenn wir mit dem Unbekannten konfrontiert werden, der Moment ist, in dem unser Horizont sich über die Grenzen des Leidens hinaus zu erweitern beginnt. Selbst wenn es nur ein einziger Mensch ist, der zugleich das Leid und das große Herz, das wir in Wirklichkeit sind, sehen kann, wird dies verschlossene Augen öffnen und das Licht der Befreiung bereits vor dem Moment des Todes strahlen lassen.

Bis zu seinem Tod sagte uns mein Vater mit seinem trockenen Humor immer die Wahrheit. Eines Morgens, als ich bei ihm saß, meinte er: »Töchterchen, es sieht so aus, als ob ich sterben werde.« Ich legte meine Hand auf seine und erwiderte leise: »Ich glaube, du hast recht.« Als ich in seine blauen Augen sah, begegnete mir in seinem Blick eine Vorahnung auf das Kommende. Dann machte er einen seiner üblichen Witze: »Wird ja auch Zeit«, sagte er. Jeder von uns spürte die Wahrheit in dem, was der andere sagte, und wir lächelten. Dann saßen wir den Rest des Morgens schweigend beieinander; seine Augen waren friedlich, meine waren voller Dankbarkeit.

Am Ende hatte mein Vater keine Angst vor dem Sterben. Er war ein mutiger, realistischer Mensch, der sich von einer natürlichen Spiritualität leiten ließ. Als er älter wurde und sein Tod näher rückte, waren seine Tage von innerem Frieden erfüllt. Er klammerte sich nicht an eine Vorstellung von Kontinuität. Er wehrte sich nicht gegen die vielen Anzeichen seiner eigenen Unbeständigkeit und schottete sich auch nicht gegen die Wirklichkeit ab, indem er einen bestimmten Ausgang erwartete.

Drei Tage bevor er starb, hielt er gemeinsam mit seinen Kindern und Enkeln noch einmal Rückschau auf sein Leben. Das war keine einfache Aufgabe, da sein Rückblick auch schreckliche Erlebnisse umfasste, die er im Zweiten Weltkrieg gehabt hatte. Nachdem er uns diese mitgeteilt hatte, schien er loszulassen und sich in eine große Offenheit hinein zu entspannen. Er hatte sein Leiden betrachtet, und nun ließ er das, was hinter ihm lag, zurück und machte sich auf zu seiner Bestimmung, die wir Tod nennen.

Normalerweise bringt uns das Leiden dazu, einem spirituellen Weg zu folgen. Manchmal ist es ein Unfall, eine alarmierende Diagnose, eine Katastrophe oder ein großer Verlust, was uns öffnet. Dann, wenn wir die Wirklichkeit des Leidens erforschen, finden wir, dass in jedem Gift der Nektar der Weisheit, des Mitgefühls und der Liebe verborgen liegt. Dazu müssen wir uns jedoch zuerst von der Vorstellung lösen, wir könnten unser Leiden einfach abstellen. Stattdessen lernen wir, mit ihm zu sein. Dadurch werden wir neugierig. Dies markiert einen fundamentalen Wechsel in unserer Haltung: Wir nehmen unser Leiden an und sind entschlossen, uns selbst zu helfen, indem wir seine Ursachen erforschen. Wir werden gezwungen, uns im »muffigen Trödelladen unseres Herzens« aufzuhalten, wie der Dichter Yeats es ausdrückte.[15] Genau dort beginnen die meisten von uns ihre Reise: in den muffigen Resten unserer so zarten und doch schrecklichen Gebrochenheit.

Die folgende Praxis des Gebens und Nehmens, *tonglen*, die aus dem tibetischen Buddhismus stammt, entwickelt unsere Fähigkeit, dem Sterben und Leiden zu begegnen, und öffnet uns für die Weite unserer ursprünglichen Natur. Die große Güte dieser ungewöhnlichen Praxis kann uns vollständig für die Gegenwart des Leidens öffnen; sie entwickelt unsere Kraft und Bereitschaft, Entfremdung in Mitgefühl zu verwandeln, und ist eine der umfassendsten und mutigsten Praktiken, denen wir uns widmen können. Tonglen hat bereits unzähligen sterbenden Menschen, ihren Familien und Betreuern geholfen, ihre Angst vor Schmerz, Sterben und Verlust anzunehmen sowie Mitgefühl und Gleichmut zu entwickeln. Dieses Juwel der Meditationspraxis fördert die Entwicklung der natürlichen Kräfte von Barmherzigkeit und grundlegender Güte.

Wenn wir in unserer grundlegenden Güte verweilen, so entdecken wir vielleicht, dass Unwissenheit und Verwirrung einfach nur die andere Seite der Medaille des Nicht-Wissens sind. Wenn wir aufhören, unsere Aggression gegen uns selbst und andere zu richten, befähigt uns die Schärfe der Wut, die Dinge ohne Furcht so zu sehen, wie sie sind. Und indem wir unseren Wunsch nach

15 Das Gedicht ist übersetzt in: William Butler Yeats, »Der Verrat der Zirkustiere«. In: *Die Gedichte*, München, 2005, S. 391. Die Zeile ist dort allerdings so ganz anders übersetzt, dass sie nicht in Halifax' Text passen würde.

Bestätigung, Trost, Zuspruch und Sicherheit loslassen, verwandelt sich unser Verlangen in die Verpflichtung, sich in der Welt zu engagieren. Genau dies bedeutet es, Furchtlosigkeit zu schenken.

Meditation:

Geben und Nehmen in der Tonglen-Praxis

Setzen Sie sich, um mit der Praxis anzufangen, in Meditationshaltung auf ein Kissen, entspannen Sie sich auf einem Stuhl oder üben Sie im Liegen – wählen Sie eine Haltung, in der Sie sich entspannen und öffnen können. Schließen Sie sanft die Augen, und lassen Sie Körper und Geist zur Ruhe kommen. Sie können das folgende Gebet sprechen, um sich auf diese Praxis vorzubereiten:

> Möge ich, da ich die Vergeblichkeit meines Egoismus und den großen Segen altruistischer Liebe erkannt habe, allen Wesen Freude spenden. Möge ich durch die Kraft meiner Praxis anderen meine Verdienste und mein Glück schenken, und möge ich das Leiden und die Schwierigkeiten aller Wesen in allen Lebensbereichen annehmen.

Beginnen Sie, indem Sie das einatmen, was Sie gerade empfinden – Furcht, Unruhe, Wut, Widerstand. Akzeptieren Sie mit dem Ausatmen das, was gerade geschieht, und geben Sie dieser Erfahrung Raum. Widmen Sie sich Ihrer Atempraxis, bis Sie friedvoll und wach sind.

Nachdem Sie zur Ruhe gekommen sind, beginnen Sie mit der zweiten Phase der Praxis: Sie etablieren jetzt für sich einen Atemrhythmus. Stellen Sie sich dazu beim Einatmen vor, dass Sie schwere, heiße Luft einziehen. Beim Ausatmen stellen Sie sich bitte vor, dass Sie kühle, leichte Luft ausstoßen. Üben Sie sich in diesem Muster – Schwere einatmen, Leichtigkeit ausatmen –, bis es

Ihnen vertraut ist. Die Schwere ist das Leiden; die Leichtigkeit ist Wohlergehen. Gehen Sie dann noch einen Schritt weiter, und stellen Sie sich vor, dass Sie durch alle Poren Ihres Körpers atmen. Mit dem Einatmen dringt schwere, heiße Luft durch jede Pore in Sie ein. Mit dem Ausatmen strömt kühle, leichte Luft durch jede Pore aus Ihnen heraus.

Stellen Sie sich nun vor, dass ein Metallpanzer Ihr Herz einschließt. Dieser Metallpanzer steht für alles, was Sie nur schwer an sich akzeptieren können: Ihre Selbstherrlichkeit, Ihren Egoismus, Ihre Eigenliebe, Ihr Selbstmitleid. Er ist das Band der Furcht, das Ihr Herz hart macht.

Tonglen lehrt Sie, diesen Panzer aufzulösen und Ihr Herz seinem natürlichen, nicht urteilenden Zustand der Wärme, Freundlichkeit und Weite zu öffnen. Dazu stellen Sie sich bitte vor, wie das Metall auseinanderbricht, wenn es vom eingeatmeten Leiden berührt wird. Wenn sich das Herz öffnet, löst sich die heiße, schwere Luft in seiner unendlichen Weite auf. Dann entsteht natürliches Mitgefühl. Dieses ungeschützte Herz macht es Ihnen möglich, mit dem Leiden zu sein und zugleich durch das Leiden hindurchzublicken.

Erinnern Sie sich an ein Wesen – tot oder lebendig –, zu dem Sie eine tiefe Verbindung haben: ein Elternteil, Kind, Haustier, Ihre Großmutter, Ihr bester Freund, Ihr geliebter Lehrer – jedenfalls jemand, der leidet. Sie würden alles tun, um ihr oder ihm zu helfen. Seien Sie im Geiste bei dieser Person und spüren Sie, was sie fühlt. Wenden Sie sich mit Ihrem ganzen Wesen dem Leiden dieses Menschen zu und spüren Sie Ihren Wunsch, dass dieses Leiden ein Ende haben möge. Spüren Sie, wie verletzlich dieser Mensch ist. Wie eine Mutter, die alles für ihr Kind tut, würden Sie alles tun, um ihm oder ihr zu helfen.

Stellen Sie sich das Leiden dieses geliebten Wesens als schmutzigen, heißen Rauch vor, den Sie in Ihren ganzen Körper hineinatmen. Sobald all dieses eingeatmete Leiden den Metallpanzer der

Egozentrik, der Ihr Herz umgibt, berührt, zerbricht er, und Ihr Herz öffnet sich. Der heiße Rauch verflüchtigt sich auf der Stelle in der Weite Ihres Herzens, und aus diesem offenen Raum heraus atmen Sie spontan Mitgefühl und Heilung aus. Schicken Sie dem geliebten Menschen mit Ihrem Atem tiefe, kühle, leichte, offene und heilende Kraft. Lassen Sie den Atem durch alle Poren Ihres Körpers herausfließen.

Machen Sie sich durch das Leiden dieser Person die vielen anderen Menschen bewusst, die in derselben Weise leiden. Dieser geliebte Mensch ist Ihre Verbindung zu allen anderen. Atmen Sie das Leiden ein. Öffnen Sie Ihr Herz. Lassen Sie mit dem Ausatmen Heilung verströmen.

Wenn Sie diese Praxis auf Ihr eigenes Leben anwenden wollen, erinnern Sie sich bitte an eine Zeit, in der Sie in einer schwierigen Lage waren. Vielleicht spüren Sie sogar noch etwas von der Energie dieser Probleme. Möglicherweise wurden Sie verletzt, waren verärgert, depressiv, empört oder hatten Angst. Erinnern Sie sich so genau wie möglich an Ihre Gefühle und atmen Sie diese als heißen, schweren, verschmutzten Rauch ein. Machen Sie sich und anderen keine Vorwürfe. Lassen Sie sich auf keine Geschichte ein. Atmen Sie stattdessen die rohe Empfindung ganz direkt als heißen Rauch des Leidens ein. Nehmen Sie ihn durch alle Poren Ihres Körpers auf. Spüren Sie diese Hitze und Rohheit vollständig.

Diese Praxis erfordert großen Mut. Vielleicht sperrt sich jedoch etwas in Ihnen dagegen, das Leiden einzuatmen. Wenn dies der Fall ist, können Sie Ihren Widerstand als eine Form des Leidens einatmen. Genauso können Sie auch Entfremdung, Scheinheiligkeit, Langeweile, Arroganz, Verwirrung, Trauer oder Festhalten einatmen – oder wie auch immer Ihr Leiden sich in diesem Moment ausdrückt. Atmen Sie ein Gefühl der Offenheit, Güte und der Hingabe aus. Lassen Sie diese Eigenschaften als kühlendes, heilendes Licht auf Sie herabregnen. Wenn Sie in dieser Weise frischen Wind in Ihr Leiden blasen, fühlt sich Ihr Ego gefährdet –

jenes kleine, angespannte Selbst, das sich ganz automatisch an Ärger, Anschuldigungen und Scham klammert, um seine Illusion von Festgefügtheit und Getrenntheit beizubehalten. Analysieren Sie nicht, was Sie tun. Versuchen Sie nicht, es zu verstehen oder zu rechtfertigen. Widmen Sie sich einfach nur der Praxis. Atmen Sie den heißen Rauch Ihres Leidens ein und atmen Sie verständnisvolle Offenheit aus. Nehmen Sie Ihr Leiden, das Sie wie schmierigen, öligen Rauch einatmen, vollkommen an. Atmen Sie daraufhin Klarheit aus, Hingabe, Erleichterung und Freundlichkeit.

Stellen Sie sich jetzt vor, bei jemandem zu sitzen, der im Sterben liegt. Sehen Sie diese Person so deutlich wie möglich vor sich. Sie sitzen still und friedvoll neben ihr und folgen ihrem Atem. Sie können sehen, dass sie Schmerzen hat. Sie können diese Schmerzen fast selber fühlen. Vergegenwärtigen Sie sich den Metallpanzer der Furcht, der Ihr Herz umgibt, diese feste Hülle, mit der Sie sich vor der Welt schützen. Atmen Sie den Schmerz dieses Menschen als heißen, schmierigen Rauch durch jede Pore Ihres Körpers ein. Erlauben Sie Ihrem Herzen, sich für dieses Leiden zu öffnen. Lassen Sie diesen Schmerz dann vollständig frei, indem Sie liebevolle Güte ausatmen und diesem Menschen alles geben, was Sie in Ihrem Leben an Gutem erfahren haben.

Stellen Sie sich jetzt bitte vor, dass Sie dieser sterbende Mensch sind. Sie liegen in einem Krankenbett; Ihr Körper ist müde und schwer. Vielleicht fürchten Sie sich. Atmen Sie die Furcht als heißen Rauch ein. Lösen Sie durch den Atem die Anspannung Ihres Herzens. Fühlen Sie, wie Ihr Herz sich zu seiner natürlichen Weite öffnet. Lassen Sie dann Ihren Atem vollständig los und schicken Sie alles Gute, das aus Ihrem Herzen kommt, in die Welt.

Stellen Sie sich vor, dass dies der Moment Ihres Todes ist. Entspannen Sie Ihr Herz; öffnen Sie es vollständig, während Sie Ihren letzten Atemzug loslassen und alles Gute, das es in Ihrem Leben gab, an alle Wesen weitergeben. Lösen Sie diese Visualisierungen auf und verweilen Sie in Offenheit und Dankbarkeit.

10. Sich um das eigene Leben kümmern, sich um die Welt kümmern

Den eigenen Grenzen mit Mitgefühl begegnen

Genau wie in der Praxis der Unermesslichen Geisteszustände geht es in der Sterbebegleitung nicht nur darum, den Menschen, mit denen wir arbeiten, sondern auch uns selbst liebevolle Güte zukommen zu lassen. So wie eine Mutter sich am besten um ihr Kind kümmern kann, wenn ihre eigenen Bedürfnisse befriedigt sind, so ist es wichtig, dass wir mit Mitgefühl unsere eigenen Grenzen erkennen. Während eines Fluges sind wir ja auch angehalten, im Falle einer Notsituation zuerst uns die Sauerstoffmaske anzulegen, bevor wir anderen helfen.

Ein harmonisches Privatleben ist kein überflüssiger Luxus, sondern absolut notwendig, wenn es darum geht, für andere da zu sein. Wir sind nicht getrennt von dem, was geschieht; wenn wir leiden, leiden andere. Unser eigenes Wohlergehen *ist* das Wohlergehen der anderen. Nehmen Sie sich die Zeit, sich um Ihr Herz zu kümmern, denn, wie es im Zen heißt: »Wer sich um seinen Geist kümmert, kümmert sich um die Welt.«

Wenn Sie schon einen Monat lang kein Tageslicht gesehen haben, außer wenn Sie von Ihrer Wohnung zum Wagen gehen; wenn sich der Abwasch von einer Woche und auch noch ein Wäscheberg auftürmen – *halten Sie an.* Nehmen Sie eine Auszeit. Räumen Sie auf, ordnen Sie das Chaos und überlegen Sie sich, wie die Dinge wieder ins Lot kommen können. Insbesondere wenn Sie mit sterbenden Menschen arbeiten, brauchen Sie Ihre Wohnung als einen Zufluchtsort, einen Platz, an dem Sie sich ausruhen und

Kräfte sammeln können. Ihr Zuhause ist Ihr Refugium, das Sie nährt und wo Sie sich sicher fühlen. Wenn Sie sich immer nur beeilen und Ihre persönlichen und familiären Bedürfnisse ignorieren, könnte sich das irgendwann auf Ihre geistige und körperliche Gesundheit auswirken.

Es gibt aber noch eine weitere wichtige Heimat – Ihre kontemplative Praxis –, in der Sie Zuflucht finden können. Ohne dieses innere Heim, diesen friedlichen Ort, an den Sie sich zurückziehen können, um für eine gewisse Zeit die Tür hinter all den äußeren und inneren Dramen zu schließen, wird unser Leben eingeschränkt durch die Konditionierungen, die uns antreiben – ohne dass wir es merken. Spirituelle Praxis gibt uns einen konzentrierten, stillen Ort, an dem wir Ruhe und Freundlichkeit für uns selbst und andere entwickeln können. Es ist ein Ort, der uns zu Einsicht und Kraft verhilft.

Hier sind ein paar Punkte, auf die Sie achten sollten:

- Akzeptieren Sie Ihre Grenzen mit Mitgefühl.
- Stellen Sie einen ausgeglichenen Terminplan auf.
- Überlegen Sie sich, mit welchen Aktivitäten Sie sich regenerieren, und nehmen Sie sich dafür Zeit.
- Lassen Sie andere Begleiter und Betreuer an Ihrem Leben teilhaben, und bitten Sie um Unterstützung.
- Stellen Sie einen Arbeitsplan auf, der achtsam und ausgewogen ist und Zeit zur Erholung beinhaltet.

Einmal arbeitete ich mit einer Hospizmitarbeiterin, der es schwerfiel, sich um sich selbst zu kümmern. Nach einem Gespräch schlug ich ihr vor, den Anteilen ihres Lebens, die ihr am wertlosesten erschienen, liebevolle Güte zukommen zu lassen. Das fiel ihr schwer, gerade weil sie sich so minderwertig vorkam, aber schließlich konnte sie sich darauf einlassen, mit dem Satz »Ich begegne meinem Leiden mit Freundlichkeit« zu praktizieren. Wenn wir uns psychisch verarmt fühlen, fällt es uns anfangs nicht leicht, uns um uns selbst zu kümmern. Doch nach einer Weile fühlte diese Frau sich in der Lage, den Satz »Möge ich glücklich sein« hinzuzufügen. Ihre Praxis bestand nun darin, sich diese Sätze mit dem Ein- und Ausatmen vorzusprechen – morgens beim Aufwachen, während sie zur Arbeit ins Hospiz fuhr, auf dem Weg von einem Krankenzimmer ins nächste, nachts beim Einschlafen.

Als sie sich nach und nach damit anfreunden konnte, sich selbst liebevolle Güte zukommen zu lassen, fing sie an, sich diese Sätze auch vorzusprechen, während sie mit ihren Patienten arbeitete. Schließlich war sie bereit, ihr Herz und ihren Geist den Menschen zuzuwenden, um die sie sich kümmerte, und ihnen liebevolle Güte zu schenken. Doch bereits lange bevor das möglich wurde, und ohne bewusstes Bemühen ihrerseits, hatte sich ihr Geist ganz natürlich aufgehellt. Ihre Liebe und Sorge für ihre Patienten drückte sie jetzt direkter aus, da sie ausgeruhter war und mehr Respekt vor sich selbst hatte. Indem sie sich engagiert um sich selbst kümmerte, wurde sie zu einer engagierteren Hospiz-Betreuerin.

In alle spirituellen Traditionen ist es wichtig, den Wesen nicht zu schaden. Wir vergessen jedoch immer wieder, dass es nicht nur darum geht, anderen, sondern auch uns selbst keinen Schaden zuzufügen. Sie schaden sich, wenn Sie Ihre eigenen Bedürfnisse vernachlässigen. Sie schaden sich sogar, wenn Sie andere durch Ihre eigene Vernachlässigung verletzen. Wenn wir dieses wertvolle menschliche Leben, das jeder von uns erhalten hat, wirklich schätzen, dann werden wir uns um uns selbst kümmern, was anderen genauso hilft, als würden wir uns direkt um sie bemühen.

Ein mir bekannter Arzt fing erst dann an, sich um sich selbst zu kümmern, als er durch einen tiefen Abgrund der Depression ging. Erst als er an Gewicht zunahm, Schlafstörungen hatte und verzweifelt auf sein Leben blickte, fragte er sich, was er tun solle. Er fühlte sich in einem trockenen, grauen und staubigen Winkel seines Geistes gefangen und fand, dass er es nicht mehr verdient hatte, sich um andere zu kümmern. Mit großer Offenheit gestand er mir, dass er seine Patienten kaum noch ertrug. Sie waren ihm zu einer Belastung geworden. Er hatte zu viel gearbeitet, zu viel Leiden gesehen, sich zu wenig um sich selbst gekümmert – kurz: Er litt unter Mitgefühls-Müdigkeit. Doch selbst in seiner trostlosen Lage wusste er, dass sein Schmerz nicht von Dauer sein würde. In seiner Weisheit erkannte er, wozu seine Traurigkeit und Müdigkeit ihn aufforderten: langsamer zu machen und seinem eigenen Leben mehr Aufmerksamkeit zu schenken. Er sagte alles ab und brachte sich trotz innerer Trägheit und vollen Terminkalenders dazu, zwei Wochen lang durch die Berge von Südcolorado zu wandern.

Eines Abends im San-Juan-Gebirge, im blauroten Licht des Sonnenuntergangs, fing er plötzlich zu weinen an. Er hatte nie den Tod seines Vaters betrauert oder um die vielen Patienten geweint, die er verloren hatte. In den Bergen öffnete sich ihm der heilsame Weg der Trauer. Mit nassgeweintem Gesicht nahm er sich vor, sich selbst Zeit zu geben und sich der Quelle seines Schmerzes zuzuwenden – was letztendlich der einzige Weg war, auf dem er sein mitfühlendes Herz wiederfinden konnte.

Viel zu viele Menschen in Heilberufen leiden an einem Burnout-Syndrom, weil sie von den Einrichtungen über das Maß beansprucht werden. Immer wieder wird medizinisches Personal dafür belohnt, Überstunden zu machen oder eine weitere Nachtschicht einzulegen. Unweigerlich führt diese Überarbeitung zu einer Abstumpfung, durch die es dann fast unmöglich wird, die dysfunktionalen Forderungen und Erwartungen der Einrichtung zu erkennen. Stress, Erschöpfung und Abstumpfung führen so in einen Teufelskreis, in dem sowohl Betreuer als auch Patienten – und letztendlich die Einrichtungen selbst – leiden.

Pflegekräfte und Begleiter brennen aber auch dann aus, wenn sie glauben, nicht genug für ihre Patienten getan zu haben, und deshalb überkompensieren. Ein Hospizhelfer, der einen Patienten verliert, hat möglicherweise so starke Schuldgefühle, dass er seine Anstrengungen verdoppelt. Doch sobald unser Wunsch, hilfreich zu sein, durch Angst und Schuld motiviert ist, haben diese die Kraft, uns zu zerstören. Ich habe im Laufe der Jahre einfach zu viele Menschen getroffen, die ihre Jobs im Gesundheitswesen aufgegeben hatten, weil sie den Kreislauf der Überarbeitung nicht durchbrechen konnten oder durch sekundäre Traumatisierung ausbrannten. Sie waren einfach am Ende. Die meisten von uns erkennen ihre Grenzen erst dann, wenn sie bereits überschritten sind. Eine professionelle Betreuerin ist vielleicht schon krank oder in gefährlichem Maße erschöpft, bis sie sich eingesteht, dass sie am Ende ist. An diesem Punkt gibt es oft einfach nur noch die Lösung, den Beruf aufzugeben.

Familienmitglieder und Freunde, die Sterbende begleiten, leiden an Burnout ebenso wie professionelle Pflegekräfte. Genau die gleichen Angst- und Schuldgefühle, vielleicht in Verbindung mit einem Mangel an finanziellen Ressourcen oder persönlicher Unterstützung, können eine Betreuerin, die sich möglicherweise bereits schrecklich allein in ihrer Sorge um den geliebten Menschen fühlt, aus dem Gleichgewicht bringen. Die Folge können Depression, Wut und Verzweiflung sein, aber auch Misshandlung und Vernachlässigung des sterbenden Menschen. Wenn Betreuer und Begleiter jedoch ihre eigenen Grenzen respektieren lernen und sie mit Mitgefühl und Einfühlungsvermögen annehmen, können sie im Einklang mit ihren eigenen Bedürfnissen wirksame und liebevolle Unterstützung gewähren.

Ich war sehr beeindruckt davon, wie eine Frau – ihr Name war Michelle – half, sich um einen Mann zu kümmern, der mit AIDS im Sterben lag und der körperliche und spirituelle Unterstützung brauchte. Michelle verbrachte jeden Tag mehrere Stunden damit, sich um seine unterschiedlichen Bedürfnisse zu kümmern. Sie kochte und putzte, badete ihn und achtete darauf, dass er seine

Medizin nahm. Sein Partner litt ebenfalls an AIDS, war aber noch nicht so krank.

Jeden Morgen, wenn Michelle eintraf, schuf sie eine Atmosphäre der Sorgfalt im Haus. Sie widmete sich den einfachsten Dingen mit Leichtigkeit und Konzentration. Nachdem sie die praktischen Aufgaben erledigt hatte, setzte sie sich zu dem Paar und hörte ihren Sorgen zu. Danach saßen alle drei noch still beieinander. Manchmal war ich während dieser stillen Zeiten auch da. Das Haus war sauber und friedvoll, und zu dritt saßen wir auf dem Bett oder in der Nähe des kranken Mannes, der sich ausruhte. Keiner von uns fühlte die Notwendigkeit, etwas zu tun – oder zu reden. Nach einer Weile ging Michelle. Sie zog sich ganz still zurück, ohne sich zu verabschieden.

Schließlich fragte ich Michelle, wie sie auf sich selbst achtet. Sie blieb niemals länger als drei Stunden bei ihren Freunden, sagte sie. Sie hatte einen ausgewogenen Zeitplan aufgestellt. Andere lösten sie ab, sodass sie ihre Freunde loslassen konnte, wenn es an der Zeit war zu gehen. Außerdem meditierte sie täglich, trieb Sport und achtete auf ausreichend Schlaf und regelmäßige Mahlzeiten. Ihre heitere, stille Präsenz trug zweifellos viel zur ruhigen Atmosphäre im Haus bei.

Michelles Freund starb zuerst, ganz friedlich. Dann lag es an uns, seinen Partner in seinem Schmerz und seinem eigenen Sterben, das einige Monate später stattfand, zu begleiten. Wieder war Michelle in ihrer wohlüberlegten und freundlichen Art anwesend. Sie war, gemeinsam mit Freunden, auch für diesen zweiten Tod da – ein Tod, der genauso friedvoll verlief wie der des Partners. Michelle trug sehr viel zu dieser Situation bei. Sie half, eine Atmosphäre des Friedens aufrechtzuerhalten, von der alle berührt wurden. Die Art, wie sie Dinge tat, war einfach, klar und inspirierend. Dazu war sie in der Lage, weil sie klare Grenzen setzte, einen Zeitplan hatte, den sie einhielt, andere in die Betreuung einbezog und sich mit Freundlichkeit und Mitgefühl um sich selbst kümmerte.

Michelle kannte sich gut. Sie wollte ihren Freunden die beste Begleitung zukommen lassen und verstand, dass sie dafür mit ihren Kräften haushalten musste. Also stellte sie einen Plan auf, der sowohl für ihre Freunde als auch deren Begleiter funktionierte. In der Betreuung sterbender Menschen ist es hilfreich, eine Strategie zu entwickeln, in der Betreuung und Zeiten, in denen man sich um sich selbst kümmert, abwechseln. Dies unterstützt uns darin, vollkommen präsent zu sein anstatt ausgelaugt und gestresst.

Wie Michelle brauchen wir einen realistischen, verantwortbaren Plan. Ohne einen solchen Plan können wir sicher sein, dass die Fürsorge für uns selbst mehr oder weniger auf der Strecke bleiben wird. Wenn ich professionelles medizinisches Personal schule, bitte ich alle Teilnehmer, einen Plan dafür aufzustellen, wie sie sich um sich selbst kümmern werden, wenn sie wieder im Job sind. Einige Monate später schicken wir ihnen zur Erinnerung eine Kopie.

Eine vielbeschäftigte Krankenpflegerin aus New York entwarf den folgenden Plan, von dem sie eine Kopie an ihren Kühlschrank heftete und eine auf der Arbeit in ihr Postfach legte, sodass sie ihn sich immer wieder in Erinnerung rufen konnte:

Körper: Fünfzehn Minuten Dehnübungen – morgens nach dem Aufstehen und abends vor dem Schlafengehen. Einen Yoga-Kurs an meinem freien Tag. Zweimal die Woche Walking zur Arbeit und zurück. Alle zwei Wochen eine Aerobic-Stunde. Weniger Junkfood! Iss achtsamer! Iss gesunde Sachen und halte dich an regelmäßige Essenszeiten. Nimm Vitamine.

Intellekt: Weniger Fernsehen und Morgenzeitung. Lies mehr über Psychologie, Philosophie, Spiritualität und ergänzende Therapieformen. Informiere dich über ganzheitliche Krankenpflege. Geh ins Museum und lies pro Monat mindestens ein gutes Buch.

Geist: Informiere dich über Programme zur Stressbewältigung durch Achtsamkeit. Sitze nach den Dehnübungen morgens und abends ein paar Minuten in Stille. Finde eine Meditationsgruppe und nimm mindestens zweimal im Monat teil. Praktiziere Geh- und Sitzmeditation mit den Patienten. Nimm einmal im Jahr an einem Retreat teil. Besprich das alles mit Kolleginnen und Kollegen.

Psyche: Setze deine Therapie fort. Gründe eine Selbsthilfegruppe für das Pflegepersonal, in der es um Trauer und um Burnout geht.

Soziales: Hab mehr Spaß!

Je nach Ihrer Persönlichkeit, Ihren Bedürfnissen und Lebensumständen wird Ihr eigener Plan zur Selbstfürsorge natürlich anders sein – vielleicht müssen Sie mehr essen und weniger lesen. In meiner eigenen Erfahrung sind regelmäßiger Sport und eine Meditationspraxis absolut notwendig, um uns zu erden und unsere Energien ins Gleichgewicht zu bringen, insbesondere wenn wir uns bereits erschöpft und angegriffen fühlen. Es geht also darum, einen Plan aufzustellen, der für *Sie* funktioniert, in dem es festgelegte Zeiten gibt, zu denen Sie sich um sich selbst kümmern. Finden Sie Wege und Mittel, sich daran zu erinnern, dass Sie diese Dinge für sich tun wollen, aber seien Sie nicht zu hart mit sich, falls Sie es mal vergessen.

Eine Sozialarbeiterin schrieb mir nach dem Kurs für professionelle mitfühlende Begleitung am Lebensende Folgendes:

Eine Lehre, die ich aus unseren Treffen ziehe, ist die, mich stärker auf mein eigenes kontemplatives Leben zu konzentrieren. Ich habe mir eine solide, regelmäßige Meditationspraxis aufgebaut ... einfach, aber kraftvoll und hilfreich. Ich kümmere mich jetzt auch um die Angebote zur palliativen Betreuung in meiner Klinik und übe mich jeden Tag in der Kunst des authentischen Redens und der Stille.

Ich empfehle auch ausdrücklich, mit einem Partner zu arbeiten. Wir alle brauchen Unterstützung und Rückmeldungen, und doch arbeiten zu viele Betreuer alleine, selbst wenn sie Teil eines Teams sind. Wenn Sie zu zweit arbeiten, können Sie sich gegenseitig konsequentere und flexiblere Unterstützung gewähren. Als Kollegen können Sie sich in komplexen Situationen unterstützen, Ihre Arbeit gegenseitig beurteilen und konstruktive Vorschläge machen.

Je friedfertiger und annehmender wir als Betreuer und Begleiter sind, umso hilfreicher können wir für sterbende Menschen sein. Nehmen Sie Ihre Grenzen mit Mitgefühl an. Teilen Sie Ihre Freude, Stabilität, Kraft, Offenheit und Ihren Humor. Helfen Sie, eine starke, unterstützende Gemeinschaft aufzubauen – und vor allem: Vernachlässigen Sie sich nicht. Kümmern Sie sich um sich selbst. Denn wenn Sie sich wirklich um die gesamte Welt kümmern wollen, sollten Sie damit anfangen, sich um Ihr eigenes Leben zu kümmern.

Meditation:

Grenzenlose Fürsorge

Die folgenden Praktiken verbinden die Stabilität des Gleichmuts mit der Weichheit des Mitgefühls, den Mut, da zu sein, mit der Offenheit der Hingabe. Sie unterstützen eine ausgewogene Praxis der Fürsorge als Ausdruck unseres Wunsches, für das Wohlergehen anderer da zu sein. In der Realität der Begleitung und Betreuung geht es darum, das sensible Gleichgewicht zwischen einem unbegrenzt offenen Herzen (Mitgefühl) und den Grenzen dessen, was wir tun können (Gleichmut), zu finden. Die meisten von uns müssen sich darin üben, Mitgefühl – die Weichheit des Herzens gegenüber dem Leiden – und Gleichmut – die offenen Stille, die die Dinge so akzeptiert, wie sie sind – auszubalancieren. In der Balance von Mitgefühl und Gleichmut können wir Sorge tragen, ohne überwältigt und gelähmt zu werden, *weil* wir uns sorgen.

Die folgenden Sätze reflektieren diese Balance. Wählen Sie Sätze, die für Sie persönlich von Bedeutung sind. Bitte denken Sie daran, eine bequeme Haltung einzunehmen und tief, aber sanft zu atmen, damit Sie zur Ruhe kommen. Richten Sie Ihre Aufmerksamkeit auf den Atem und wiederholen Sie innerlich den Satz, den Sie ausgewählt haben.

- Möge meine Liebe für andere ungehindert fließen.
- Möge ich von der Kraft liebevoller Güte getragen werden.
- Möge ich die inneren Ressourcen finden, um wirklich geben zu können.
- Möge ich in Frieden sein und meine Erwartungen loslassen.
- Möge ich meine Fürsorge und Präsenz bedingungslos bereitstellen, egal ob ihnen mit Dankbarkeit, Gleichgültigkeit, Zorn oder Kummer begegnet wird.
- Möge ich Liebe schenken, auch wenn ich weiß, dass ich den Kurs von Leben, Leiden und Tod nicht zu beeinflussen vermag.
- Möge ich meine Grenzen mit genauso viel Mitgefühl betrachten wie das Leiden anderer.
- Möge ich die Dinge so akzeptieren, wie sie sind.

11. Das Juwelen-Netz

Gemeinschaften der Anteilnahme

In unserer modernen Kultur der Isolation, in der wir vom anderen und von uns selbst getrennt sind, vergessen wir schnell, dass der Tod in der Vergangenheit in ein soziales Umfeld eingebettet war. Als Übergangsritual innerhalb einer Gemeinschaft wurde die Erfahrung des Sterbens meist von einer Großfamilie oder dem ganzen Dorf geteilt.

Heutzutage glauben viele Betreuer und Begleiter, sie wären die Einzigen, die da sind, um zu helfen – obwohl andere vielleicht ihre Hilfe anboten, sich aber abgewiesen fühlten. Ein Schüler von mir beobachtete fassungslos, wie seine Mutter, die einzige Betreuerin seines sterbenden Großvaters, systematisch jedes Hilfsangebot, das ihr gemacht wurde, abwies, dann aber immer wieder darauf hinwies, dass sie keine andere Wahl habe, als ihren Vater alleine zu pflegen. Ihr Verhalten, das auf den ersten Blick heldenhaft wirkte, führte, was abzusehen war, zu einer Mitgefühls-Müdigkeit. Schließlich begann die ausgebrannte Mutter meines Schülers, ihren immer hilfloseren und verwirrten Vater auch noch zu beschimpfen. Sterbende Menschen und ihre Begleiter leiden weniger, wenn sie akzeptieren können, dass ein Netzwerk von Menschen, die den Sterbeprozess begleiten, der einzige tragbare Weg ist, allen Beteiligten über längere Zeit Unterstützung zukommen zu lassen.

Das Bild vom Juwelen-Netz kann uns verdeutlichen, wie eine Gemeinschaft von Betreuern funktioniert. An jedem Knoten des

Netzes befindet sich ein Juwel: ein Wesen, das Anteil nimmt. Jeder dieser Betreuer und Begleiter spiegelt das gemeinsame Anliegen und Mitgefühl aller anderen. Im buddhistischen *Avatamsaka-Sutra* wird gefragt, wie diese vielen Juwelen als ein einziges Juwel gesehen werden können. Wenn wir wahllos einen dieser Steine herausgreifen und genau betrachten, werden wir entdecken, dass er alle anderen Juwelen des Netzes in seiner polierten Oberfläche reflektiert – eine unbegrenzte Anzahl. Aber nicht nur das, sondern jedes Juwel, das in diesem Stein gespiegelt wird, reflektiert wiederum alle anderen Juwelen – es gibt also einen unbegrenzten Prozess der Spiegelung. Dies ist ein wunderbares Bild für unsere tiefe Verbundenheit.

Können wir, anstatt uns zu isolieren, die Verantwortung der Betreuung miteinander teilen? Können wir kreative Wege gehen, um die gesamte Gemeinschaft in die Erfahrung der Anteilnahme einzubeziehen? Können wir einzelne Mitglieder, falls notwendig, schulen? Können wir allen, die helfen wollen, auch Raum geben? Können wir unser Mitgefühl durchdacht und unterstützend miteinander teilen?

Der französischen Philosophin Simone Weil zufolge definiert sich Verbundenheit und Gemeinschaft durch Menschen, die einander die Frage »Was machst du durch?« stellen.[16] Dieser Ausdruck mitmenschlicher Sorge ist ein Beispiel für die geteilte Zuneigung und Liebe, die Gemeinschaften und Familien zusammenhält. Eine verwandte Frage lautet: »Für wen ist dies wichtig?« Oftmals versammeln sich die Mitglieder einer Gemeinschaft, angefangen bei denjenigen, die direkt Sorge tragen, bis zu jenen, die sich einfach sorgen, spontan um einen sterbenden Menschen.

Einer der ersten Schritte, die getan werden können, wenn jemand stirbt, ist eine Bestandsaufnahme der Mitglieder einer

16 Simone Weil, »Die Gottesliebe und das Unglück«. In: *Das Unglück und die Gottesliebe*, München, 1953.

Gemeinschaft, von dem Patienten über die Familienmitglieder – einschließlich der Haustiere –, Freunde, ehrenamtliche und professionelle Betreuer bis hin zum Briefträger und Apotheker. Wer will wissen, was andere durchmachen? Wer nimmt Anteil? Wen betrifft dieser Tod?

Die Bedeutung von Gemeinschaft

Ich glaube, ohne Gemeinschaft können wir nicht wirklich effektiv für Sterbende da sein. Vielleicht haben Sie schon den Begriff »beziehungsbasierte Betreuung« gehört, der ein Modell der Betreuung beschreibt, das auf einer starken, erweiterten Gemeinschaft beruht. So viele Beziehungen, in denen ein sterbender Mensch sich befindet, sind von Bedeutung: seine Beziehung zum medizinischen Personal, die Beziehung zwischen Freunden und Familie einerseits und Ärzten und Pflegern andererseits, die des medizinischen Personals untereinander, die zwischen Familie, Freunden und ehrenamtlichen Begleitern, die zwischen allen Mitgliedern der Gemeinschaft und dem sterbenden Menschen, die zwischen Sterbenden in einer Selbsthilfegruppe und die zwischen dem sterbenden Menschen und seinem geliebten Haustier.

Diese unterschiedlichen Beziehungen zu koordinieren mag einem überlasteten Familienmitglied, einer schwer beschäftigten Krankenpflegerin oder einem freiwilligen Helfer als überwältigende Aufgabe erscheinen. Es kann jedoch hilfreich sein, sich einen ungefähren Überblick über alle Personen zu verschaffen, die in den Prozess involviert sind, denn oft bricht das Betreuungssystem an den Rändern dieses komplexen Beziehungsgeflechts auseinander. Gemeinschaft zu pflegen ist eine wichtige Aufgabe, denn Gemeinschaft ist eine maßgebliche Ressource, die oft übersehen wird. Ich habe einige wirklich unangenehme Missgeschicke mit sterbenden Menschen erlebt, nur weil bestimmte Beziehungen nicht erkannt, verstanden oder gepflegt wurden.

Eine Gemeinschaft der Fürsorge bietet vielerlei Arten der Unterstützung an, vom äußeren Kreis, der den Sterbenden umgibt, bis zu den Menschen, die im Zentrum stehen. Wir müssen uns bewusst sein, wer betreut, wie betreut wird und wie Betreuer ihre Arbeit erleben. Entwickeln Sie eine Struktur, die allen Pflegekräften Unterstützung gewährt; bauen Sie Vertrauen in einzelnen Begleitern auf, aber auch im Betreuungsteam oder in der Familie als Ganzes. Seien Sie offen für die Unterschiede, wie Einzelne betreuen – es gibt nicht den einen, richtigen Weg, einen sterbenden Menschen zu begleiten. Die meisten von uns bemühen sich, so gut sie können.

Gut gewählte Ruhepausen

Finden Sie verschiedene Möglichkeiten, nahen Familienmitgliedern und Betreuern trotz allem eine Pause zu geben. Ich kannte einen Mann, dessen Frau viele Jahre lang schwer krank war. Als ich ihn kennenlernte, hatte er mehrere Monate hintereinander auch nicht einen Tag für sich gehabt. Kurz vor ihrem Tod schien dieser Mann weder seine sterbende Frau noch sich selbst sonderlich zu mögen. Er war verbittert, fühlte sich in die Pflicht genommen und fürchtete sich vor seinem eigenen Zorn. Außerdem hatte er eine sexuelle Beziehung zu einer Kollegin aufgenommen, was die Dinge natürlich noch schwieriger werden ließ. Diese Beziehung schenkte ihm zwar etwas Erleichterung von den vielen Jahren, die er sich um seine Frau gekümmert hatte, aber er fühlte sich schuldig und verschloss sich, als seine Frau in die aktive Sterbephase eintrat. In seinem Bemühen, seiner Frau »in guten wie in schlechten Tagen« zur Seite zu stehen, war er weit von seinem Weg abgekommen.

Im Haus spürte man das widersprüchliche Verhalten und die komplexen Gefühle – zwischen Liebe und Hass, Frieden und Aufruhr. Als Betreuer fanden meine Kollegen und ich uns inmitten dieser Verwirrung wieder. Schwierige Bedingungen waren ein Teil der Situation, auf die wir trafen.

In der Arbeit mit dieser Familie wurde mir deutlich, wie wichtig es ist, dass Betreuer für die oftmals komplizierte Reise in den Tod stark und erholt sind. Wir verordneten dem Ehemann eine Pause von der Betreuung und boten der Sterbenden, die vor ihrem letzten und extremsten medizinischen Eingriff stand, unsere Unterstützung an. Alle fünf von uns, die an der Betreuung beteiligt waren, fanden jedoch, dass wir etwas zu spät einbezogen worden waren. Die verletzten Gefühle der Frau waren offenkundig, und unsere Patientin starb einen harten Tod. Wir hatten dies zu akzeptieren. Unverhohlene Wut und Verwirrung hatten fünfzehn Familienmitglieder erfasst, und unsere Aufgabe bestand darin, dieses Netzwerk für den finalen Akt eines schwierigen Dramas wieder zusammenzubringen. So wie die Familienmitglieder Veränderungen in ihren Beziehungen untereinander durchmachten, so gingen sie auch durch dramatische Wechsel in ihren Haltungen uns gegenüber – von Liebe zu Hass und wieder zurück. Später sagte der Ehemann mir, er wünschte, er hätte sich für eine Pause und nicht für sexuelle Ablenkung entschieden.

Betreuer als Engel und Dämon

Ihre wichtigsten Lektionen erhalten Betreuer und Begleiter häufig, wenn ein sterbender Mensch, aber auch seine Familie und Freunde sie in unrealistischer Weise wahrnehmen. In der einen Minute ist der Betreuer ein Schutzengel, in der nächsten bereits ein Dämon. Die Dinge werden noch dadurch kompliziert, dass man sich als Begleiter leicht in emotionale Beziehungen zu Familienangehörigen oder dem sterbenden Menschen selbst verstrickt. Es ist ganz natürlich, die Zuneigung, Kritik und die Wut eines Sterbenden oder der Familienmitglieder persönlich zu nehmen. Viele von uns wurden von denen, um die wir uns kümmerten, verletzt. Auch Kollegen und Familienmitglieder haben uns verletzt. Die meisten von uns ziehen einen Menschen dem anderen vor. Und selbstverständlich sind wir selbst nicht immer geschickt und können andere verletzen.

Die Arbeit des Entdeckens

Wenn Sie ein Begleiter sind, hilft es, Nicht-Wissen zu praktizieren, offen zu bleiben und bereit zu sein, selbst dann zu helfen, wenn Sie nicht sicher sind, was es zu tun gilt. Ihre Arbeit ist die Arbeit des Entdeckens – dabei zu helfen, die reiche spirituelle Grundlage des Lebens eines jeden Menschen aufzudecken und in allen Menschen die Öffnung für ein spirituelles Erleben zu unterstützen und zu stärken. Bitte glauben Sie nicht, dass Ihre Bemühung ausschließlich dem sterbenden Menschen gilt. Wenn Ihre Meditationspraxis ausgereift ist, können Ihre eigene Stärke und Barmherzigkeit ein Modell für die allen Menschen innewohnende Stärke und Barmherzigkeit sein. Wie die Resonanzsaite eines Sitar können Sie diese Eigenschaften in anderen erwecken, indem Sie in einer echten Art und Weise liebevoll und aufmerksam sind. Andere entdecken ihr eigenes natürliches Mitgefühl und ihre Offenheit für Leiden und Nicht-Wissen nicht so sehr durch das, was wir tun, sondern dadurch, wie wir sind.

Genauso wie ein Begleiter Anteil am Leiden nehmen kann und dies den leidenden Menschen vielleicht inspiriert, Anteil an seinem eigenen Unglück zu nehmen, genauso kann ein Sterbender an der Verwirrung und dem Zweifel eines Begleiters Anteil nehmen und ihm dadurch zu Vertrauen, innerer Ruhe und Akzeptanz verhelfen. Welche Rolle wir auch einnehmen, wir tun gut daran, uns in Vertrauen zu üben, sodass der Knoten im Geflecht der Dinge geöffnet werden kann und ihre Komplexität enthüllt wird. Ob wir im Sterben liegen oder andere betreuen, wir öffnen uns in Demut und werden bereichert, indem wir vollständig präsent sind für das Unakzeptable, das Unerklärliche, das Ungerechtfertigte und das Unerkennbare. Anstatt Sterben und Tod als ein Problem zu betrachten, das gelöst oder überwunden werden muss, können wir das Sterben als eine Erfahrung begreifen, die reich an Bedeutung ist und wertvoll, eine Entwicklungsstufe in unserem Prozess des Reifens, ja sogar eine Vorbereitung auf die todlose Erleuchtung.

Als bei Ann, einer brillanten jungen Ärztin, ein bösartiger und schnell wachsender Gehirntumor diagnostiziert wurde, befand sie sich plötzlich im Zentrum einer großen und vielfältigen Gemeinschaft von Betreuern. Andere Ärzte, hochgebildete Familienmitglieder und Kollegen aus der medizinischen Forschung, dazu spirituelle Lehrer, Heiler und Künstler – sie alle hatten ihre eigenen Ansichten über die Behandlungsmöglichkeiten und das Pro und Kontra alternativer Ansätze im Vergleich zu denen der Schulmedizin. Sie selbst hatte sich auf alternative Heilverfahren spezialisiert. Inmitten dieser Aufregung vermittelten Ann und ihr Mann zwischen den unterschiedlichen Lagern und schufen Raum, sodass Ann ihre eigenen Entscheidungen treffen konnte.

Als ich Anns Haus zwei Monate vor ihrem Tod betrat, war ich erstaunt über die Flut von Ratschlägen, Informationen und Menschen. Ich kann mir nur vorstellen, wie sie sich gefühlt haben muss. Leute, die sie heilen wollten, standen an ihrer Türschwelle. Auf der ganzen Welt beteten Menschen für sie. Freunde und Familienmitglieder hatten jede Diät und jede alternative Therapieform erforscht. Die besten Spezialisten des Landes schickten ihre Ratschläge per E-Mail. Menschen tauchten auf, die überzeugt davon waren, die richtige Lösung für sie zu haben. Andere erklärten nachdrücklich, dass es keine Heilungsmöglichkeit für ihren aggressiven Gehirntumor gebe. Als ich diese vielfältige Versammlung von Individuen betrachtete, fragte ich mich, wie Ann und ihr Mann einen Weg durch die Komplexität dieses Spektrums finden würden.

Zum Glück war Ann nicht nur eine begabte Ärztin, sondern hatte auch eine klare, bestimmte Haltung, wenn es darum ging, mit gegensätzlichen Meinungen in ihrem Umfeld umzugehen. Ihr Mann unterstützte sie mit Wohlwollen und Humor. Beide befanden sich in einem Strudel der Informationen und Meinungen und taten, was typisch für sie war: Sie begrüßten den Informationsaustausch, beschäftigten sich bewusst mit allen Möglichkeiten und vertrauten in ihren Entscheidungen letztendlich ihrer Intuition, ihrer Intelligenz und ihrem guten Herzen. Mit Geschick und Geduld waren sie in der Lage, diese potenziell uneinige Gruppe in einem flexiblen Netz der Unterstützung zusammenzubringen. Jeder fand einen Platz in dieser Gemeinschaft des Mitgefühls; niemand, der helfen wollte, wurde ausgeschlossen.

Doch am Ende war es allein Ann, die sich entschied, einen Heiler aufzusuchen – und sie war es auch, die sich entschloss, seinem Rat, die schulmedizinischen Behandlungen abzubrechen, nicht zu folgen. Es war ihre Entscheidung, sich bestrahlen zu lassen – und sie entschied, damit aufzuhören. Ann, die in einem Mandala der Fürsorge aufgehoben war, behielt die Kontrolle über ihr eigenes Sterben.

In der Zeit, in der Ann krank wurde, meditierte ich über ein Koan des Zen-Meisters Kyogen. Koans sind traditionelle Lehrgeschichten des Zen, die eingesetzt werden, um die Praxis der Schüler zu vertiefen. In diesem Koan geht es um einen Mönch, der von einem Baum hängt. Er klammert sich an einen Ast – mit den Zähnen. Im Koan heißt es, dass er den Ast nicht mit seinen Händen greifen kann, und mit seinen Füßen erreicht er nicht den Fuß des Stammes, um sich abzustützen. Genau in diesem Moment kommt jemand unter ihm vorbei und stellt ihm eine Frage zum Buddhismus. Großartiges Timing! Wenn der Mönch nicht antwortet, fällt er aus der Verantwortung seiner Funktion, weil er auf das spirituelle Bedürfnis des Fragestellers nicht eingeht. Doch wenn er antwortet, fällt er auch. Einfach so. Was soll er also tun?

Diese unwahrscheinlich klingende Geschichte beschreibt in Wirklichkeit das Dilemma unseres Lebens. Wir hängen immer an zwei Fallstricken – verdammt, wenn wir handeln, verdammt, wenn wir nicht handeln. Das tiefere Problem liegt jedoch darin, dass wir immer nach »Lösungen« suchen. Als ich Ann begleitete, fühlte ich mich wie der Mönch im Baum. Es gab keine Lösung für ihre Krankheit und ihr Leiden. Es gab keine Antworten. Obwohl viele in ihrem Familien- und Freundeskreis zu wissen glaubten, was »richtig« war, wusste ich nicht, welche Meinung ihrer Freunde und Ratgeber die »richtigere« war – ich wusste noch nicht einmal, ob es so etwas überhaupt gab. Ich konnte einfach nur mit meinen Zähnen an einem Ast hängen, denn in dieser Situation überhaupt nach einer Lösung zu suchen war Ausdruck einer blinden Hoffnung – und vielleicht war es in dieser komplexen Gemeinschaft hilfreich, dass jemand dieser Suche mit Anfänger-Geist widerstand. Solange ich noch Hoffnung hatte, begegnete ich der Situation mit eingefahrener Logik und festgefügten Ideen davon, dass eine andere Art von Erfahrung besser wäre, als einfach nur diese Zeit, die uns blieb, gemeinsam zu durchleben. Ich fand mich also frei in erhabener Niederlage hängend.

Mit Ann, ihrem Mann und dem Freundes- und Familienkreis versuchte ich, einfach nur präsent zu sein und mit dem Strom der Veränderung mitzufließen. Letztendlich gab es nicht viel zu tun, außer Anteil zu nehmen und ihnen und ihren Freunden zuzuhören, während sie ihre Fragen und Meinungen austauschten. Sie waren sich selbst die besten Begleiter, die sie haben konnten, mit ihrer offenen Einstellung, ihrer Intelligenz und dem Mut, allem, was auftauchte, zu begegnen.

Aus dieser Erfahrung, wie aus vielen anderen, lerne ich immer mehr, die Dinge so anzunehmen, wie sie sind, sei es die Wahrheit des Leidens oder unterschiedliche Ansichten und Meinungen über Krankheit und Sterben. Letztendlich sind es wohl nicht unser Glaube oder unsere Ansichten, die den sterbenden Menschen und seine Gemeinschaft leiten – wir könnten unsere Versuche, etwas »richtig« zu machen, also ganz einfach loslassen. Der Betreuer ist einfach nur die Person, die im Baum hängt, und an dem Unmöglichen, für das es keine Lösung gibt, Anteil nimmt. Und wenn wir Glück haben, hängen alle Beteiligten mit uns dort am Baum.

Meditation:

Kreis der Wahrheit

Ein Gesprächskreis kann eine hilfreiche Praxis für jede Gemeinschaft sein, um zusammenzukommen und Erfahrungen auszutauschen. In einer solchen Gesprächsrunde verpflichten wir uns dazu, ehrlich und konstruktiv zu sprechen und ohne Vorurteile zuzuhören, was uns die Möglichkeit gibt, über die tiefsten Fragen unseres Lebens miteinander nachzudenken.

Wenn wir zu einem Gesprächskreis zusammenkommen, bedeutet das nicht, dass wir am Ende alle dieselbe Meinung haben. Es ist kein Prozess der Konsensfindung. Wir erkennen eher, dass jedes Individuum seine eigene Weisheit hat. Wenn verschiedene Ansichten und Erfahrungen ausgedrückt werden, können wir den Reichtum der Unterschiede und der Differenz entdecken. Menschen, die im Sterben liegen, können sich die Perspektive ihrer Betreuer anhören und umgekehrt. Ein Mann, der an AIDS litt und mit seiner Familie in dieser Weise zusammenkam, gestand seiner Mutter und seinem Vater: »Ich wusste nicht, wie anstrengend euer Job ist; und ich kann euch sagen, Sterben ist auch anstrengend.«

Solch ein Kreis der Wahrheit kann in einem Krankenzimmer, in einer Privatwohnung oder auf einer Bergwiese stattfinden. Wir können eine Kerze, eine Blume oder eine Schale Wasser bereitstellen; alles, was uns hilft, aus unserem Beschäftigtsein und der

Komplexität unseres Lebens herauszutreten und uns für die Vertrautheit und die Wahrheit zu öffnen, die wir hervorrufen wollen. Wenn wir etwas in die Mitte stellen, gibt das dem Kreis einen Konzentrationspunkt. Ein weiteres Element eines solchen Gesprächskreises ist das »Sprechobjekt«. Alles kann ein Sprechobjekt sein: eine Muschel, ein Familienerbstück, eine Bibel, ein zeremonieller Gegenstand oder etwas, das dort gefunden wurde, wo der Kreis sich versammelt. Ich benutze meist einen Stein, den ich vor Jahren auf einer Pilgerreise zum Kailash, Tibets heiligem Berg, fand. Tausende von Menschen haben ihn mittlerweile in der Hand gehalten. Wir schenken der Person, die das Sprechobjekt hält, unsere ungeteilte Aufmerksamkeit. Das Sprechobjekt kann eine magnetische oder schützende Eigenschaft haben. Wie ein Objekt der Meditation hilft es dem Sprecher, sich zu konzentrieren.

Stille ist ein weiteres Geschenk, das wir in die Zusammenkunft einbringen können. Wenn wir den Gesprächskreis mit einigen Minuten Schweigen beginnen lassen, werden sich unsere Herzen einfacher öffnen. Insbesondere Sterbende befinden sich oft in einem Fegefeuer routiniert ablaufender Gespräche und sehnen sich nach Stille. Ich erinnere mich an einen Freund, der sich in seinem Krankenzimmer nur nach Stille sehnte. Sinnloses Geplapper, überflüssige Fragen und falscher Trost waren nicht das, was er brauchte. Also saßen wir zu zweit beieinander, teilten die Stille und reichten ab und zu einen kleinen Stein hin und her. Das war eine Wohltat für uns beide.

Um zu einem Gesprächskreis zusammenzukommen, setzen wir uns im Kreis, egal ob wir zwei oder zwanzig Personen sind. Bevor wir anfangen, erinnert uns eine Person an die Regeln:

- Sprich aus deinem Herzen.
- Höre mit dem Herzen zu.
- Fasse dich kurz.
- Sprich aus dem Moment heraus.

Diese vier wesentlichen Richtlinien für einen Gesprächskreis können uns auf Kurs halten, wenn komplexe Themen angesprochen werden.

Der erste Punkt: In dieser Art von Austausch sprechen wir aus unserem Herzen heraus. Einige von uns sind es gewohnt, vom Kopf her zu sprechen, also philosophische, soziale, psychologische und politische Ideen auszutauschen. In dieser Begegnung geht es jedoch um Transparenz, Authentizität und Selbstoffenbarung. Wir sind angehalten, aus unserer persönlichen Erfahrung heraus zu sprechen, unsere Geschichten mitzuteilen und unsere Gefühle direkt, in einer befreienden Art und Weise auszudrücken.

Wir können aber auch die Stille für uns sprechen lassen und damit alle zu einer tieferen Innenschau einladen. Niemand muss in einem Gesprächskreis das Wort ergreifen. Wir können einfach nur das Sprechobjekt in Stille halten und dann weitergeben.

Der zweite Punkt: Mit dem Herzen zuhören. Tiefes Zuhören ist ein Zuhören in Toleranz und umfassender Akzeptanz – das, was die Quäker »andächtiges Zuhören« nennen. Da der Sprecher in einem Gesprächskreis nicht unterbrochen wird, kann jeder reden, ohne Angst, dass ihm jemand ins Wort fällt. Wenn wir zuhören, gibt uns das die Gelegenheit, uns in ein offenes Hören hinein zu entspannen, ohne Bewertung oder Vorurteil. Wir können dann nicht nur hören, was gesagt wird, sondern auch das, was ungesagt bleibt. Während wir zuhören, können ganz unterschiedliche Reaktionen auftauchen: Erinnerungen, Assoziationen, Einsichten, Kritik, Zustimmung. Dann machen wir uns unsere Reaktionen bewusst und lassen sie los.

Wenn wir zuhören, reagieren wir nicht und teilen unsere Gedanken nicht mit, bis wir mit dem Sprechen an der Reihe sind. Das ist nicht immer einfach, besonders wenn die Themen schwierig sind. Einige Teilnehmer drücken vielleicht ihr tiefstes Leiden aus oder fangen an zu weinen. Meist wollen wir dann schnell etwas tun, jemanden unterstützen, oder wir wollen diesem

Menschen ganz schnell sein Leid nehmen, da es für uns unerträglich ist. Die hilfreichste Reaktion besteht jedoch nicht darin, einzugreifen, sondern Anteil zu nehmen. Ein Gesprächskreis ist eine wirkungsvolle Methode, in einer Atmosphäre des Vertrauens und der Unterstützung unser Leiden mit anderen zu teilen. Vielleicht ist es hart, für die Perspektive anderer offen zu sein. Doch genau dazu sind wir aufgefordert – dazu, auf die Weisheit dieser Zusammenkunft zu hören.

Indem wir anfangen, mit Akzeptanz und Geduld zuzuhören, hilft uns diese Praxis, unser reagierendes Hören in ein aufmerksames Hören zu verwandeln. Jeder, der spricht, ist eine neue Welt, die sich auftut, und die Erfahrung aller, die zuhören, ist ein kollektives Verstehen, das über die Sprache hinausgeht. Ich lade hin und wieder Menschen, die sich in tiefem Hören üben wollen, dazu ein, sich vorzustellen, dass dies der letzte Tag eines Sprechers auf dieser Erde ist, und bitte sie, ihm die Aufmerksamkeit zu schenken, die sie einem Menschen geben würden, der morgen stirbt. Können wir bedingungslos annehmen, was er sagt? Respektvolles, offenes Zuhören lockt tiefe Wahrheiten aus uns hervor, während wir miteinander über unsere Sorgen, Ängste und Gefühle der Scham und Zurückweisung sprechen.

Der dritte Punkt: Fasse dich kurz. Wir wollen zum Kern einer Sache vordringen. Wir wollen erkennen, wie wertvoll jeder einzelne Moment ist. Wenn es an uns ist zu sprechen, halten wir einen Moment inne, um uns mit der Wahrheit unseres Herzens zu verbinden. Dann sprechen wir so authentisch wie möglich über die Wahrheit der jeweiligen Situation. Ein Gesprächskreis verlangt von uns, klar und deutlich zu sprechen, sodass wir auch wirklich das Mark unseres Seins ausdrücken. Das erfordert eine gewisse Ökonomie der Rede, sodass alle, die ihre Einsichten oder Verwirrung mitteilen wollen, dies auch tun können. Vielen von uns fällt es schwer, kurz und prägnant zu sein. Wir können uns jedoch darauf verlassen, dass das Kollektiv im Besitz der gesamten

Geschichte ist. Wenn wir uns auf die Gruppe einlassen, können wir sicher sein, dass jemand den Teil der Geschichte ansprechen wird, den wir noch nicht ausgedrückt haben.

Schließlich – der vierte Punkt – sprechen wir aus dem Moment heraus, ohne uns vorher zurechtgelegt zu haben, was wir sagen wollen. Über die Jahre habe ich an vielen Gesprächskreisen teilgenommen und stellte manchmal fest, dass ich mir innerlich vorsprach, was ich sagen wollte. In solchen Momenten frage ich mich: Was geschieht gerade tatsächlich? Kann ich meine Erfahrung wirklich vermitteln? Ist dies der richtige Moment, um das, was ich sehe, auch zu teilen? Kann ich vertrauen und tiefer gehen als das, was ich zu wissen glaube?

Einmal stand ein junger Indianer wegen einer Straftat vor Gericht. Als er aussagen musste, sollte er schwören, die Wahrheit zu sagen, die ganze Wahrheit und nichts als die Wahrheit. Zitternd blickte er den Richter an und sagte mit kaum hörbarer Stimme: »Das kann ich nicht.« Der Richter wies ihn darauf hin, dass dies die übliche Prozedur vor Gericht sei. Der junge Mann weinte, als er erwiderte: »Aber Euer Ehren, wer kann die ganze Wahrheit wissen?« Nur eine Gemeinschaft kann im Besitz der ganzen Wahrheit sein. Wir müssen diesem alchimistischen Prozess vertrauen und uns auf den Weg machen, ohne das Ziel zu kennen. Wenn wir in einem Gesprächskreis zusammenkommen, stellt sich die Frage: Können wir es aushalten, das zu betrachten, was wir uns selbst noch nicht gesagt haben? Können wir hören, was wir noch nicht wissen? Keine einzelne Antwort birgt die ganze Wahrheit eines guten Herzens, aber die Erfahrung der Gemeinschaft hilft uns, zu heilen. Die Weisheit einer Gemeinschaft setzt sich immer durch, und tiefes Mitteilen und Zuhören wird uns Frieden geben.

12. Verletzte Heiler

Die Schattenseite der Fürsorge

Sie sind mit den Archetypen der Fürsorge, negativen wie positiven, sicherlich vertraut. Da wäre einmal der selbstlose Heilige, der über schier unbegrenztes Mitgefühl und Freigiebigkeit verfügt. Auf der anderen Seite steht der Märtyrer – verbittert, erschöpft und unfähig, selbst die kleinste Gefälligkeit ohne ein Aufkeimen des Widerstands zu tun. Betreuung kann eine der edelsten und wichtigsten Praktiken sein, die uns das Leben schenkt – heilsam sowohl für sterbende Menschen als auch ihre Begleiter –, und doch kann ein allzu begeistertes, verherrlichendes Bild des Dienstes am anderen einen langen, dunklen Schatten werfen. Je verklärter unsere Idealisierung des Begleiters ist, der sich niemals erschöpft, irritiert und bedürftig fühlt, um so eher wird der gegenteilige Archetyp sich zeigen – denn dieser Aspekt unseres Schattens taucht auf und drückt sich aus.

Die Betreuer von Sandy zum Beispiel wurden gegen Ende ihrer Erkrankung Opfer der eigenen Erschöpfung. Alle paar Monate starb Sandy fast, erholte sich aber jedes Mal und kehrte ins Leben zurück. Dieses erschöpfende Hin und Her hinterließ Spuren bei Sandys Freunden, die sie bei sich zu Hause aufgenommen und über Jahre gepflegt hatten. Ausgelaugt und entmutigt, unterstellten sie Sandy, dass sie am Leben festhalten und sich nicht dem Unvermeidlichen überlassen könne.

Schließlich wurde Sandy sehr fordernd, zornig und chaotisch, und ihre Freunde hatten nicht mehr die Kraft, ihr noch weiterhin zu helfen. In ihrem Wunsch, ganz für Sandy da zu sein, hatten sie mehr auf sich genommen, als sie leisten konnten. Sie hatten keine langfristigen Pläne gemacht – aber langfristig war Sandys Sterben in der Tat. An diesem Punkt versuchten sie, einen anderen Platz für sie zu finden.

Glücklicherweise musste Sandy nicht wegziehen. Eine neue Gruppe von Freunden übernahm die Begleitung, Menschen besuchten sie jeden Tag, saßen lange an ihrem Bett und teilten ihre buddhistische Praxis mit ihr. Sandy interessierte sich sehr für die tibetische Praxis der Übertragung des Bewusstseins im Moment des Todes. Sie liebte es auch, in den Arm genommen zu werden und vorgelesen zu bekommen. Die neue Gruppe von Begleitern machte es möglich, dass Sandys alte Freunde gesündere Grenzen setzen und sich entspannen konnten. Dennoch fühlten sie sich schuldig, als hätten sie versagt.

Mit der Zeit wurden Sandys Schmerzen so stark, dass sie hohe Dosen von Schmerzmitteln erhielt, um entspannen zu können. Als sie dem Tod nahe war, blieben ihre Freunde rund um die Uhr bei ihr. Und dann, eines Tages, starb sie. An ihrem Tod Anteil zu nehmen war eine Herausforderung, doch noch schwieriger war es, mit dem Schmerz von Freunden zu sein, die sich zurückgezogen hatten, nachdem ihre Kraft aufgebraucht war. Die ganze Liebe und Unterstützung, die wir anderen ihnen entgegenbrachten, reichten nicht, um ihre schuldbewussten Vorstellungen, dass sie mehr hätten tun sollen, zu beschwichtigen. In Wirklichkeit hätten sie vielleicht *weniger* tun sollen.

Diese Situation war eine harte Schule für uns alle und erinnert mich jedes Mal wieder an die enorme Macht des Schattens. Wenn uns die vertrauten Anzeichen des Schattens bekannt sind, die Missgeschicke und Miseren, die einen Betreuer in tiefes, kaltes Wasser stoßen, können wir unseren Kurs rechtzeitig korrigieren und um Hilfe bitten, bevor uns alles über den Kopf zu wachsen droht.

Eine Schülerin fragte mich einmal: »Was ist der Schatten eines Bodhisattva?« Ich antwortete: »Anderen Wesen zu helfen.« Das klingt vielleicht merkwürdig, bis man versteht, dass Bodhisattvas Nicht-Dualität verwirklicht haben und auf das Leiden der Welt wie jene Holzpuppe reagieren, deren Fäden von der gesamten Schöpfung gezogen werden. Da ist dann kein »Ich«, das für einen »anderen« Gutes tut, sondern einfach nur Engagement ohne Alternative und das Empfinden, dass das Selbst nicht örtlich begrenzt ist und in Einheit mit allem existiert. Die rechte Hand, sagen wir im Zen, kümmert sich einfach nur um die linke. Das ist keine große Sache. Wenn es jedoch zu einer großen Sache wird, wenn wir an einer Vorstellung davon festhalten, anderen Wesen zu helfen, andere Wesen zu retten, dann kann der Schatten des Bodhisattva wirklich zu Schwierigkeiten führen.

Im Folgenden beschreibe ich Probleme, die uns als Begleiter begegnen, sowie einige der Rollen, die wir vielleicht einnehmen. Fühlen Sie sich bitte nicht schlecht, falls Sie sich wiedererkennen. Ich kann diese Schwierigkeiten nur beschreiben, weil jede einzelne Teil meiner eigenen Erfahrung in der Begleitung Sterbender ist. Die meisten meiner Freunde und Kollegen würden das Gleiche über sich sagen. In Japan gibt es ein Sprichwort über die Bodhidharma-Puppe, mit der Kinder spielen, die wie ein Stehaufmännchen funktioniert: »Achtmal hinfallen, neunmal aufstehen.« Letztendlich gibt es nicht den einen richtigen Weg. Wir tun unser Bestes, und Duldsamkeit wird unser Begleiter auf dem Weg, auf dem wir hinfallen und wieder aufstehen. Manchmal lernen wir vor allem aus unseren schmerzhaftesten Erfahrungen.

Der Held

Heroismus kann einen Begleiter weit über das hinausführen, was vernünftig und mitfühlend ist. Immer wieder hört man jemanden in der Rolle des Helden, der darauf besteht: »Ich bin der Einzige, der helfen kann … es gibt niemanden, der es tun kann, außer mir.« Ist die Stundenzahl, die Sie mit Betreuung verbringen, hoch im Vergleich zu denen anderer? Empfehlen Sie extreme medizinische Eingriffe, auch gegen den Wunsch des Sterbenden? Wenn Sie sich alleine und auf allen Seiten von Herausforderungen umgeben fühlen, sind Sie sehr wahrscheinlich in die Rolle des Helden geschlüpft. Ein anderes Wort für Held ist Retter.

Unbewusste Wünsche nach Dankbarkeit und Anerkennung treiben den Helden an. Nur allzu oft wollen Menschen, die Sterbende begleiten, so ihre unbefriedigten emotionalen Bedürfnisse erfüllen. Helden dürstet es auch nach Anerkennung durch die Gemeinschaft. Ihre Identität beruht auf Bestätigung für ihre guten Taten. Natürlich ist es verlockend, sich vorzustellen, dass der sterbende Mensch oder seine Familie sagt: »Ohne dich würde das alles nicht gehen«. Aber wenn unsere Fürsorge von einem Hunger nach Anerkennung getrieben wird, werden wir uns schnell überfordern und stehen dem sterbenden Menschen sehr wahrscheinlich nicht wirklich zur Verfügung (der sich vielleicht auch nur wenig für die Bedürfnisse seines Betreuers interessiert). Kann die Praxis der Begleitung an sich für Sie erfüllend sein? Es wird Ihnen helfen, andere Menschen und andere Aktivitäten zu finden, die Ihre Bedürfnisse erfüllen.

Das beste Mittel gegen den Heroismus besteht darin, Verantwortung zu teilen. Erlauben Sie anderen, sich an der Betreuung zu beteiligen. Viele Helden halten so sehr an ihrer Wichtigkeit oder ihrer besonderen Beziehung zu dem sterbenden Menschen fest, dass sie die Hilfe anderer verhindern. Angst ist ein weiterer Antriebsmechanismus des Helden. Wenn Sie in dieser Rolle gefangen sind, sollten Sie damit anfangen, Verantwortung abzugeben. Vertrauen Sie anderen Begleitern und geben Sie ihnen die Möglichkeit, sich einzubringen. Klar gezogene Grenzen dienen allen, mit denen wir arbeiten, einschließlich uns selbst. Ein Satz, der helfen kann, ist: »Möge ich meine eigenen Grenzen mit Mitgefühl annehmen«. Anfangs ist das vielleicht sehr schwer, doch das, was wir gewinnen, überwiegt – einschließlich der seltenen Gelegenheit, unsere Anhaftungen zu betrachten.

Der Märtyrer

In vielerlei Hinsicht ist der Märtyrer nur die Spätphase des Helden – der ausgebrannte Held. Egal ob ein Familienmitglied als primärer Betreuer, ein Arzt im Bereitschaftsdienst, eine Krankenpflegerin auf Nachtschicht oder mit vielen Überstunden, ein Freund, der lange Stunden bei dem Sterbenden sitzt, weil Familienmitglieder gerade verhindert sind – die hohen körperlichen und emotionalen Anforderungen der Betreuung können Sie schnell von der Übermüdung in die Verbitterung treiben. Der Märtyrer ist oft jemand, der zu stark dem Leiden ausgesetzt war, nichts mehr verkraftet und an Mitgefühls-Müdigkeit und sekundärer Traumatisierung leidet.

Sie können sicher sein, dass der Märtyrer präsent ist, wenn Sie sich selbst zu allem Ja sagen hören, es jedoch innerlich hassen. (Ich nenne es das »reflexartige Mitgefühl«.) Oder wenn Sie helfen, obwohl gar keine Hilfe gebraucht wird. Der Märtyrer tut überall seine Erschöpfung kund und hat nie Zeit, das zu tun, was getan werden muss. Bevor Sie ohne nachzudenken auf eine Bitte reagieren, wäre es vielleicht gut, Ihre eigene Motivation zu überprüfen. Was würde sowohl dem sterbenden Menschen als auch Ihnen wirklich helfen?

Erschöpfte Märtyrer, so wie Sandys Freunde, haben schließlich keine Geduld mehr mit dem Sterbeprozess. Insgeheim wünschen sie vielleicht, dass dieser Mensch »loslässt und stirbt«. Unter vier Augen sagen sie möglicherweise zueinander: »Sie kann nicht aufgeben« oder: »Er lässt nicht los.« Die Medizin, die Sie nehmen können, um nicht am Märtyrer-Syndrom zu erkranken, ist gute Selbstfürsorge. Kümmern Sie sich um sich selbst, was Ihnen die

Kraft geben wird, sich um andere zu kümmern. Teilen Sie Ihre Kräfte ein. Machen Sie in Ihrem Leben Platz für Aktivitäten, die Sie unterstützen. Stellen Sie einen Zeitplan auf, der Ihnen freie Tage gibt. Ruhen Sie sich aus. Kümmern Sie sich um sich selbst, um ihre Perspektive zu erneuern. Selbst in hektischen Zeiten ist es möglich, Momente tiefer Ruhe zu finden. Und, wenn Sie wirklich nichts mehr aufnehmen können: Finden Sie jemanden, der noch die Energie hat, den sterbenden Menschen zu begleiten. Es ist kein Misserfolg, wenn Sie vom Feld der Praxis gehen, weil Sie erschöpft sind. Es ist auf jeden Fall besser, als verbissen dabeizubleiben und vielleicht den Patienten zu verletzen – was ich mehr als einmal erlebt habe.

Eltern

Selbst wenn Sie die Mutter oder der Vater des Menschen sind, der stirbt, ist es nicht der beste Weg, mit ihm oder auch mit sich selbst in Beziehung zu treten, wenn Sie sich mit dieser Rolle identifizieren. Wenn wir zum aufdringlichen Erzieher werden, legen wir Verhaltensweisen an den Tag, die kontrollierend und bevormundend sind. Wir können sicher sein, dass der Erzieher präsent ist, wenn wir in der Befehlsform sprechen, als hätten wir es mit kleinen Kindern zu tun – »Tu das nicht!«; »Nimm deine Pillen!« –, oder wir Sätze sagen wie: »Du weißt nicht, was am besten für dich ist.« Vielleicht wäre »Reiseleiter« ein noch akkuraterer Name für den Erzieher. Wenn Sie sich dabei beobachten, dass Sie alles bis ins kleinste Detail planen, Befehle erteilen oder jedem sagen, was passieren sollte – halten Sie inne. Wenden Sie sich dem sterbenden Menschen und seiner Familie zu und fragen Sie, was *sie* wollen und brauchen. Selbst wenn wir nur ein klein wenig Nicht-Wissen praktizieren, kann die Wahrheit dieses Moments auftauchen, ohne, dass wir irgendetwas steuern oder kontrollieren müssten.

Ein weiterer Ausdruck erzieherischen Verhaltens, das meist aus unserer Unsicherheit und einem Mangel an Vertrauen kommt, besteht darin, den sterbenden Menschen so zu behandeln, als wäre er inkompetent. Menschen, die durch die unterschiedlichen Stadien des Sterbens gehen, verlieren nach und nach sowieso die Kontrolle – wir sollten sie ihnen also nicht schon vorher nehmen. Eines der größten Geschenke, das wir machen können, ist, den sterbenden Menschen das bestimmen zu lassen, was er noch entscheiden will. Lassen Sie ihn tun, was er will, solange er es will, ob er nun alleine zur Toilette gehen möchte oder entscheidet, was er isst und wen er trifft. Übernehmen Sie das Leben dieses Menschen nicht, denn er ist im Begriff, es zu verlieren. Vertrauen Sie seiner Weisheit und üben Sie sich im Loslassen.

Wenn ich bewusste, verantwortungsvolle Begleitung in einem Satz ausdrücken sollte, würde ich sagen: »Lassen Sie den Sterbenden die Führung übernehmen.« Zu oft behandeln wir Sterbende, als ob sie bereits tot wären, lassen ihnen keine Stimme mehr, keine Chance, zu entscheiden, wie sie sterben wollen. Dem Sterbenden die Führung zu überlassen verlangt von uns, wirklich mit dem Nicht-Wissen zu sein und an den Dingen, so wie sie sind, Anteil zu nehmen. Dafür braucht es Mut und Vertrauen in die natürliche, angeborene Weisheit eines jeden Wesens in dem Moment, in dem sein Leben sich in die direkte Erfahrung des Todes auflöst.

Sita war eine junge Inderin, die an Brustkrebs starb. Meine Kollegin Katherine bot sich an, Sita und ihre Familie zu begleiten, und lernte dabei sehr viel über kulturelle Unterschiede. Wie Sitas Familie sich mit sozialen Fragen des Geschlechts sowie der religiösen Ansichten und Bräuche im Umgang mit dem Sterben befasste, war vollkommen neu für Katherine. Ihre Sensibilität und Bereitschaft, für das Nicht-Wissen offen zu sein, halfen Katherine herauszufinden, wie sie am besten mit Sita und ihrer emotional oft labilen Familie zusammen sein konnte.

Nach mehreren Wochen meinten Sitas Hospizbetreuer, dass sie körperliche Anzeichen des bevorstehenden Todes aufweise und sehr wahrscheinlich in den nächsten zwei bis fünf Tagen sterben werde. Sitas Familie begann mit ihren Sterberitualen: Die männlichen Verwandten schoren sich den Kopf und fasteten, die Frauen trugen Sita traditionelle Farben auf die Stirn und entlang ihrer Haarlinie auf, während sie in einem tiefen Koma lag. Sie sprachen mit einem Restaurant, wo am Morgen nach ihrem Tod traditionelle Speisen gereicht werden sollten, um das Fasten zu brechen.

An dem Tag, für den Sitas Tod erwartet wurde, besuchte Katherine die Familie, um ihre Unterstützung anzubieten. Doch anstatt einer Sterbeszene fand Katherine Sita auf dem Bett sitzend und ins Kartenspiel vertieft vor. Sita legte ihre Karten hin, als sie Katherine erblickte, und fragte sie eindringlich und bestürzt: »Hast du wirklich geglaubt, dass ich sterben würde?« Katherine verstand, dass die junge Frau tief verstört war, weil alle so schnell wegen ihres Todes aktiv geworden waren. Sie befürchtete, ihre Familie wolle, dass sie nun endlich stürbe – immerhin hatten sie fünf Jahre mit ihr in dieser Krisensituation verbracht.

Wenn wir uns im Geist des Nicht-Wissens üben, können wir intuitiv helfen, selbst wenn wir nicht so genau wissen, was zu tun ist. Katherine war nicht in die Bibliothek gegangen, um Bücher über hinduistische religiöse und kulturelle Praktiken zu lesen; sie öffnete einfach nur ihr Herz und verankerte ihre Absicht im Nicht-Wissen, was ihr den Weg zu rechtem Handeln wies. Da Katherine Nicht-Wissen praktizierte und dadurch akzeptieren konnte, dass Sita die Dinge in ihrer eigenen Art und Weise tat – wozu gehörte, nach ihrem eigenen Zeitplan zu sterben –, war sie in der Lage, Sita darin zu unterstützen, die Kontrolle über ihren eigenen Tod wiederzufinden. Selbst wenn wir die Anzeichen des aktiven Sterbens zu deuten verstehen – der Tod folgt seinem eigenen Zeitplan, und wir müssen dem Sterbenden die Führung überlassen.

Ein Begleiter, der in die Eltern-Rolle geschlüpft ist, greift oft ganz direkt in den Sterbeprozess ein: indem er zu viel redet, ungefragt Ratschläge gibt, den Sterbenden abzulenken oder zu unterhalten versucht, bohrende oder emotional aufgeladene Fragen stellt, die die Privatsphäre des Sterbenden verletzen, oder persönliche Probleme mitteilt, in dem unangebrachten Versuch, Vertrautheit herzustellen. Das alles verletzt emotionale Grenzen. Physische Grenzen verletzen wir, wenn wir uns weigern, den sterbenden Menschen alleine zu lassen oder in einem Moment auf körperlichem Kontakt zu bestehen, in dem es um Klarheit und nicht um Verstrickung geht. Doch nicht jeder körperliche Kontakt ist unangemessen; gehalten und berührt zu werden, kann für den Sterbenden sehr wohltuend und beruhigend sein. Aber versuchen Sie sich Ihrer Motive bewusst zu sein, wenn Sie körperliche Nähe anbieten, und stellen Sie sicher, dass sie auch gewollt ist. Sterbende befinden sich normalerweise in dem Prozess, ihre Beziehungen loszulassen, und initiieren keine neuen oder verkomplizieren bestehende.

Machen Sie sich bitte auch bewusst, dass Menschen, die im Sterben liegen, vielleicht nicht zu viel Gesellschaft wollen, sondern es vorziehen, sich auszuruhen oder mit ihren Gedanken alleine zu sein; ganz sicher wollen sie auch nicht unterhalten werden. Bleiben Sie nicht länger als vorgesehen, weil Sie Angst haben, »etwas könnte passieren«, oder weil Sie denken, dass Sie jede Minute gebraucht werden. Fragen Sie den Sterbenden, ob er alleine sein möchte.

Das beste Gegenmittel gegen die Einnahme der Elternrolle besteht darin, behutsam und doch klar zu betrachten, was Sie tun. Fragen Sie sich ehrlich, was Sie motiviert und welche Konsequenzen Ihr Verhalten für andere hat. Lassen Sie sich von Ihrer eigenen Güte und vorbehaltlosen Liebe anleiten, gegenwärtig und nicht erzieherisch zu sein.

Der Experte

Der Experte tritt oft in überbeanspruchtem medizinischem Personal oder in Begleitern auf, die mit den intensiven Gefühlen, die in der Begegnung mit dem Sterben auftauchen, nicht umgehen können. Jemand, der die Rolle des Experten angenommen hat, versucht, mit der Situation zurechtzukommen, indem er sich in einer klinischen, »professionellen« Art und Weise verhält: Er distanziert sich von der Ungewissheit der Situation und versteckt sich hinter einer Funktion. Er behandelt den Sterbenden wie ein Objekt, beachtet ihn nicht oder spricht in seiner Gegenwart, als wäre er nicht anwesend. (Selbst wenn jemand bewusstlos ist, haben Ihre Präsenz, Ihre Worte, ja sogar Ihre Gedanken einen Einfluss auf sein Sterben.)

Vermeiden Sie es, Augenkontakt herzustellen? Vermeiden Sie es, sich in einer unverfälschten Art mit dem anderen zu verbinden? Bauen Sie Spannungen ab, indem Sie über den Sterbenden und seine Familie so sprechen, dass deren Privatsphäre verletzt wird?

Wenn der Experte uns vor unseren Gefühlen ausweichen lässt, besteht die Lösung darin, ihnen direkt zu begegnen. Sprechen Sie mit jemandem, dem Sie vertrauen, dem gegenüber es sich sicher anfühlt, Ihre Angst, Wut oder Traurigkeit zur Sprache zu bringen. Es ist ganz natürlich, dass solche Emotionen in der Gegenwart von Krankheit, Schmerz und Verlust auftauchen, und es ist auch natürlich, dass alte, unausgedrückte Trauer dann wiederauflebt. Wenn wir für das Unbehagen, das diese Empfindungen bewirken, offen sein können, ist das eine einmalige Chance, Anteil zu nehmen. Wenden Sie sich von Ihrem Schmerz nicht ab, sondern arbeiten Sie mit ihm – erlauben Sie ihm, Ihr Mitgefühl zu vertiefen, und betrachten Sie ihn als eine Chance, Ihre Erwartungen und tief verwurzelten Ansichten zu untersuchen. Danken Sie dem Experten dafür, dass er Sie schützen wollte, und erlauben Sie Ihrer

Distanz, sich in Vertrautheit aufzulösen. Wenn Sie diese Erfahrung annehmen – *diese Erfahrung*, mit all ihrem Leiden –, kann sie ein Katalysator sein, der ihr gutes Herz erwachen lässt.

Der Priester

Es kommt vor, dass Betreuer sich durch ihre spirituelle Arbeit aufplustern – so merkwürdig das klingen mag, aber manche ziehen aus der Begegnung mit dem Leiden einen emotionalen Kick. Wie schon im Fall des Experten, dient diese Aufgeblasenheit dazu, uns von unserem eigenen Unbehagen zu distanzieren. Wir nehmen die Rolle des Priesters ein, wenn wir denken, dass wir allein alle Antworten parat haben, und zu wissen glauben, was für den Sterbenden richtig ist. Wenn Sie sich selbst dabei ertappen, wie Sie hochtrabende Ratschläge geben oder »predigen«, dann hat der Priester sich sehr wahrscheinlich in Ihnen gezeigt.

Eine der hinterlistigsten Neigungen des Priesters ist der Glaube, einen »guten Tod« für den Menschen, den wir begleiten, definieren zu können. Dadurch gehen wir in die Falle – wir wollen dann unterschwellig das, was geschieht, beeinflussen und versuchen, den Sterbenden und seine Familie so zu manipulieren, dass sie unserer Vorstellung von einem guten Tod entsprechen. Der Priester ist überzeugt, dass die Dinge in einer bestimmten Weise getan werden müssen, um einen guten Tod zu gewährleisten. Vielleicht insistiert er auf einer bestimmten spirituellen Praxis oder versucht, den sterbenden Menschen davon zu überzeugen, zu Hause zu sterben, obwohl dieser sich die Unterstützung einer Klinik wünscht (oder aber er bringt ihn ins Krankenhaus, obwohl der Sterbende zu Hause sein möchte). Vielleicht besteht er auf seiner Idee, die ganze Familie einzubeziehen, obwohl der Sterbende sich auch ohne sie aufgehoben fühlt und in Ruhe sterben möchte.

Das Gegenmittel gegen diese Rolle ist Nicht-Wissen. Immer dann, wenn Sie davon überzeugt sind, Sie wüssten, was richtig ist, sollten Sie eine Minute lang innehalten und nachdenken. Jeder Tod ist einzigartig und in rätselhafter Weise vollkommen, so wie er ist. Selbstverständlich wollen wir für jeden sterbenden Menschen das Beste, aber die Erwartung, jemand sollte in einer bestimmten Art und Weise sterben, hilft niemandem. Wenn Sie merken, dass Sie auf den Sterbenden Druck ausüben, sollten Sie sich bewusst entspannen und Ihre Erwartungen loslassen. Geben Sie Ihre Vorstellung von einem guten Tod auf – oder zumindest Ihre Ideen davon, wie dieser aussehen sollte.

Sterben ist eine Vollzeitbeschäftigung. Gehen Sie davon aus, dass Sterbende vollkommen mit ihrer Situation beschäftigt sind – sie wollen alles darüber lernen und mit den radikalen Veränderungen, die auf sie zukommen, umgehen. Erwarten Sie, dass sie von ihren Schmerzen und ihrer Erkrankung, von ihrer spirituellen Praxis und vom Abschiednehmen ganz in Anspruch genommen sind. Viele machen eine überwältigende Erfahrung, und zusätzlich braucht es auch noch ganz viel Energie, all den Menschen zu begegnen, mit denen sie plötzlich in Kontakt sind – Ärzte, Pfleger, Sozialarbeiter, Versicherungsangestellte, Rechtsanwälte, Hospizmitarbeiter, Freunde und Familie – und sich durch komplizierte Informationen hindurchzuarbeiten, um Antworten auf alle möglichen Fragen zu finden: Was sind das für Medikamente? Was werden diese Eingriffe mit mir machen? Wie lange werde ich noch hier sein?

Sterben kann wie ein intensives Klima sein, mit Unwettern, extremer Hitze und Kälte. In der Begegnung mit dem Sterben werden wir sehr wahrscheinlich verletzt werden und andere verletzen. Da wir uns auf unbekanntem Terrain befinden, werden vollkommen unerwartete, unvorhersehbare Situationen auftauchen, die uns in die Ecke drängen können und unser Engagement auf die Probe stellen. Unsere Rollen schützen uns nur allzu oft vor unserem eigenen Reifungsprozess und davor, denen, die leiden, das Beste von uns zu geben.

Wenn der Schatten der Begleitung und Betreuung sein hässlichstes Gesicht zeigt, wenn wir uns absolut verloren und verwirrt fühlen, dann stehen wir auf dem Grund, auf dem wir unsere Herzen öffnen und unsere Konzepte loslassen können. Können wir wirklich mitfühlend mit uns selbst sein, wenn wir nicht der perfekte Betreuer sind, und mitfühlend mit dem sterbenden Menschen, wenn er nicht so stirbt, wie wir es uns vorstellen? In der Glut dieses Feuers liegen unsere größten Chancen vergraben, Nicht-Wissen zu praktizieren und Anteil zu nehmen – was letztendlich nur heißt, darauf zu vertrauen, einfach nur da zu sein. Vielleicht fühlen wir uns danach offener für andere, umgänglicher und irgendwie weiser.

Meditation:

Vier tiefgründige Überlegungen

Lassen Sie Ihren Körper zur Ruhe kommen und lenken Sie Ihre Aufmerksamkeit sanft auf den Atem. Entspannen Sie sich und betrachten Sie den Fluss der Gedanken, Gefühle und Empfindungen, ohne sich darin zu verstricken. Wenn Sie merken, dass Sie an einem Gedanken festhalten, sollten Sie entspannt zu ihrem Atem zurückkehren.

1. Nachdem Sie im Körper zur Ruhe gekommen sind, machen Sie sich bitte bewusst, wie kostbar dieses menschliche Leben ist. In diesem Leben ist Ihnen so vieles begegnet, was hilfreich ist, einschließlich guter Lehrer, der Möglichkeit, ein spirituelles Leben zu führen, und der Lehren, die Sie inspirieren und leiten. Viele Menschen haben Ihnen geholfen, und Sie hatten die Freude, anderen zu helfen. Obwohl Sie gelitten haben, gab es in Ihrem Leben viele gute Momente. Würdigen Sie die Kostbarkeit Ihres Lebens – was Sie durch dieses Leben erkennen können und wie Sie anderen weiterhin helfen können.

2. Machen Sie sich jetzt die Wahrheit der Unbeständigkeit bewusst. Betrachten Sie Ihren Geist. Jeder Gedanke, jedes Gefühl, das Sie je hatten, hat sich auf die eine oder andere Weise verwandelt. Auch Ihr Körper verändert sich ständig. Eines Tages wird er sterben. Buddha, Christus, Mohammed – alle großen Lehrer der Vergangenheit mussten sterben. Alles, was in der Welt der Phänomene existiert, verändert sich und wird früher oder später aufhören zu sein. Die Unbeständigkeit ist real. Der Tod unausweichlich.
3. Machen Sie sich jetzt die Wahrheit von Ursache und Wirkung bewusst. Sie selbst sind das Resultat einer endlosen Kette von Ursachen und Wirkungen, die sich über ihre Eltern und Vorfahren zurück durch die Zeit erstreckt. Vor Ihren menschlichen Vorfahren waren Tiere und Pflanzen Ihre Ahnen. Und bevor Säugetiere und blaugrüne Algen Ihre Vorfahren waren, waren es die Elemente. Diese Kette von Ursache und Wirkung ist endlos. Ihre Beziehungen sind endlos, und Ihre vergangenen Handlungen sind wie ein Schatten, der Ihnen überallhin folgt. Auch Ihre Zukunft wird in diesem Moment festgeschrieben. Bedenken Sie, dass liebevolle Güte und Mitgefühl positive Wirkungen hervorbringen, während Aggression und Gier zu Leiden führen. Tun Sie, was Sie tun können, um das Leiden für sich selbst und andere zu verringern. Erkennen Sie, dass Sie Ihr Leben läutern können, indem Sie anderen Gutes tun und das Leiden, das Sie sich selbst und anderen zugefügt haben, wiedergutmachen. Sie können dieses Leiden in Weisheit verwandeln! Erkennen Sie die Wahrheit, dass alles Konsequenzen hat.
4. Betrachten Sie schließlich die Wahrheit des Leidens – Geburt, Alter, Krankheit und Tod; das zu bekommen, was man nicht will; das nicht zu bekommen, was man will; das zu verlieren, was man liebt. So oft schon haben Sie gedacht, dass dieses oder jenes Sie glücklich machen wird, Ihnen Frieden

schenken wird. Eventuell haben Sie sehr hart für diese Dinge gearbeitet – eine gute Beziehung, ein schönes Haus, eine befriedigende Arbeit. Früher oder später werden Sie jedoch all diese Dinge verlieren. Sie können eben auch Ursache des Leidens sein. Bedenken Sie die Wirklichkeit des Ungenügens und wie wunderbar es ist, frei von Leiden zu sein. Bedenken Sie, wie es wäre, ohne Angst zu leben. Machen Sie sich bewusst, dass die todlose Erleuchtung jetzt, in diesem Moment, verwirklicht werden kann. Können Sie Ihr Festhalten an dem, was Sie für real halten, loslassen und Ihr Leben für das öffnen, was geschieht – was auch immer es sein mag? Können Sie die Illusion von Vergangenheit, Gegenwart und Zukunft durchschauen? Können Sie jede Vorstellung von Dauerhaftigkeit, Identität und Getrenntheit loslassen? Können Sie sich in die Dinge, so wie sie sind, hineinentspannen? Können Sie in diesem Moment kopfüber in das Leben eintauchen, alles akzeptieren und von allem lernen? Haben Sie Vertrauen in die Wirklichkeit des gegenwärtigen Moments. Seien Sie für ihn da.

Entspannen Sie sich in dieser fokussierten Bewusstheit, Betrachtung und Präsenz und erinnern Sie sich, wer Sie wirklich sind und wieso Sie hier sind.

Dritter Teil

Den Riss im Gewebe flicken

Für denjenigen, der stirbt, ist die dritte und letzte Phase im Ritus des Übergangs die Begegnung mit dem Tod. Wir, die wir zurückbleiben, kehren fürs Erste in die gewöhnliche Welt zurück und setzen unsere Arbeit des Nicht-Wissens, der Anteilnahme und des liebevollen Handelns fort.

Der dritte Grundsatz, liebevolles Handeln, fordert uns auf, die einzelnen Teile unseres Lebens zu einem vollständigen Gewebe zusammenzufügen – alles anzunehmen, was geschehen ist, und nichts davon auszuschließen. Doch was bedeutet das? Buddhistische Nonnen und Mönche nähen ihre Roben aus weggeworfenen Stofffetzen. Genauso setzen Sterbende und alle, die sie begleiten und um sie trauern, die ausgefransten Fragmente der Erfahrung ihrer Reise zu einem vollständigen Gewebe zusammen.

Auf dem Pfad der Begleitung heilen wir, indem wir für uns und andere das tun, was getan werden muss. Für den sterbenden Menschen geschieht Heilung im Loslassen in das Unbekannte hinein, im Sein mit der mächtigen Unausweichlichkeit der elementaren Auflösung, in der Begegnung mit dem außerordentlichen Geschmack der Freiheit von allen Sorgen und Lasten, einschließlich der von Körper und Geist.

Als Trauernde heilen wir, indem wir durch unseren Verlust reifen und lernen, das, was fehlt, und die Veränderung anzunehmen. Das gebrochene Herz, das wir Kummer nennen – in dem sich unsere Verwandtschaft mit dem nun unsichtbaren anderen ausdrückt –, ist in Wirklichkeit eine Lotus-Blüte, die sich vom kalten und trüben Wasser der Trauer nährt. Trauer kann sich in Demut, Vertrauen und Zärtlichkeit verwandeln, wenn wir ihr mit Geduld und Respekt begegnen und eine gesunde Beziehung zu unserer Traurigkeit finden, ohne überwältigt zu sein.

Das ist die dritte Phase im Leben wie im Sterben: eins zu sein mit der vollständigen Wirklichkeit der Anteilnahme, der Annahme und der Trauer – die alle ein Ausdruck der Einheit mit der großen, subtilen Wahrheit dessen sind, was ist.

13. Durchgang zur Wahrheit

Aus der Furcht zur Befreiung

Was ich von jedem einzelnen sterbenden Menschen, den ich begleitet habe, lernen durfte, ist dies: Jeder Weg in den Tod ist einzigartig. So, wie jeder in seiner eigenen Weise lebt, so stirbt auch jeder auf seine Weise. Und doch haben unsere Probleme, wenn wir auf den Tod zugehen, eine gemeinsame Wurzel: die Furcht – Furcht vor der Veränderung, Furcht, unser abgetrenntes Selbst und alles, was uns zu gehören scheint, zu verlieren, Furcht vor dem unbekannten Terrain, das wir betreten. Im Folgenden beschreibe ich sechs häufige Reaktionen auf Tod und Sterben. Wenn wir sie betrachten, stellen wir fest, dass es keine »falsche« Art zu sterben gibt und wir Freiheit selbst in der schwierigsten Situation verwirklichen können.

Furcht vor dem Tod

Es ist ganz selbstverständlich, dass viele von uns mit Furcht reagieren, wenn wir zuerst mit der Wirklichkeit des Todes oder einer alarmierenden Diagnose konfrontiert werden. Wir fürchten Schmerzen und ihre Behandlung; wir fürchten den Verlust von allem, was uns lieb und teuer ist, einschließlich unserer Leistungsfähigkeit, unseres Besitzes, unserer Beziehungen, unserer Würde und unseres Lebens; und wir fürchten das Unbekannte – die Vernichtung unseres Selbst. Furcht steht oft im Hintergrund heroischer medizinischer Interventionen, um das Leben zu verlängern, ohne allerdings dabei die sich daraus ergebende Lebensqualität zu berücksichtigen.

Den Tod als natürlichen Teil des Lebens zu akzeptieren klingt einfach, wenn da nicht unsere Furcht vor dem Sterben wäre – und die Furcht vor dem Leben. Obwohl die Furcht ein schwieriges Hindernis sein kann, wenn der Tod näherkommt, kann sie uns auch zu einem Verbündeten werden, falls sie sterbende Menschen und ihre Angehörigen dazu bewegt, spirituelle Hilfe zu suchen, sobald die Medizin nur noch wenig anzubieten hat. Angst kann uns helfen, das zu betrachten, was wirklich wichtig ist, und unsere Prioritäten zu überdenken. Vielleicht entdecken wir dann inmitten unserer Furcht kostbare Wurzeln der Weisheit. Aus diesem Grund halte ich mich mit Urteilen über die Einstellung eines Menschen zum Sterben zurück – egal ob es sich dabei um Furcht, Verdrängung, Trauer, Rebellion, Akzeptanz oder um Befreiung handelt.

Viele von uns haben bereits tiefe Angst erlebt. Praxis hilft uns, mit unserer Furcht zu arbeiten, indem wir unseren eigenen Ängsten und denen anderer Raum geben. Indem wir Anteil nehmen, helfen wir Sterbenden, ihren Familien und Freunden, ihre Angst zu akzeptieren, in ihrer Umklammerung Herz und Geist zu öffnen, die Erfahrung anzunehmen und Nicht-Angst zu realisieren. Wenn wir den Mut aufbringen, unserem alten Bekannten Angst zu begegnen, kann das ein Tor öffnen, um unser Sterben vollständig zu leben. Auf diese Weise kann selbst eine furchtsame Reaktion auf das Sterben befreiend sein.

Den Tod verdrängen

Obwohl wir Verdrängung als eine wenig hilfreiche Reaktion auf gewisse Schwierigkeiten verstehen, kann sie durchaus eine positive Annäherung an eine katastrophale Situation darstellen. In der Verdrängung mag sich eine eigene Art von Weisheit ausdrücken.

Als Mary, die an Lymphknotenkrebs litt, zu mir kam, berührte mich ihr Aussehen sehr. Wegen der Chemotherapie hatte sie keine Haare mehr, keine Augenbrauen, keine Wimpern. An ihrem Nacken waren große Tumoren ausgebrochen, die sie wie ein schillerndes Reptil aussehen ließen.

Obwohl mir ihre Freunde gesagt hatten, dass sie ihre Situation verleugnete, bemerkte ich in ihrer Verdrängung etwas merkwürdig Strahlendes. In unserem ersten Gespräch lehnte sie sich zu mir und sagte: »Ich werde nicht sterben.« In diesem Moment spürte ich, dass sie die Wahrheit sprach. Wenn wir die Illusion, permanente und abgetrennte Wesen zu sein, durchschauen, können wir zu dem Schluss kommen, dass letztendlich niemand stirbt.

Später traf sich Marys Netzwerk von Freundinnen, insgesamt ungefähr 25 Frauen. Wir setzten uns zu einem Gesprächskreis zusammen, und ich stellte eine einfache Frage: »Was fühlt ihr?« Alle drückten ihre Enttäuschung und ihr Leiden aus. Ich konnte diesen Kreis gutherziger Frauen nicht kritisieren. Etwas lief einfach nicht gut für sie. Zum einen störte es sie, dass Mary ihre Situation verdrängte. Zum anderen waren sie nicht sonderlich gut organisiert, fühlten sich demoralisiert, und die Betreuung ihrer Freundin war unregelmäßig. Sie schienen in einer anderen Welt zu sein als Mary, aber zugleich liebten sie sie und wollten jetzt, da sie im Sterben lag, das Beste für sie tun.

Wir sprachen über das Problem der Verdrängung und darüber, dass Marys Weigerung, ihren bevorstehenden Tod anzunehmen, auch als Ausdruck ihrer Einsicht in die Todlosigkeit gesehen werden konnte. Ich hoffte, diese Perspektive würde ihnen helfen, Marys Verdrängung zu akzeptieren.

Wir hörten einander aufmerksam zu. Marys Freundinnen konnten ihre gemeinsamen Ängste und ihre Enttäuschungen nicht ignorieren, nachdem sie ausgesprochen waren. Indem sie einander zuhörten, änderte sich ihre Perspektive: Sie hatten jetzt Mitgefühl mit sich selbst und ein tieferes Verständnis dafür, wie ihre Freundin das Sterben betrachtete. Danach kümmerten wir uns um praktische Dinge und stellten einen Zeitplan auf.

In den darauffolgenden Wochen schien alles viel reibungsloser abzulaufen. Die Frauen erschienen pünktlich und bemühten sich, Mary so zu akzeptieren, wie sie war. Ich war auch Teil dieser Gruppe, und es war eine tiefe Befriedigung, mehrmals in der Woche bei Mary zu sitzen. Wir hörten gemeinsam Musik, saßen still beieinander und sprachen manchmal über einfache spirituelle Dinge. Mary verdrängte bis zum Moment ihres Todes. Sie starb friedlich. Ihre letzten Worte waren: »Ich werde nicht sterben.«

Es ist einfach, Verdrängung als einen neurotischen Zustand aufzufassen. Wenn wir jedoch Sterbende begleiten, können wir nicht wissen, ob das Leugnen nicht vielleicht auch eine positive, heilsame Funktion hat. »Die Schwierigkeit ist«, sagt der Philosoph Ludwig Wittgenstein, »die Grundlosigkeit unseres Glaubens einzusehen.«[17] In diesem Satz drückt sich wirkliches Nicht-Wissen aus. Tief in unserem Inneren wissen wir alle, dass wir sterben werden. Wenn wir unsere Hoffnung oder unsere Weisheit durch Verdrängung ausdrücken, wie Mary dies tat, ist das ganz allein unsere Angelegenheit. In manchen Situationen mag dies hilfreich sein und uns Frieden schenken. Die Verdrängung war in Marys Fall vielleicht Ausdruck ihres Wissens, dass ein Teil von ihr nie sterben würde. Nicht, dass ich das damals wirklich verstanden hätte, und auch heute, Jahre später, habe ich darüber keine Gewissheit, außer der, dass ihr Tod erstaunlich friedlich war.

Den Tod beklagen

Eine alarmierende Diagnose kann eine tiefe Wunde der Traurigkeit aufreißen, einen Schmerz über den bevorstehenden Verlust eines noch nicht voll gelebten Lebens. Ich sprach bereits über

17 Ludwig Wittgenstein: *Über Gewissheit*, § 166, Frankfurt am Main, 1992, S. 51.

Ann, bei der ein Glioblastom, ein aggressiver Gehirntumor, festgestellt wurde. Sie war in ihren frühen Vierzigern und eine kreative Ärztin und Forscherin. Als sie ihre Diagnose erhielt, war sie mitten in einem Forschungsprojekt über genau den Tumor, der sie nun peinigte – eine merkwürdige Ironie. Meist war sie mutig, manchmal objektiv und hin und wieder tieftraurig.

Welche Geschenke konnte ihr diese tiefe Traurigkeit machen, fragte ich mich manchmal? Es war ein Schmerz, der für viele, die ihr beistanden, unerträglich war. Wer konnte jemanden trösten, dessen Herz so tief gebrochen war? Natürlich konnte das niemand, obwohl alle es versuchten.

Manchmal rief Ann mich an. Über das Telefon nahm ich dann Anteil an ihrer Trauer. Diese Trauer war wie dunkles Wasser, das aus einem tiefen Spalt in ihr aufstieg. Ihr Weinen war wie das einer Mutter, deren Kind gerade gestorben war, wie das einer Frau, deren Mann gerade im Krieg getötet worden war. Dieser Welle unerträglicher Traurigkeit folgte immer eine Welle der Erleichterung, die den Strand von allen Ablagerungen befreite. Weder versuchte ich sie zu stoppen noch zu trösten. Ich war einfach nur für sie da, was ihr half, die Unvermeidlichkeit ihres Todes und den Verlust von allem, was ihr lieb war, einschließlich ihres Mannes, ihrer Freunde, ihrer Arbeit und, zu guter Letzt, ihres Lebens, immer tiefer anzunehmen.

Obwohl es mir manchmal schwerfiel, an Anns Schmerz Anteil zu nehmen, begriff ich dennoch seinen Wert: Er half ihr, ihr Herz zu leeren, sodass es offen war, als die aktive Sterbephase begann. Wenn ihr die Möglichkeit, ihre Traurigkeit auszudrücken, genommen worden wäre – durch unnötigen Trost oder Ablenkung –, hätte ihr das einen Teil ihres Lebens genommen, den sie in ihren optimistischeren Jahren nicht artikuliert hatte. Anns ganz natürliche Traurigkeit half ihr, sich einem tiefen Mitgefühl zu öffnen – das schließlich zu ihrem Begleiter in den Tod wurde.

Dem Tod Widerstand leisten

Wenn der Tod als Feind gesehen wird, kann der Drang, ihn zu bekämpfen, stark und entschlossen sein. Einer meiner Freunde, der sich seinem Tod widersetzte, kämpfte bis zu seiner letzten Minute. Er tat alles Menschenmögliche, um sein Leben zu verlängern. Er nahm exotische Medikamente, unterzog sich ungewöhnlichen alternativen Heilverfahren, nahm Zuflucht zu tibetischen Praktiken, Visualisierungen, Gebeten, zum Schreiben und arbeitete fast bis zu seinem Todestag. Auf viele von uns wirkte sein Kampf inspirierend und erschreckend zugleich.

Buddhistischen Lehren zufolge ist die Chance, als Mensch zur Welt zu kommen, etwa so selten wie die Wahrscheinlichkeit, dass eine blinde Seeschildkröte, die nur alle hundert Jahre an die Meeresoberfläche kommt, ihren Kopf durch ein an der Wasseroberfläche treibendes goldenes Joch steckt. In diesem so kostbaren menschlichen Leben können wir anderen dabei helfen, ihr Leiden zu verwandeln, und wir können unsere eigene Erleuchtung erkennen. Obwohl Buddhisten die Unausweichlichkeit des Todes akzeptieren, werden die meisten Buddhisten, wie andere Menschen auch, alles tun, um ihr Leben zu verlängern.

Darin war mein Freund keine Ausnahme. Er widersetzte sich dem Tod, bis der Tod ihn holte – doch ich kann sagen, dass er in den Jahren, die er über seine Prognose hinaus lebte, vielen, sehr vielen von uns eine Hilfe war.

Den Tod akzeptieren

Mein erster Lehrer war ein Huichol-Heiler aus Mexiko, Don José Ríos, den wir Matsúwa nannten. Eines Morgens, als Matsúwa bereits sehr alt war, verließ er seine Hütte auf dem Gipfel eines Berges, um allein in der Wildnis zu sterben. Er akzeptierte seinen Tod, so wie er auch alles andere in seinem Leben akzeptiert hatte.

Doch Matsúwas Familie war noch nicht bereit, ihn gehen zu lassen. Nach ein paar Tagen verstanden sie, wieso er die Hütte verlassen hatte, und begannen, nach ihm zu suchen. Er lag unter einem Baum, weit vom Dorf entfernt – friedlich, schwach, ausgezehrt und bereit, alles loszulassen. Doch die Familie trug ihn ins Dorf zurück und überredete ihn, ins Leben zurückzukehren. Ich glaube, Matsúwa war sehr enttäuscht darüber, dass sein Plan vereitelt worden war. Er hatte seinen Tod akzeptiert, doch die Familie akzeptierte ihn nicht.

Diese Geschichte ist nicht so unüblich. Ich bin sehr vielen Menschen begegnet, die wiederbelebt wurden und danach ärgerlich oder enttäuscht darüber waren, dass man ihnen nicht erlaubt hatte, dem Tod nach ihren eigenen Vorstellungen zu begegnen. Den Tod zu akzeptieren erfordert tiefe Geistesgegenwart und die radikale Fähigkeit, das anzunehmen, was jeder Moment mit sich bringt, einschließlich der Möglichkeit, vom Tod noch einmal verschont zu werden.

Befreiender Tod

Die vielleicht wunderbarste, aber auch seltenste Reaktion auf den Tod ist die der Verwirklichung der Befreiung. Unterschiedliche spirituelle Traditionen betrachten den Tod als wertvolle und einmalige Gelegenheit, Erleuchtung zu erlangen. Doch auch wenn die Erleuchtung im Moment des Todes nicht verwirklicht wird, bringen uns bereits die Praktiken, die uns auf diese Möglichkeit vorbereiten, dem Kern des Lebens näher.

Indem wir die Wirklichkeit der Unbeständigkeit annehmen, transformieren wir unsere Beziehung zu Tod und Sterben. Wenn wir wirklich erkennen können, dass wir alles verlieren, was uns am Herzen liegt, werden wir nicht mehr so viel Angst vor dem Tod haben. Wir begreifen ihn dann als Teil eines natürlichen Kreislaufs. Die Einsicht in die Unbeständigkeit führt bereits zu einer tiefen Befriedung unserer Leidenschaften und Aggressionen und kann uns dazu inspirieren, anderen helfen zu wollen. In den Zeremonien des Zen heißt es dazu: »Jetzt habt ihr die Welt der Unbeständigkeit verwirklicht – dies ist selten und unergründlich.«

Nicht nur große Lehrer sterben erleuchtete Tode. Gisela war bereits zum zweiten Mal an schwarzem Hautkrebs erkrankt, und die Ärzte teilten ihr schließlich mit, dass sie nichts mehr für sie tun konnten. Sie war fünfundsiebzig, hatte viele Jahre lang intensiv Meditation geübt und war ein wirklich altruistischer Mensch. Auch wenn ihre Erkrankung sie manchmal traurig machte, war sie doch sehr realistisch und annehmend. Als ihr gesagt wurde, dass der Krebs ihr Knochenmark überwuchert habe, sagte sie still und irgendwie erleichtert: »So ein Mist!« Später, als sie mit mir sprach, meinte sie: »Es ist weniger schwer, als ich es mir vorgestellt hatte.«

In den kurzen sechs Tagen zwischen abschließender Diagnose und ihrem Tod war jede Begegnung mit ihr mit Frieden und Freude angefüllt. Ab und zu tauchte sie aus den Tiefen ihres Sterbens auf und drückte Freude gegenüber jenen aus, die an ihrer Seite waren. Alle, die wir in ihren letzten Tagen an ihrem Bett wachten, konnten wir deutlich sehen, wie sie mit Mut und Leichtigkeit auf ihren Tod zuging. Ihr Körper löste sich leicht los, und der Moment ihres Todes war strahlend – ein Regenbogen stand über ihrem Haus, als sie starb. Nach ihrem Tod saßen wir noch mehr als drei Tage bei ihr. Ihr Körper behielt eine ungewöhnliche Frische und Schönheit; ein Lächeln lag auf ihren Lippen. Wir spürten alle, dass etwas Außerordentliches geschehen war. Ihre Befreiung war spürbar.

Ein Mensch, der frei von Furcht ist, versteht auf der tiefsten Ebene der Einsicht, dass es kein Leiden, keine Geburt, keinen Tod gibt. Jeder Moment ist neu und vollkommen – genau jetzt wird er geboren, genau jetzt stirbt er. Alle Phänomene sind in Bewegung. Auf den Wellen der Unbeständigkeit reitend, setzen sich die Elemente zu Formen zusammen und lösen sich in die Formlosigkeit auf. In gewisser Hinsicht werden wir nie geboren und werden niemals sterben.

Der tibetische Yogi Milarepa fürchtete den Tod, weil er einst ein unmoralisches Leben geführt und Menschen umgebracht hatte. Er wusste, dass im Sterben alles auftauchen kann, was wir fürchten, und er hatte Angst davor, dass das Leid, das er anderen zugefügt hatte, sein Leben bedrängen und seine Wiedergeburt beeinflussen würde. Er sehnte sich danach, seine wahre Natur zu verwirklichen, bevor es zu spät war. Nach langen Jahren hingebungsvoller Praxis sagte er, dass seine Angst vor dem Tod ihn in die schneebedeckten Berge geführt habe, wo er über die Ungewissheit des Moments seines Todes meditiert hatte. In dieser Weise erreichte er die ewige Zuflucht der wahren Natur des Geistes, und seine Angst schwand.

Auf diese Weise triumphierte Milarepa über seine Panik. Wenn wir unsere wahre Natur erkennen – jenen absoluten Raum frei von Geburt und Tod –, können wir ohne Angst vor Verlust in diesem relativen Körper verweilen. Wir können dann über Furcht, Verdrängung, Trauer, Widerstand und selbst Akzeptanz hinausgehen und wahre Befreiung erlangen. Das ist unsere Praxis für einen verwirklichten Tod.

Meditation:

Gehmeditation

Einmal ging ich mit meinem Vater einen Flur des Krankenhauses entlang, in das er zum Sterben gekommen war. Sein Lungenfacharzt hatte erkannt, dass mein Vater und ich uns miteinander wohlfühlten und ich ihn sicherlich gerne darin unterstützen würde, seine alten Knochen zu bewegen und Luft zu schöpfen. Ich legte meinen rechten Arm um ihn und fing an, abgestimmt auf seinen Atem, langsam mit ihm zu gehen. Schritt für Schritt bewegten wir uns achtsam den Korridor entlang. Wir atmeten und bewegten uns gemeinsam im Rhythmus seines Atems. Das war etwas, was ich zu Hause nahezu jeden Tag in der Meditationshalle tat, aber ohne dabei meine Arme um meinen zerbrechlich-schönen Vater zu legen.

In der Gehmeditation bringen wir Körper, Atem und Geist zusammen. Wir können die Hände vor dem Bauch zusammenlegen und uns in unserem Körper verankern, so wie wir das auch in der Sitzmeditation tun. Die Schultern sind weich, das Gesicht entspannt, die Wirbelsäule gestreckt und voller Energie, und der Atem fließt tief im Körper. Dann machen wir den ersten Schritt. Dazu führen wir den linken Fuß mit dem Einatmen langsam nach vorn. Wenn der Fuß wieder den Boden berührt, atmen wir aus. Wir lassen unsere Aufmerksamkeit mit dem Atem in den Fuß sinken und spüren unsere Präsenz und Stabilität, während wir das Ausatmen beenden. In der Pause vor dem nächsten Atemzug können wir innehalten und auf das Gefühl des Loslassens achten.

Mit dem nächsten Einatmen machen wir mit dem rechten Fuß einen Schritt nach vorn. Wenn wir unseren Geist wirklich konzentrieren wollen, achten wir auf die Empfindung, wenn zuerst unsere Ferse, dann die Fußballen und schließlich die Zehen den Boden berühren. Wir können jeder einzelnen Zehe nachspüren, wenn sie den Boden berührt, und schließlich bis zum Ende unseres Ausatmens eine Pause einlegen und einfach nur die Kraft unserer Präsenz fühlen.

In dieser Praxis wird jeder Atemzug mit einem Schritt verknüpft. Wir können aber auch langsamer gehen, wie es in Burma gelehrt wird, und den Fuß sachte und achtsam über den Verlauf eines Ein- und Ausatmens anheben. Mit dem nächsten Ein- und Ausatmen wird der Fuß, beginnend mit den Zehen und Ballen, wieder aufgesetzt. Oder wir gehen schneller und machen mit jedem Einatmen einen Schritt und mit jedem Ausatmen einen Schritt. Egal, welche Geschwindigkeit Sie dabei wählen, Ihr

Gehen sollte normal sein – das heißt, weder heben wir den Fuß hoch in die Luft, noch legen wir eine Pause ein, wenn der Fuß erhoben ist. Bei sehr langsamer Gehmeditation heben wir einfach nur die Ferse an und gleiten mit den Ballen über den Boden, bis wir unseren Atemzyklus beendet haben.

Wenn Sie Gehmeditation im Freien oder auf einem Klinikgang praktizieren wollen, sollten Sie normal atmen, sich entspannen und versuchen, zwei Schritte mit dem Einatmen und drei mit dem Ausatmen zu machen. Finden Sie das Verhältnis von Schritten zum Atem, das für Sie richtig ist.

Der vietnamesische Lehrer Thich Nhat Hanh gibt seinen Schülern kurze Verse, die ihre Gehmeditation begleiten. Wenn wir im Freien praktizieren, können wir uns zum Beispiel vorsprechen: »Gehen« (ein Schritt) »auf der grünen« (nächster Schritt) »Erde« (nächster Schritt). Oder wenn ich einen Korridor entlanglaufe, zähle ich vielleicht einfach nur meine Schritte oder spreche mir vor: »Ein Atemzug, ein Schritt.« Als ich meinen Vater begleitete, sagte ich mir innerlich: »Ich bin dankbar (ein Schritt) für meinen Vater« (nächster Schritt).

Ein junger Schüler von mir, der aus Nepal stammt, hatte noch nie Gehmeditation praktiziert, obwohl er seit seinem sechsten Lebensjahr im Kloster gelebt hatte. Er war erstaunt, wie kraftspendend und erfrischend diese Praxis ist. Manchmal ermuntere ich Ärztinnen und Krankenpfleger, mit Hilfe dieser Praxis die Hektik zu verwandeln, in der sie sich nur allzu oft im Krankenhaus bewegen. Außerdem ist diese Praxis ein wunderbares Geschenk, das wir alten und kranken Menschen, die sich bewegen sollten, machen können. In dieser Weise mit den Alten und Schwachen gemeinsam zu gehen, bringt uns auf eine neue, sehr persönliche Art und Weise zusammen, durch die sich tiefes Vertrauen entwickeln kann.

14. Die Straße betreten

Wie wir uns erinnern und ausdrücken, bewerten und Sinn finden

Als die aktive Sterbephase für meinen Freund Steven begann, vertraute er mir in einem Brief seine Befürchtungen und Frustrationen bezüglich der Infusionen an, die ihn mit Sauerstoff versorgten. Dies war meine Antwort:

> Lieber Steven,
> Dein Leben ist jetzt sehr eingeschränkt, und es ist ein harter Weg, den Du gehst. Du hast so vielen geholfen, bist für so viele da gewesen, und jetzt stehst Du Deinem Tod gegenüber, der Dir die Luft regelrecht aus den Lungen quetscht. Du hast mich gelehrt, die Wahrheit eines jeden Moments, wie schwierig sie auch sein mag, anzunehmen – solche Momente kommen jetzt auf dich zu, und du kannst sie nicht ablehnen.
> Als Buddhisten denken wir über den Tod nach, meditieren über ihn und üben uns darin, ihn anzunehmen. Und wenn der Tod kommt, müssen wir eine Feuerprobe bestehen.
> Ich wünsche Dir von Herzen, dass Du keine Erwartungen hast. Wodurch auch immer Du gerade hindurchgehen magst, ich wünsche Dir, dass Du erkennst – wie es uns gelehrt wird –, dass der Moment des Loslassens das große Tor der Befreiung ist. Ich hoffe, dass das die Wahrheit ist. Ich glaube daran – und dennoch: Erst die Erfahrung wird es uns zeigen.
>
> Alles Liebe, Joan

Liebe Joan,
ich heiße den Tod willkommen. Es ist das Sterben, das beschissen ist. Wie können wir es leichter machen?
Danke für das Festessen, dass Du an mein Bett gebracht hast.

Steven

Lieber Steven,
das Höchste Mahl besteht aus allen Zutaten des Lebens, selbst den sauren und bitteren.
Du fragst mich, wie wir das Sterben erleichtern können? Ich muss Dir die Wahrheit sagen: Ich weiß es nicht. Aber hier ein paar einfache Ratschläge:
Finde Frieden in den kleinen Dingen.
Schätze Dein Leben, all das Gute, das Du getan hast. Das ist wirklich wichtig.
Mache Dir bewusst, dass andere leiden – vielleicht in einer ähnlichen Weise wie Du. Mitgefühl ist eine Schatztruhe.
Schließe Frieden mit allen, die bei Dir sind.
Die Wahrheit ist jedoch: Wir tun einfach unser Bestes. Früher oder später müssen wir durch all unsere Schwierigkeiten hindurchgehen.
Vielleicht wirkt der Horizont des Sterbens klein, während wir es durchleben, aber er zieht sich um die gesamte Milchstraße und weist uns den Weg in die Grenzenlosigkeit, die wir in Wirklichkeit sind.
Lieber Steven, es ist nicht einfach für mich, zu akzeptieren, dass Dein Sterben so schwer ist. Ich wünschte, es wäre anders. Aber so ist es: roh und unvorhersehbar.
Du bist in meinen Gebeten, meinem Herzen.

Joan

Liebe Joan,
ich werde mit weiteren Fragen zu Dir kommen, bevor ich mich auf die Milchstraße begebe, falls mein Karma mir dies erlaubt. Ich spüre Dein Mitgefühl tief in meinem Herzen, und ich kann Deine Weisheit nicht ignorieren.
Ich bin mir nicht sicher, was Du meinst, wenn Du schreibst: »dass Dein Sterben so schwer ist.« Soll ich wie ein Wurm sterben oder wie ein Berglöwe? Beides ist gut. Sagst Du zu mir: »Geh sanft in jene Gute Nacht«?[18]
Wieso wird diese Asche ausgeschüttet? Was ist mit meiner Frau, meiner Familie, meinen Kindern und Enkeln? Als Lehrerin hast Du viel über Karma gesprochen.
Auch Du bist in meinen Gebeten und meinem Herzen.

Steven

Danach hatte er keine Energie mehr, weiterzuschreiben. Langsam verschlossen sich seine Lungen, und das war es dann. Der Arzt in seinem Hospiz und seine Frau atmeten mit ihm, als er seinem Tod begegnete. Er starb wie ein Berglöwe, wurde mir gesagt.

Steven fragte nach dem Sinn seines Lebens und Sterbens, und als er seinem Tod näher kam, suchte er nach einem Sinn in seinen Beziehungen und in den Gedichten und Liedern, die er liebte. Obwohl ich nicht mit Sicherheit sagen kann, ob er eine Antwort fand, die ihn zufrieden stellte, weiß ich, dass seine Frage nach dem Sinn nicht ungewöhnlich ist. Sterbende Menschen haben oft den Wunsch, sich zu erinnern, zu überdenken, zu bewerten und dem eigenen Leben einen Sinn zu verleihen. Wenn der sterbende Mensch dazu noch in der Lage ist, kann dieses Bemühen äußerst heilsam sowohl für den Sterbenden als auch für die Hinterbliebenen sein.

18 Hinweis auf ein Gedicht von Dylan Thomas. Siehe dazu Fußnote 1.

Ein Enkelkind sitzt am Bett eines alten Mannes und hört zu, wie er seine Lebensgeschichte erzählt. Ein Aufnahmegerät hält seine Worte fest, bewahrt seine Geschichte und verleiht seinem Bericht Bedeutsamkeit und Würde. – Eine Familie hilft einer Mutter, die an Brustkrebs stirbt, ein Album mit den Stationen ihres Lebens anzulegen. Auf ihrem Bett begegnen sich in diesem Prozess Fotos, Freunde und Kinder. – Ein sterbender Mann stellt mit seinen Freunden und seiner Familie einen Altar auf, der mit den Schätzen eines gelebten Lebens geschmückt ist. – Ein guter Ehemann, der an Alzheimer leidet, teilt sein Herz und seine Erinnerung mit seiner Frau, während sein Geist langsam, aber stetig in der Dämmerung versinkt. Als die letzten Funken seines Bewusstseins in der Dunkelheit verglühen, kann sie die Leere vertreiben, indem sie ihm versichert, dass seine Worte und seine Weisheit, von ihr aufgeschrieben, weiterleben werden. – Eine sterbende Patientin bittet darum, dass eine Videokamera in ihrem Zimmer aufgestellt wird; sie spricht in sie hinein und erzählt uns, wie es ist, zu sterben, wie es war, zu leben. Jahre nach ihrem Tod gründet ihre Schwester eine Telefonberatung für Menschen mit einer schweren Erkrankung, denn sie weiß, wie wichtig es für Sterbende ist, dass sie gehört werden, und wie wichtig es für uns alle ist, ihnen zuzuhören.

Frank Ostaseski, der Begründer des Zen-Hospizes in San Francisco, erzählt manchmal die wunderbare Geschichte von einem hippen jungen Mann mit grünen Haaren und einem Ohrring, der als Freiwilliger in einem Hospiz in der Bay Area, in der Nähe von San Francisco, arbeitete. Dieser junge Mann wurde im Hospiz anfangs nicht gerade herzlich aufgenommen – tatsächlich war er gerade im Begriff, das Hospiz wieder zu verlassen, als er beim Hinausgehen auf einen jungen Arzt traf. Der Arzt fragte ihn, wo er hingehe, und der junge Mann erwiderte, dass er gekommen sei, um freiwillige Hospizarbeit zu machen, sich jetzt aber nicht mehr so sicher sei, ob das überhaupt eine gute Idee sei. »Was machst du wirklich gerne?«, fragte ihn der Arzt, und der Junge erzählte ihm, dass er gerne Videos aufnahm. Der schlaue Doktor schlug ihm vor, das doch im Hospiz zu versuchen.

Bevor irgendjemand verstand, was geschah, machte der Junge Videoaufnahmen von Patienten, die er fragte, wo sie gerne hingehen würden, wenn sie das Hospiz noch verlassen könnten. Einer wollte an den Strand; eine andere Patientin in ihre alte Bar um die Ecke; ein dritter wünschte sich, sein früheres Haus noch einmal besuchen zu können. Also ging der junge Mann an den Strand und filmte die ein- und auslaufenden Wellen. Er filmte die Lieblingsbar der sterbenden Frau und bestellte, was sie dort immer trank: einen Mai Tai. Er schaffte es sogar, sich Zugang zum früheren Haus des dritten Patienten zu verschaffen, obwohl es bereits andere Besitzer hatte. Als er wieder ins Hospiz kam, organisierte er ein Filmfestival für Patienten und Betreuer. Laut Frank Ostaseski amüsierten sich alle, auch wenn die Filme etwas schräg waren.

Als mein Vater in seiner aktiven Sterbephase war, gab er meiner Schwester, ihren Kindern und mir einen sehr gedrängten Bericht über sein Leben. Die Zeit war gekommen, über seine Kriegserfahrungen, die er nie zuvor mit uns geteilt hatte, zu sprechen. Am Ende seines Lebens wollte er sich von den Erinnerungen befreien, die ihn sechzig Jahre lang verfolgt hatten. Er begeisterte uns aber auch mit seinen Erzählungen über seine wirtschaftlichen Erfolge und verzauberte uns mit seinen Geschichten über die Liebe zu unserer Mutter. Wir mussten uns wirklich konzentrieren, um ihm folgen zu können – es war, als ob wir sein Leben im Zeitraffer verfolgten.

Instinktiv verstanden wir, dass er diese Gelegenheit suchte, um sein Leben noch einmal zu überdenken, und wir brachten ihm aufrichtiges Interesse entgegen. Einmal war ich die ganze Nacht mit ihm wach geblieben und legte mich hin, um ein paar Momente zu ruhen – doch bereits nach wenigen Minuten bestand er darauf, dass ich aufwachte, um seine abschließenden Geschichten zu hören. Obwohl ich erschöpft war, war ich glücklich darüber, dass er uns am Ende mitteilen konnte, was er von uns brauchte, und wir für ihn da sein konnten. Wir hörten ihm zu, während er ein Leben resümierte, dem er sich mit Liebe, Kraft und Integrität verschrieben hatte. Vielleicht zum ersten Mal schien er zu verstehen, wie viel er gegeben und geliebt hatte, und wir alle konnten es mitempfinden.

Indem wir ihm zuhörten, konnte er durch das Erinnern seiner Geschichte in seinem Leben einen Sinn entdecken, Gefühle klären und dem Sterben selbst Bedeutung verleihen. Dieser Prozess, mysteriös und eindringlich, wie er war, half auch uns. Der vertraute Kreis, der sich um sein Bett versammelt hatte – die Kinder, meine Schwester und ich –, erfuhr in seiner Anwesenheit und durch seine Worte tiefe Liebe und Dankbarkeit für ihn und füreinander. Als er keine Kraft mehr hatte, wurde er immer stiller und fiel schließlich bis kurz vor seinem Tod in Schweigen.

Immer wieder können wir in dieser wunderbaren Arbeit mit dem Sterben erkennen, dass das, was erstmal nur den Sterbenden hilft, auch von tiefem und anhaltendem Nutzen für die Überlebenden ist. Wenn wir einfach nur da sind, um sie zu unterstützen, wenn wir den Geschichten oder Lebensberichten der Sterbenden wirklich zuhören, öffnet sich das große Herz des Mitgefühls – so weit wie die Welt – und kann zwischen uns wachsen und uns beglücken.

Als mein Vater im Sterben lag, spürte ich dieses sanfte Herz. Ich musste mich nicht darum bemühen; es war keine spezielle Fähigkeit, die ich entwickeln musste. Es übernahm einfach ganz spontan seine Aufgabe, als mein Vater am intensivsten litt. Als ich in seiner letzten Nacht bei ihm war – die Arme waren von seinem Toben blau angelaufen und zerschrammt, und Blut floss aus seinem Mund, weil er sich auf Zunge und Lippen gebissen hatte –, konnte ich ihn einfach nur im Arm halten und ihm immer wieder für die Liebe danken, die er mir geschenkt hatte. Welchen Trost auch immer ich ihm geben konnte, er entsprang meiner tiefen Dankbarkeit. Ich fand keine anderen Worte. Ich wiederholte immer nur Worte des Dankes und der Verbundenheit; sie trugen uns durch den wilden Sturm, der vor dem endgültigen Frieden des Todes kommt.

Als ich seinen Kopf hielt und ihm ins Ohr flüsterte, war nicht ich es, die sprach, sondern das Herz der Welt. Ich erkannte das erst viel später. In diesen Momenten hatte ich keine Gedanken, nur das Aufwallen eines gebrochenen und dankbaren Herzens. Paradoxerweise können wir aus dieser Gebrochenheit heraus das Gewebe der Vollkommenheit zusammensetzen, können Sinn im Leiden oder in den kleinen, simplen Momenten der Verbundenheit finden, wenn wir es uns erlauben, ganz für die Sterbenden da zu sein.

Meditation:

Durch den Atem loslassen

Kommen Sie in Ihrem Körper zur Ruhe, während Sie sich in einer entspannten, stabilen Haltung niederlassen. Starker Rücken, weicher Bauch. Rufen Sie sich in Erinnerung, wieso Sie meditieren. Entfalten Sie Ihr Herz der liebevollen Güte und des Mitgefühls.

Richten Sie Ihre Aufmerksamkeit sanft auf den Atem. Atmen Sie natürlich und entspannt. Machen Sie sich bewusst, wie der Atem durch die Nase ein- und ausströmt.

Lenken Sie Ihre Aufmerksamkeit jetzt auf die Stelle, an der die Luft in die Nase eindringt. Konzentrieren Sie sich entspannt auf diesen Punkt. Wenn Sie den Kontakt mit diesem Konzentrationspunkt verlieren und erkennen, dass Ihr Geist abgelenkt ist, kehren Sie zum Atem zurück.

Während Sie Ihrem Atem folgen, tauchen Gedanken, Gefühle und auch Empfindungen auf. Das ist ganz natürlich. Sie sind wie

Wellen, die am Strand aufschlagen, oder wie fallende Blätter. Es ist nicht notwendig, diese Phänomene festzuhalten oder sich mit ihnen zu identifizieren. Akzeptieren Sie, dass dies geschieht, und richten Sie den Fokus Ihrer Konzentration weiterhin auf den Atem.

Welche Eigenschaften hat Ihr Atem? Ist er lang oder kurz, flach oder tief? Machen Sie sich die Eigenschaften Ihres Atems bewusst, während Sie sich auch weiterhin auf den Punkt konzentrieren, an dem die Luft in die Nase strömt.

Verweilen Sie in jedem Moment, so wie er ist. Manipulieren Sie Ihre Erfahrung nicht und versuchen Sie auch nicht, irgendetwas durch sie zu erreichen. Akzeptieren Sie einfach alles, was auftaucht, und verweilen Sie in Ihrer Konzentration auf den Atem.

Öffnen Sie sich vollkommen der Empfindung des Atmens. Sobald Gedanken aufsteigen, machen Sie sich bewusst, dass sie da sind und durch den Geist ziehen, und kehren Sie zum Atem zurück. Laden Sie Ihre Gedanken nicht zum Tee ein. Erlauben Sie ihnen einfach, aufzusteigen und zu verschwinden.

Dasselbe gilt für Empfindungen und Gefühle – in jedem Moment tauchen Gedanken, Gefühle und Empfindungen in unserem Bewusstsein auf. Dann verschwinden sie aus unserer Erfahrung. Erlauben Sie ihnen, aufzutauchen und sich in die Leerheit aufzulösen. Es gibt keine Notwendigkeit, irgendetwas zu tun, außer Ihre Achtsamkeit sanft auf den Atem zu richten.

Wer wir zu sein glauben, steigt ebenfalls aus der Leerheit auf und kehrt zu ihr zurück. Halten Sie an keiner Idee oder Beschreibung fest. Lassen Sie das Empfinden einer festgefügten Identität los und verweilen Sie im Fließen des Atems.

Alle Objekte unserer Erfahrung, sei es der Körper, der Geist oder die Welt, entstehen und vergehen. Richten Sie Ihre Aufmerksamkeit einfach und sanft auf das Fließen des Atems, während alle Dinge auftauchen dürfen, verweilen und vergehen – einschließlich Ihres eigenen Lebens.

15. Zwischen Leben, zwischen Menschen

Wie wir vergeben, uns aussöhnen, Liebe und Dankbarkeit ausdrücken

Als Donald mit Lungenkrebs im Sterben lag, wollte er mit seinem Vater sprechen. Beide Männer hatten sich viele Jahre weder gesehen noch miteinander gesprochen. Donald war in jungen Jahren von zu Hause weggegangen, da sein Vater Alkoholiker war und ihn körperlich misshandelt hatte. Dem Tode nahe, schienen Donald die Misshandlungen weit weg in der Vergangenheit zu sein, und er sah, dass sein Vater ebenfalls gelitten hatte. Jetzt oder nie, spürte Donald, konnte er sich mit seinem Vater aussöhnen.

Es ist merkwürdig: Ein Leben lang fordert uns unsere eigene innere Weisheit auf, loszulassen, zu entspannen und unsere von Angst motivierten Versuche, alles kontrollieren zu wollen, aufzugeben. Doch unsere kulturellen Werte und unsere persönliche Geschichte drängen uns regelrecht dazu, an Menschen, Erfahrungen und Erfolgen festzuhalten. »Lass nie irgendetwas los – nur dann bist du glücklich«, flüstert eine Stimme in uns – und manchmal schreit sie auch. Und so verbringen wir ein ganzes Leben im Ringen dieser tieferen inneren Weisheit mit der kulturellen Aufforderung, festzuhalten und zu kontrollieren. Die Begegnung mit dem Sterben ist vor allem eine Chance, auf diese wahrhaftige innere Stimme zu hören und ihr zu vertrauen.

Vergebung ist ein Ausdruck des Loslassens, der meist besonders bedeutsam wird, wenn der Tod näher rückt. Als Donald verstand, dass er nicht mehr viel Zeit hatte, wurde Aussöhnung für ihn plötzlich sehr wichtig. Nach Jahrzehnten des Schweigens traf er sich mit seinem Vater. Später erzählte Donald einem guten Freund, dass es in dieser Begegnung um mehr als Vergebung gegangen sei – er benutzte das Wort *Befreiung*, um die kurze Zeit, die er mit seinem Vater verbracht hatte, zu beschreiben.

Den Prozess der Vergebung zu unterstützen kann eine eindrückliche Erfahrung sein, der wir mit Vertrauen und Präsenz begegnen sollten. Als Begleiter kommen wir vielleicht in die Situation, eine Brücke zwischen lang getrennten Ufern der Schuldzuweisung und des Missverständnisses zu sein. Wir sind dann angehalten, dabei zu helfen, den Bruch, der im Angesicht des Verlustes offenkundig wird, zu heilen. Vielleicht kann der sterbende Mensch, angeregt durch unsere stille Annahme an den Dingen, seinen eigenen Weg der Vergebung finden und tief sitzende Wut und Traurigkeit loslassen. Vergebung kann eine bewegende Erfahrung für alle sein, also auch für die Hinterbliebenen und ihren Trauerprozess.

Neben dem Ausdruck von Dankbarkeit und Liebe können Vergebung und Aussöhnung dazu beitragen, Traurigkeit, Bedauern, Wut und Enttäuschung zu transformieren. Wenn dies in Beziehungen geschieht, ist es für den Sterbenden meist leichter, Ängste, Ruhelosigkeit oder Gefühle des Versagens und der Unvollständigkeit gegenüber der Familie oder Freunden loszulassen.

Merkwürdigerweise denken die meisten von uns, dass wir vor unserem Tod noch Zeit haben, Versäumnisse in Beziehungen nachzuholen, alte Wunden zu heilen und Frieden mit bestimmten Menschen zu schließen. Doch woher wissen wir, dass wir nicht plötzlich sterben werden, ohne dass uns die Zeit bleibt, uns um diese Aufgaben zu kümmern? Wer kann sagen, ob wir überhaupt noch wissen werden, wer wir sind, wenn unser Ende naht. Vielleicht leiden wir dann an Demenz oder Alzheimer.

Erinnern Sie sich an die neun Betrachtungen und die Unvermeidlichkeit des Todes. Wann er eintreten wird, können wir nicht wissen. Wenn wir uns an diese Wahrheit erinnern, kann uns das helfen, unsere Prioritäten neu zu setzen. Eine weitere Betrachtung spricht davon, dass wir die Ursache unseres Todes nicht kennen können. Es wäre demnach vielleicht gut, wenn wir uns schon vorher um unsere Beziehungen kümmerten. Sollten wir jedoch keines plötzlichen Todes sterben und einigermaßen bei klarem Verstand und emotional präsent sein, haben wir vielleicht das Glück, vergeben und unsere Liebe ausdrücken zu können. Wenn wir jetzt schon an diese Aufgaben denken, warten wir vielleicht nicht länger damit, mehr Liebe in unserem Leben auszudrücken. Lassen wir doch unsere Enttäuschungen los und öffnen wir uns für die Erfahrung des Miteinanders und der Vollendung. Am besten genießen wir unser Leben und unsere wertvollen Beziehungen jetzt, während wir dazu noch in der Lage sind.

Wenn dem sterbenden Menschen jedoch noch Zeit bleibt, können seine Betreuer ihn darin unterstützen, seine Beziehungen zu klären. Nur allzu oft bedrängt Hinterbliebene ein Gefühl, das etwas keinen Abschluss gefunden hat. Das führt zu Verletzungen, die lange nicht heilen, den Trauerprozess verlängern und das Lebensgefühl verdüstern und verbittern. Wenn es jedoch andererseits die Chance gibt, einen Vertrauensbruch zu heilen, zu vergeben und sich vergeben zu lassen, macht es das für den Sterbenden viel einfacher, loszulassen und sich ohne Anhaftungen in die Offenheit fallen zu lassen.

In vielen spirituellen Traditionen wird den letzten Gedanken eines Sterbenden große Bedeutung beigemessen. Wenn wir uns auf Vergebung konzentrieren, fällt es uns leichter, an den positiven Erlebnissen im Leben eines Menschen Anteil zu nehmen. Wir können die Person an die angenehmen Seiten ihres Lebens erinnern – zum Beispiel an die Menschen, die sie geliebt hat und die Dankbarkeit, die sie ihnen gegenüber empfindet –, was ihren Geist besänftigt und sie Frieden finden lässt. Wenn wir dem Sterbenden seine wichtigsten Beziehungen ins Gedächtnis rufen, hilft ihm das vielleicht, sich zu entspannen und seinen geistigen

Horizont zu öffnen. Das unterstützt ihn darin, mehr Klarheit und größeres Selbstwertgefühl zu erlangen, was das Sterben weniger zu einem Ringen oder einer Erfahrung des Bedauerns macht.

Andere zwischenmenschliche Fragen des Sterbens verlangen großes Fingerspitzengefühl. Ein Aspekt des Sterbens, den Betreuer und Begleiter ohne allzu viele Anhaftungen angehen sollten, ist die Frage, wen der Patient bei sich haben will, wenn er stirbt.

Überraschend häufig sterben Menschen gerade dann, wenn ihre Betreuer aus dem Raum gegangen sind. Ich denke, sie wollen einfach in Frieden und alleine sterben. Wie viele Male habe ich miterlebt, dass sterbende Menschen warteten, bis alle den Raum verlassen hatten, um loszulassen. Vielleicht band sie die ganze Aufmerksamkeit, die sie spürten, zu sehr ans Leben. Einige Menschen wollen nicht, dass ihre Familien dabei sind, weil sie zu starke Anhaftungen – positive wie negative – an sie haben. Möglicherweise spüren sie – und sie mögen damit sogar Recht haben –, dass die Familie ihrem Loslassen nur im Wege stehen würde und es ihnen leichter fiele, unter mitfühlenden Fremden oder allein zu sterben. Falls dies so ist, braucht die Familie meist große Unterstützung, um die Entscheidung zu akzeptieren.

Ein Mann, der an AIDS starb, fühlte, dass seine Familie es nicht ertrug, sich um ihn zu kümmern. Immer wenn sie ihn besuchten, war er unruhig, und ihre Anwesenheit erschöpfte ihn. Die Familie wiederum war bestürzt über die Trostlosigkeit seines Zustandes. Ich sprach mit ihnen und sagte, dass ich glaube, ihr Sohn werde sich nach und nach von seinem Leben und allem, was ihm darin wichtig war, verabschieden – einschließlich seiner Familie. Er sei dankbar, fuhr ich fort, dass er sich von ihnen verabschieden könne, aber er wolle sie nicht leiden sehen, während sein Körper sich langsam auflöse. Er könne einfacher in der Anwesenheit von Menschen loslassen, die nicht zu seiner Familie gehörten. Seine Familie verstand das, wirkte erleichtert und zog sich zurück. Sie fand andere Wege, um mit ihrem Schmerz zu sein.

Manche Menschen wünschen sich körperliche Nähe, wenn sie sterben, wie Issan, der in den Armen eines guten Freundes starb. Andere möchten nicht berührt werden, wollen aber, dass ihre Begleiter anwesend sind. Wieder andere Menschen warten, bis ihre Betreuer den Raum verlassen, weil sie alleine sterben möchten. Einige wollen ihre ganze Familie um sich versammelt haben, wie jener junge afroamerikanische Mann, der an Nierenversagen starb. Seine Familie stand um das Bett und sang Gospel, während er ins Delirium glitt. Manche Menschen wollen die Kontrolle über den gesamten Prozess behalten – »Ich brauche keine Hilfe, danke.« Andere wollen den gesamten Sterbeprozess durchsprechen – »Ich werde bei dir sein, solange es geht«, sagte eine Betreuerin zu ihrem sterbenden Schützling. Einige wünschen sich die Gnade und Freiheit tiefer Stille.

Zwischenmenschliche Begegnungen hängen auch von kulturellen Unterschieden ab. Wir müssen eine Sensibilität für diese Differenzen entwickeln, wenn wir mit sterbenden Menschen und mit Gemeinschaften aus anderen Kulturen zu tun haben. Es gibt so viele unterschiedliche Bräuche, kulturell bestimmte Bedürfnisse, Konzepte von Krankheit, Tod und Behandlungsmöglichkeiten, Fragen des Geschlechts und Alters, Zwischentöne in der Beziehung zwischen Patient und Betreuer, Glaubenssysteme, religiöse und spirituelle Praktiken, die unsere Beziehung zum sozialen Umfeld beeinflussen. Ohne es zu wissen, können wir anderen ganz leicht zu nahe treten, indem wir kulturell und persönlich gesetzte Grenzen verletzen. Denn der sterbende Mensch ist vielleicht gerade dabei, sich nicht nur mit seiner Familie, sondern auch mit seinem kulturellen Hintergrund auszusöhnen.

Ich bin dankbar für die vielen Anleitungen zur Begleitung Sterbender, die ich über die Jahre erhalten habe. Wenn ich jedoch tatsächlich bei einem sterbenden Menschen sitze, muss ich all diese wundervollen Lehren beiseitelegen, mich mit dem Atem verbinden und mich von der Wahrheit des jeweiligen Moments leiten lassen. Wenn wir dem sterbenden Menschen die Führung überlassen, wird er uns auf die eine oder andere Weise zeigen, was angemessen ist, wen er sich in seiner Nähe wünscht und mit wem er Frieden schließen und seine tiefsten, intimsten Gefühle der Dankbarkeit und Liebe ausdrücken will.

Meditation:

Unermessliche Geisteszustände für die Verwandlung von Beziehungen

Für die folgende Praxis sollten Sie Sätze wählen, die für Sie persönlich bedeutsam sind. Sie können sie abändern oder eigene entwerfen. Diese Praxis ist nicht nur hilfreich für Sterbende, sondern auch für deren Betreuer und Begleiter.

Um anzufangen, setzen oder legen Sie sich so bequem wie möglich hin. Atmen Sie ein paar Mal tief ein und aus, um im Körper zur Ruhe zu kommen. Lenken Sie Ihre Konzentration auf den Atem, und sprechen Sie sich Ihren Satz im Rhythmus des Atems innerlich vor. Sie können auch damit experimentieren, Ihre Aufmerksamkeit auf den Satz zu konzentrieren, ohne sich dabei im Atem zu verankern. Spüren Sie dem Sinn dessen nach, was Sie sagen, ohne irgendetwas zu forcieren.

- Möge ich anderen und mir selbst gegenüber offen für mein Sterben sein.
- Möge ich die Liebe und das Mitgefühl anderer empfangen.
- Möge ich mir selbst Fehler und unerledigte Dinge vergeben.
- Mögen alle, denen ich Leid angetan habe, mir vergeben, und möge ich all jenen vergeben, die mir Leid angetan haben.
- Möge liebevolle Güte meine Betreuer und mich tragen.
- Mögen ich und alle Wesen in Frieden leben und sterben.

16. Die große Angelegenheit

Den richtigen Weg gibt es nicht

Ein junger Zen-Schüler lief durch die Straßen von Kioto, als er plötzlich die Schreie eines Menschen hörte. So schnell er konnte, rannte er in Richtung der Geräusche und musste fassungslos zusehen, wie sein Lehrer von Räubern erschlagen wurde. Es gab nichts, was er hätte tun können. Schließlich flohen die Räuber, und sein Lehrer starb vor seinen Augen.

Der Schüler war jedoch nicht nur über den Tod seines Lehrers entsetzt, sondern auch darüber, dass sein angeblich erleuchteter Meister schreiend gestorben war. Dieser Umstand nahm krankhaft von ihm Besitz, bis sein nächster Lehrer schließlich von ihm wissen wollte, was los sei. So erzählte er alles, was passiert war, in der Gewissheit, dass auch sein neuer Lehrer diese Geschichte missbilligen würde. Doch zu seiner Überraschung nickte sein Lehrer mit dem Kopf: Es sei nur natürlich, gab er seinem Schüler zu verstehen, dass man schreit, wenn man totgeschlagen wird!

Wir haben bereits einige der üblichen Reaktionen auf den Tod betrachtet: Furcht, Verdrängung, Trauer, Rebellion, Akzeptanz und Befreiung. Es gibt jedoch ein weites Spektrum, wie Menschen auf ihr Sterben reagieren, wobei diese Reaktionen sich manchmal von Moment zu Moment verändern. Unsere Aufgabe in der Begleitung Sterbender besteht darin, selbst die unakzeptabelste Haltung gegenüber dem Sterben zu akzeptieren und anzuerkennen, dass sie so normal ist wie der Tod eines Zen-Meisters, der schreiend stirbt. All diese Reaktionen sind die »Wellen von

Geburt und Tod«. Die Herausforderung für uns besteht darin, nicht in ihnen unterzugehen, sondern frei auf den Wellen entlangzugleiten. Das Sterben umfasst intensive psycho-spirituelle Erfahrungen, von denen manche angenehm, ja sogar inspirierend sein können, während andere äußerst unangenehm sind. Wenn der sterbende Mensch an eine Grenze gelangt, müssen wir darauf eingestellt sein, mit den harten, rohen Aspekten des Sterbens umzugehen, mit Schmerzen, obsessivem Leiden, Verdrängung, negativer wie positiver Übertragung, Depression, Wut, Schuldvorwürfen, Scham, Verurteilungen, Halluzinationen, Visionen, Verwirrung, Angst, Trauer, einschließlich vorweggenommener Trauer, und Verlust. Nur innerhalb dieser Erfahrungen können wir den Tod als ultimativen Abschluss des Lebens begreifen, indem wir anerkennen, dass dies Tiefpunkte sind, von denen wir lernen.

Der Weg, den ein Mensch in seinem Sterben zurücklegt, entspricht nicht immer unseren Erwartungen. Ich kannte eine Hospiz-Pflegerin, die ihre sterbende Mutter zu Hause begleitete. Obwohl ihre Mutter immer ein fröhlicher Mensch gewesen war, wurde sie, je näher ihr Tod rückte, immer wütender. Als sie auch noch anfing, in ihrer Wut zu schreien, war ihre Tochter erschüttert. Doch letztendlich spürte sie, dass es vor allem darum ging, an der Wut ihrer Mutter Anteil zu nehmen und nicht auf sie zu reagieren. Nach vier schrecklichen Tagen entspannte sich ihre Mutter plötzlich, lächelte und starb friedlich.

Später erzählte mir diese Krankenpflegerin, dass die Wut ihrer Mutter in einer Klinik medikamentös unterdrückt worden wäre. Und obwohl sie sich anfangs oft die Frage stellte, ob es richtig sei, ihre Mutter ihre Wut einfach ausdrücken zu lassen, war ihr im Rückblick klar, dass sie diese Wut ein Leben lang unterdrückt hatte. Der Ausdruck der Erleichterung und des Loslassens, der auf dem Gesicht ihrer Mutter lag, als sie starb, war alles, was diese Frau brauchte, um zu wissen, dass sie das Richtige für sie beide getan hatte.

Sterbende Menschen gehen oftmals durch Phasen intensiven Leidens, an deren Ende sie sich erleichtert fühlen. Sie erleben dabei hin und wieder quälende geistige Zustände wie Wut, Aggression, Egozentrik, manische Phasen, Depressionen und Verblendung. Es geht darum, dass wir für diese Erscheinungen einfach nur da sind. Oft werden diese geistigen Zustände als Probleme betrachtet und der sterbende Mensch dementsprechend behandelt, als ginge er durch eine psychologische Krise. Doch diese Erfahrungen sind ein ganz normaler Aspekt des Sterbens. Sie sind ein offenes Gelände in der Geographie des Sterbens, und es zu durchqueren ist in vielen Fällen heilsam. Normalerweise sind nämlich wir es, die diese ungewöhnlichen Erfahrungen nicht aushalten, und immer wieder sind es verunsicherte und verängstigte Familienangehörige und Freunde, die darauf bestehen, den sterbenden Menschen medikamentös zu behandeln. In anderen Situationen können Medikamente selbstverständlich hilfreich sein, um das Leiden zu verringern. Versuchen Sie festzustellen, was das Beste für den Sterbenden ist. Überlassen Sie ihm die Führung auf dem Weg in seinen eigenen Tod.

An anderer Stelle zitierte ich meinen Briefwechsel mit Steven, der an einem Lungenleiden starb. Hier ist ein Brief seines Arztes, der an unserem Ausbildungsprogramm für klinisches Personal teilgenommen hatte:

> Wie bei allem, was Steven in seinem Leben tat, verließ er uns kämpfend. Am letzten Tag brauchte er ununterbrochen Sauerstoff. Als sein Atem ganz schwer wurde (und lange, nachdem er nicht mehr ansprechbar war), stellten wir den Sauerstoff ab. Ich war überzeugt, dass es dann nur Minuten dauern würde. Aber nicht bei Steven – einfach zu gehen war nie seine Sache gewesen. Er atmete weiterhin schwer; Minuten wurden zu Stunden. Seine Familie und Freunde lasen Gedichte vor – Blake, Wordsworth – und richteten sich auf eine Nacht ein,

die kein Ende zu nehmen schien. Einmal dachte ich an gemeinsame Meditation, hatte aber keine Vorstellung, wie das gehen sollte. Dazu war es zu spät, dachte ich. Doch dann, ohne darüber nachzudenken, was ich tat, und ohne absehbares Ende seiner Agonie in Sicht, fing ich an, in sein Ohr zu sprechen. Meine Stirn berührte dabei fast die seine, mit einer Hand strich ich langsam kreisförmig über seine Brust und sagte ihm, er solle sich entspannen und langsamer atmen. Innerhalb weniger Minuten veränderte sich sein Atemrhythmus – er wurde langsamer und war nicht mehr so schwer. Noch einige Minuten später atmete er sogar noch langsamer, und das Ende war abzusehen. Ich rief eine Frau zu uns, die meinen Platz einnahm. Sie flüsterte noch ein paar Minuten in sein Ohr, woraufhin er schließlich friedlich starb. Lange, schwere Wehen waren zu Ende gegangen. Die Nacht vollendet. Ein Mann in eine andere Welt wiedergeboren.

Über die Jahre habe ich viele professionelle Betreuer gefragt, ob sie einen qualvollen Todesmoment miterlebt hätten. Nur wenige bejahten diese Frage, bemerkten aber, dass dies in ihrer Erfahrung eher die Ausnahme war. Selbst wenn es in der aktiven Sterbephase schwierige Momente gibt, kann das Ende harmonisch sein – wir Menschen sind für das Sterben gut gerüstet. Unser Bewusstsein scheint sich aufzulösen, bevor der Körper loslässt. Am Anfang der aktiven Sterbephase gibt es jedoch häufiger Widerstand, und dieser chaotische Teil der Reise kann für diejenigen, die sie begleiten, erschreckend sein. Genau dann vertrauen wir den beiden Grundsätzen von Nicht-Wissen und Anteilnahme an allem, was ist, genau so, wie es ist.

Nicht-Wissen und Anteilnahme waren schon lange, bevor ich diese Begriffe kannte, meine Zuflucht und mein Wegweiser dafür, wie ich dem Tod begegnete. In den 1980er Jahren flog ich eine Zeit lang ständig zwischen Seattle und Südkalifornien hin und her, um bei John und Kenny zu sein, die beide an AIDS erkrankt waren. John starb zuerst, aber all unsere Liebe für ihn, die Unterstützung, die wir ihm gaben, schienen nur wenig Gutes zu bewirken. Er litt einfach, und dann litt er einfach noch ein wenig mehr. Bis zu seinem Ende wollte er nicht wirklich glauben, dass er im Sterben lag. Schließlich erkrankte er an Demenz und verlor seinen Geist. Er hatte einen schweren Tod – schwer für ihn und schwer für uns, die wir ihm nahestanden. Ich lernte damals, dass da zu sein manchmal alles ist, was wir tun können. Es steht nicht in unserer Macht, die Gezeiten von Leiden, Sterben und Tod zu verändern.

Nach dem Tod seines Partners zog Kenny in ein winziges Zimmer in einem typischen Sandsteinhaus in der Bronx. Immer, wenn ich in New York war, besuchte ich ihn. Ich saß an seinem Bett und hörte ihm zu, wenn er mich darum bat, ihm sterben zu helfen. Ich konnte verstehen, wieso Kenny sich das Leben nehmen wollte. Für ihn schien es nur noch wenig zu geben, wofür es sich zu leben lohnte. Die meiste Zeit verbrachte er allein in dem winzigen, überheizten Zimmer in dieser desolaten Gegend New Yorks. Er hatte nur wenige Besucher und fast keine Unterstützung. Ich lud Kenny ein, zu mir zu ziehen; das lehnte er jedoch ab, weil er in der Nähe seiner Schwester an der Ostküste bleiben wollte. Am Ende hatte ich Kenny nur sehr wenig zu geben, außer meiner Gegenwart. Gemeinsam meditierten wir und teilten Momente tiefen Friedens. Dann, eines Abends, sagte Kenny zu mir: »Es ist Oktober. Im November werde ich auf die Farm meiner Schwester fahren, mich auf die Erde legen und sterben.«

Genau das tat er dann auch. Bewusst wählte er den Zeitpunkt seines Todes und beendete sein Leben. Er nahm sich das Leben in einer friedlichen Weise, nahe an dem, was er am meisten liebte: das Land, um das er sich bereits als Kind gekümmert hatte. Von denen, die bei ihm waren, hörte ich, dass es lange dauerte, bis er starb, aber er war wach und aufmerksam für alles, was geschah.

Wenn wir Sterbende begleiten, bedeutet das immer wieder, am Unerträglichen und Unannehmbaren Anteil zu nehmen und es zu akzeptieren. Kennys Entscheidung, sein Leben zu beenden, war schwierig für mich, und dennoch versuchte ich nicht, ihn davon abzubringen. Ich hoffte, ich könnte ihm etwas geben, wofür es sich zu leben lohnte; später spürte ich jedoch, dass der finale Akt seines Lebens für Kenny darin bestanden hatte, zu entscheiden, was für ihn und alle, die ihm nahestanden, richtig war. Sein Leiden war herzzerreißend, und sein natürlicher Tod stand kurz bevor. Seinen Betreuern hatte er immer gesagt, dass er seinen Tod bewusst erleben wolle. Obwohl nur noch wenig von ihm übrig war, als er starb, schien er bei Bewusstsein zu sein, als er den Knoten durchtrennte, der ihn an diese Welt band.

Als Begleiter müssen wir darauf vorbereitet sein, mit Sterbenden und allen, die ihnen nahestehen, komplexe Fragen zur Lebensqualität zu besprechen, Fragen nach dem Einsatz von Eingriffen, die das Leben verlängern, aber auch Fragen nach der aktiven Beendigung des Lebens. Ich glaube, dass unsere eigenen Anschauungen und Ansichten zu diesen Fragen nicht so wichtig sind. Wichtig ist, dass wir Vertrauen herstellen und eine Atmosphäre schaffen, in der Menschen diese Fragen offen betrachten und diskutieren können. Es ist ganz wichtig, dass wir darüber sprechen, was Patientenverfügungen beinhalten und wie sie aufgestellt werden. Wir sollten in der Lage sein, Menschen realistisch über die möglichen Konsequenzen von Wiederbelebungsmaßnahmen und extremen Eingriffen zu informieren, und sie darin unterstützen, auf das Beste, aber auch auf das Schlimmste vorbereitet zu sein. Dazu gehört auch, Familienangehörige und Freunde in einer Atmosphäre des Vertrauens auf alles vorzubereiten und, wie auch immer die Entscheidung des sterbenden Menschen ausfallen mag, ihn mit Zuneigung und Gleichmut zu unterstützen – mit jener Mischung aus starkem Rücken und weichem Bauch, aus Eisenmann und Holzpuppe.

Eine ähnliche Geschichte wie die von Kenny begegnete mir, als mich vor mehreren Jahren eine ältere Frau, die an einer seltenen neurologischen Störung erkrankt war und im Sterben lag, bat, sie zu begleiten. Einige Monate später erklärte sie, mit ihren schnell nachlassenden geistigen Kräften und den immer stärker werdenden Schmerzen nicht mehr weiterleben zu wollen. Wir versuchten, sie besser zu unterstützen, doch sie war entschlossen, ihrem Leben ein Ende zu bereiten.

Mehr als einmal versuchte sie, sich das Leben zu nehmen, hatte damit aber keinen Erfolg. Jedes Mal, wenn sie die Pillen nahm, rief ihre Partnerin den Notruf an, woraufhin ein Rettungsteam kam und sie wiederbelebte. Ihre Wut auf diese Rettungsversuche war groß, denn als junge Frau war sie bereits in psychiatrische Einrichtungen eingeliefert worden und war äußerst zornig darüber, dass andere, wie sie es sah, ihr Leben kontrollierten. Für sie waren diese Interventionen kein Ausdruck der Anteilnahme. Vor dem Hintergrund ihrer Geschichte schienen ihr alle spirituellen und praktischen Erwägungen bedeutungslos zu sein.

Unser Team teilte ihr zögernd mit, dass wir ihre Selbsttötung nicht unterstützen konnten, auch wenn wir sie liebten und respektierten. Wir waren rechtlich gebunden und mussten »Hilfe anfordern«. Daraufhin einigte sie sich mit ihrer Partnerin, uns bei einem erneuten Selbsttötungsversuch nicht mehr zu informieren, sondern den Dingen einfach ihren Lauf zu lassen. So wie ich beide kannte, muss das eine schwierige Entscheidung gewesen sein, aber auch unsere war nicht einfach gewesen.

An einem Mittwochmorgen klingelte das Telefon. Unsere Freundin hatte ein weiteres Mal versucht, sich das Leben zu nehmen. Diesmal lag sie im Wachkoma. Als der Anruf kam, war sie bereits vier Tage lang in diesem Zustand. Ich fuhr sofort zu ihrem Haus, wo ich sie bewusstlos und doch vollkommen chaotisch vorfand: Ihr Atem war flatterhaft, und sie wälzte ihren Körper hin und her wie Treibgut in stürmischer See.

Die Hospiz-Helferin und meine Assistentin, die sie gut kannten, meinten, ich sollte Zeit mit ihr alleine verbringen. »Sie würde das wollen«, sagten sie. Ich setzte mich neben das Bett und nahm ihre Hand. Ihre Augen waren leer, ihr Körper wand sich und schwitzte heftig. Ich atmete mit ihr und sagte ihr, dass sie geliebt werde und es in Ordnung sei, loszulassen. Wir atmeten miteinander. Während ihres Ausatmens sagte ich immer wieder ganz leise »Ja«, und nach und nach, fast unmerklich, verlangsamte sich ihr Atem, wurde leichter und leichter, bis sie schließlich hinwegglitt und starb.

Alles, was ein Mensch, der ein schwieriges Sterben vor sich hat, manchmal nur braucht, ist die Erlaubnis zu gehen und das Wissen, dass er geliebt wird. Gebete, Zeremonien und Segenswünsche von Lehrern, Verwandten und Freunden können Menschen den Weg ebnen. Der Vater einer Freundin quälte sich in seiner aktiven Sterbephase, bis sie ihm schließlich den Satz »Der Tod ist sicher, der Tod ist sicher« des spirituellen Lehrers Ram Dass vorsprach. Ihr Vater klammerte sich an diesen Satz wie an einen Rettungsring und wiederholte ihn bis zu seinem letzten Atemzug; er war für ihn das Floß, das ihn zum anderen Ufer trug.

Eine andere Begleiterin benutzte das *Vater Unser* als Floß, um sie durch die letzte Nachtwache am Bett ihrer Mutter zu tragen. Ich selbst vertraute mich dem *Herz-Sutra* an, das ich leise unter meinem Atem rezitierte. Und wie oft haben wir gehört, wie Familienangehörige ihre sterbenden Verwandten unterstützten, indem sie sagten: »Geh ins Licht«; »Es ist in Ordnung, wenn du stirbst«; »Wir sind bei dir«; »Wir lieben dich; du kannst einfach loslassen« oder einfach: »Danke für alles, was du uns gegeben hast«. In den letzten Stunden im Leben meines Vaters konnte ich ihm nur immer wieder für alles, was er für mich und andere getan hatte, danken. Dankbarkeit kann uns in unseren düstersten Momenten die Hand halten, wenn wir es schaffen, aufrecht dem Sturm zu begegnen.

Um zu verdeutlichen, wie man sich dem Sterben überlässt, gebraucht Henri Nouwen das Bild eines Trapezkünstlers, der uns ein Geheimnis verrät: Die wichtige Person, auf die es ankommt, ist der Fänger und nicht derjenige, der vom Trapez in die Arme des Fängers springt. »Der Fänger«, sagt Nouwen, »ist der wirkliche Star … das Geheimnis besteht darin, dass der Flieger nichts tut und der Fänger alles … der Flieger muss mit ausgestreckten Armen völlig darauf vertrauen, dass der Fänger im richtigen Augenblick nach ihm greift.«[19] Das lässt mich an die letzten Worte des sterbenden Jesus im Lukasevangelium denken: »Vater, in deine Hände lege ich meinen Geist.« Gebete und gute Worte können ein Floß sein, doch es kommt der Moment, da müssen wir springen und darauf vertrauen, dass die andere Seite uns auffängt und sicher hält.

Wir müssen lernen, mit dem Leiden zu sein, ohne es verändern oder richten zu wollen. Nur wenn wir offen für unser eigenes Leiden sind, können wir auch offen für das Leiden anderer sein und für die Schwierigkeiten, denen sie im Sterben möglicherweise begegnen. Achtsamkeitspraxis, in der wir kontinuierlich das Kommen und Gehen unserer geistigen Aktivität betrachten, schult uns in dieser Fähigkeit. Mit sanfter Präzision und Aufrichtigkeit begleiten wir unsere Erfahrung durch schlechtes Wetter und schöne Tage. Wenn wir sehen, wie unser mentales Klima dem Wandel unterworfen ist, gibt uns das einen gewissen Einblick in die Natur und Ursache unseres Leidens. Wir können dann aber auch erkennen, dass wir alle in der Tiefe unseres Seins frei von Leiden sind.

Der große Zen-Lehrer Dainin Katagiri Roshi hatte dies verstanden. Als bei ihm eine Krebserkrankung im Endstadium diagnostiziert wurde, kamen seine Schülerinnen und Schüler aus allen Himmelsrichtungen angereist, um bei ihm zu sein und ihm zu

19 Henri J. M. Nouwen: *Die Gabe der Vollendung*, Freiburg, 1994, S. 83

helfen. Sie hatten jedoch auch Angst und waren verwirrt darüber, dass ihr Lehrer menschlichen Schwächen unterworfen war. Eines Tages lud er seine Schüler in sein Krankenzimmer ein und sagte: »Wie ich sehe, beobachtet ihr mich genau; ihr wollt sehen, wie ein Zen-Meister stirbt. Wartet, ich zeige es euch.« Daraufhin ruderte Katagiri Roshi aufgeregt mit Armen und Beinen in der Luft herum und rief: »Ich will nicht sterben! Ich will nicht sterben!« Dann wurde er still und schaute sie an. »Ich weiß nicht, wie ich sterben werde. Vielleicht werde ich in Angst und unter Schmerzen sterben. Vergesst nicht: Es gibt nicht den einen, richtigen Weg.«

Wenn wir die Fähigkeit entwickeln, präsent zu sein, üben wir unser Herz darin, sich dem Leiden zu öffnen. Allein dadurch transformieren wir das Leiden bereits und werden fähig, unser eigenes, natürliches Mitgefühl ausströmen zu lassen. Wir laden das Leiden ein, in uns einzutreten und die Rüstung unseres Herzens aufzubrechen. Die sanfte Offenheit, die dadurch entsteht, erweckt in uns Wärme und Mitgefühl. Ganz selbstverständlich schenken wir dem leidenden Menschen dann unsere Liebe und Güte – ganz gleich, ob es sich dabei um uns selbst oder einen anderen handelt.

Es stimmt, dass das Leiden existiert und manche Tode schwierig sind, aber auch, dass Menschen frei von Leiden sein können und eines natürlichen, sanften Todes sterben. Wenn ich einen sterbenden Menschen begleite, versuche ich zugleich beide Dimensionen zu sehen. Dazu muss ich einen Standpunkt in mir selbst einnehmen, der das Leiden einschließt, aber auch umfassender als das Leiden ist. Ich muss aus einem Herzen herausschauen, das so groß ist, dass es für alles offen ist, einschließlich der Freiheit vom Leiden. Kann ich das Ringen einer Frau mit dem Sterben sehen und im selben Moment ihr großes Herz? Kann ich die wahre Natur eines Mannes erkennen, der Mensch, der er ist, jenseits seiner Geschichten?

Einmal begleitete ich eine Frau, die von den Ansprüchen ihrer sterbenden Mutter völlig überfordert war. Aus der Sicht ihrer

Mutter machte sie nichts richtig. Der Druck des Versagens ließ sie ganz klein werden und voller Abwehr sein. Ich erzählte ihr, wie schwer es auch für mich sei, meine Erwartungen loszulassen. Sie wünschte ihrer Mutter einen »einfachen« Tod und sich selbst, dass die Betreuung ihr leichtfiele. Letztendlich bestand ihre Praxis dann darin, ihre Erwartungen – ihren Wunsch, zu flüchten, und ihre Verzweiflung – immer wieder loszulassen. Dazu brauchte sie Umsicht und Beharrlichkeit – und einen guten Sinn für Humor. Bevor sie jedoch anfangen konnte, ihr eigenes Leiden loszulassen, musste sie anerkennen, dass es ganz und gar real war.

Letzten Endes müssen wir, um hilfreich zu sein, unserer eigenen Wut, Hilflosigkeit und Frustration, unserem Zweifel, der Angst und Verbitterung mit Freundlichkeit begegnen. Wir müssen die eigenen inneren Hindernisse erkennen, die uns davon abhalten, Verständnis und Anteilnahme zu entwickeln. Indem wir unser eigenes Leiden akzeptieren, können wir nach und nach anderen Menschen in einer offenen, freundlichen und verständnisvollen Art und Weise begegnen. Wir lernen dadurch, uns von schwierigen Situationen und Menschen nicht abzutrennen, sondern begegnen ihnen genau da, wo sie sind.

Das ist das Fundament, auf dem unsere Arbeit mit dem Sterben beruht. Den Tod können wir nicht verhindern. Wir können es auch für den Sterbenden nicht leichter machen, seinen Tod anzunehmen. Was wir jedoch können, ist, ihm zu begegnen und Gnade in ihm zu finden. Dazu befähigt uns jedes Einatmen und jedes Ausatmen. Unsere eigenen persönlichen Schwierigkeiten sind Brücken, die uns zu Mitleid und Furchtlosigkeit für jene tragen, die mit einem schwierigen Sterben ringen. Das ist es, was die Lehrer aus alter Zeit meinen, wenn sie davon sprechen, »auf den Wellen von Geburt und Tod entlangzugleiten«.

Meditation:

Begegnung mit dem Tod

Erster Teil: Gemeinsam meditieren

Die folgende Praxis umfasst eine einfache Körperbetrachtung, gemeinsames Atmen mit Betonung des Ausatmens und schließlich eine geführte Visualisierung. Sie kann im Krankenhaus oder zu Hause durchgeführt werden. Dabei ist das wichtigste Element das Vertrauen zwischen dem sterbenden Menschen und seinem Begleiter. Diese Praxis wurde von Patricia Shelton und Richard Boerstler entwickelt, und ich habe sie in einigen Elementen entsprechend an unser Ausbildungsprogramm für professionelle Betreuer angepasst.

Wenn Sie in der hier beschriebenen Weise mit einem sterbenden Menschen praktizieren, sollte unbedingt eine zweite Person anwesend sein, die sich um Bedürfnisse kümmert, die im Verlauf der Praxis auftauchen könnten.

Achten Sie darauf, dass der sterbende Mensch sich wohl und sicher fühlt, dass es im Zimmer ruhig ist und es zu keinen Unterbrechungen kommt. Helfen Sie ihm oder ihr, eine bequeme Position zu finden, in der sie gemeinsam bis zu einer Stunde praktizieren können.

Erläutern Sie dem Sterbenden die Praxis, zum Beispiel mit folgenden Worten: »Dies ist eine Möglichkeit für uns beide, gemeinsam zu meditieren. Wir werden verschiedene Entspannungsübungen machen und miteinander durch eine Visualisierung gehen. Ich hoffe, das wird Ihnen helfen und Sie werden loslassen können.« Die Praxis ist auf die Situation und die Bedürfnisse des sterbenden Menschen abgestellt. Das Licht sollte gedämpft sein, und der sterbende Mensch so zugedeckt, dass er sich wohl fühlt.

Der Begleiter geht mit dem Sterbenden durch eine kurze Körperbetrachtung, die mit dem Kopf beginnt.

Die folgende Praxis kann im Liegen, aber auch auf einem Meditationskissen oder einem Stuhl durchgeführt werden:

Entspannen Sie Ihren Körper und lassen Sie ihn weich werden. Richten Sie Ihre ganze Aufmerksamkeit auf den Atem. Atmen Sie tief in den Bauch hinein. Spüren Sie, wie Ihr Körper dabei zur Ruhe kommt.

Atmen Sie tief und konzentrieren Sie sich jetzt auf den Scheitelpunkt des Kopfes, auf die Schädeldecke und Kopfhaut. Atmen Sie in Ihre Kopfhaut hinein. Wenn Gedanken auftauchen, erlauben Sie ihnen, einfach aufzutauchen. Machen Sie sich eventuell vorhandene Spannungen in Ihrer Kopfhaut bewusst. Geben Sie allem, was Sie erfahren, mit dem nächsten Einatmen Raum.

Konzentrieren Sie sich jetzt auf die Stirn. Spüren Sie Ihre Stirn und nehmen Sie alle Spannungen, die Sie dort vielleicht fühlen, an. Atmen Sie in Ihre Schläfen hinein. Lassen Sie alle Spannungen oder Schmerzen in Ihren Schläfen zu. Nehmen Sie mit dem Ausatmen alles an, was Sie erfahren.

Wenn es geht, legen Sie nun die Hände auf Ihre Augen und atmen Sie in die Augen hinein. Machen Sie sich bewusst, wie Ihre Augen sich anfühlen. Versuchen Sie, Ihre Augen mit dem Einatmen zu entspannen. Lassen Sie alle Anspannungen in und um die Augen mit dem Ausatmen los.

Atmen Sie durch die Nase ein. Spüren Sie, wie der Atem durch die Nasenlöcher ein- und ausströmt. Spüren Sie mit dem nächsten Atemzug, wie die kühle Luft eindringt. Fühlen Sie beim Ausatmen, wie die Luft aus den Nasenlöchern strömt.

Lenken Sie Ihre Aufmerksamkeit jetzt sanft auf Hals und Nacken. Atmen Sie in diesen Bereich hinein und machen Sie sich jede Verspannung bewusst, die dort sitzt. Verweilen Sie mit dem Ausatmen entspannt in Ihrer Erfahrung.

Lenken Sie den Atem und Ihre Aufmerksamkeit jetzt auf die Schultern. Machen Sie sich mögliche Empfindungen der Schwere in diesem Bereich bewusst. Geben Sie Ihren Schultern mit dem

Einatmen Raum. Lassen Sie sie mit dem Ausatmen entspannt heruntersinken.

Konzentrieren Sie sich jetzt auf die Arme. Lassen Sie den Ein- und Ausatem durch sie hindurchfließen. Wie fühlen Sie sich? Machen Sie sich jede Anspannung bewusst. Es gibt nichts, was Sie festhalten müssten. Berühren Sie Ihre Hände mit Achtsamkeit. Öffnen Sie sie, mit den Handflächen nach oben. Atmen Sie in Ihre Handflächen hinein.

Ihre Aufmerksamkeit ruht jetzt in der Wirbelsäule. Atmen Sie in Ihre Wirbelsäule hinein; erlauben Sie ihr, sich mit dem Atem zu strecken, und spüren Sie, wie der Brustkorb sich weitet. Fühlen Sie, wie Ihre Wirbelsäule sich mit dem Ausatmen noch einmal streckt.

Konzentrieren Sie sich jetzt auf Brust und Lunge. Atmen Sie so tief wie möglich in die Lunge. Füllen Sie sie mit Luft, sodass sich zuerst die Bauchdecke und danach der Brustkorb hebt. Geben Sie Ihrem Brustkorb Raum und atmen Sie tief in ihn hinein. Wenn Sie einatmen, spüren Sie, wie sich der Brustkorb öffnet und die Lungen weiten. Machen Sie sich Ihre Anspannungen oder Gefühle des Verlusts und der Traurigkeit bewusst. Atmen Sie tief.

Atmen Sie jetzt in Ihr Herz hinein. Machen Sie sich alle Empfindung der Offenheit oder Enge im Bereich des Herzens bewusst. Richten Sie Ihre Aufmerksamkeit auf das Zwerchfell. Öffnet sich Ihr Zwerchfell, wenn sie tief einatmen? Spüren Sie beim Einatmen bewusst Ihr Zwerchfell und geben Sie dem Herzen und der Lunge dadurch Raum, sich auszudehnen. Machen Sie sich beim Ausatmen Ihren gesamten Oberkörper bewusst.

Konzentrieren Sie sich nun auf Ihren Bauch. Spüren Sie dann, wie Ihre inneren Organe sich beim Einatmen ausdehnen. Machen Sie sich beim Ausatmen eventuell vorhandene Anspannungen in den Verdauungsorganen bewusst. Machen Sie sich auch die Ausscheidungsfunktion Ihrer Gedärme und der Blase bewusst. Nehmen Sie jetzt mit dem Einatmen Ihre Geschlechtsorgane wahr.

Versuchen Sie, mit dem Ausatmen dem Beckenbereich ein Gefühl der Offenheit und Leichtigkeit zu geben.

Machen Sie sich Ihre Beine und Knie bewusst. Atmen Sie in die Oberschenkel und lassen Sie die Aufmerksamkeit dort ruhen. Entspannen Sie sich mit dem Ausatmen die Oberschenkel. Empfinden Sie mit dem Einatmen Dankbarkeit dafür, dass Ihre Beine Sie tragen. Seien Sie mit dem Ausatmen Ihren Beinen dafür dankbar, dass sie Sie in diesem Leben bereits so weit getragen haben. Atmen Sie in Ihre Knie hinein. Machen Sie sich mit dem Ausatmen die kleinen Muskeln in Ihren Knien bewusst. Atmen Sie Heilung in Ihre Knie hinein und atmen Sie alle Anspannungen und Schmerzen aus ihnen hinaus.

Lenken Sie den Atem in die Füße. Richten Sie Ihre gesamte Aufmerksamkeit auf die Füße. Machen Sie sich mit dem Ausatmen eventuell vorhandene Anspannungen bewusst. Stellen Sie sich mit dem Einatmen vor, dass Sie durch den gesamten Körper in die Füße hineinatmen.

Um Ihre Übung zu beenden, lenken Sie jetzt Ihre Aufmerksamkeit langsam und sanft von den Füßen in die Beine; nun in den Bauch und den Beckenbereich; in Brust, Herz und Lunge; in die Wirbelsäule; in Ihre Schultern, Arme und Hände; in den Nacken; zu Ihrem Gesicht; zum Scheitelpunkt des Kopfes. Atmen Sie still und ruhig ein und aus, während Ihre Aufmerksamkeit durch den Körper wandert.

Wenn Sie am Scheitelpunkt des Kopfes angelangt sind, kehren Sie mit Ihrer Aufmerksamkeit zum Atem zurück. Weiten Sie Ihre Achtsamkeit nun sanft auf den gesamten Körper aus. Verweilen Sie einige Minuten in diesem Gewahrsein. Entspannen Sie sich einige weitere Minuten in Ihrem offenen, friedvollen Geist.

Wenn der sterbende Mensch bereit ist, atmet der Begleiter sanft und still mit ihm mit. Falls der Begleiter spürt, dass es angemessen ist, lässt er mit dem Ausatmen des Sterbenden leise die Silbe *ah* erklingen. Dies sollte fünf bis zehn Minuten lang so gehen, sodass der Mensch, der im Sterben liegt, seine Aufmerksamkeit wirklich auf das Ausatmen lenken kann. Die sterbende Person kann, falls sie das wünscht, mit dem Ausatmen ebenfalls *ah* sagen. Der Klang sollte sanft sein, fast wie ein Gähnen; das Gefühl dabei ist eines des Sich-Überlassens oder des Loslassens.

Nachdem der sterbende Mensch sich tief entspannen konnte, schlägt der Begleiter achtsam vor, noch kurz in Stille zu verweilen. Dann spricht der Begleiter vielleicht ein Gebet, das der Sterbende liebt, oder geht mit ihm durch eine Visualisierung des Lichts. Der Begleiter kann zum Beispiel vorschlagen, dass der Sterbende einen grenzenlosen Ozean des Lichts visualisiert. Schließlich unterstützt der Begleiter den Sterbenden darin, mit dem Leuchten eins zu werden oder sich darin aufzulösen.

Die gemeinsame Praxis kann mit einer Übertragung des Verdienstes, einem gegenseitigen Dankeschön oder stiller Meditation beendet werden. Es kann manchmal auch hilfreich sein, wenn der Begleiter den Sterbenden nach seinen Reaktionen fragt.

Zweiter Teil: Unermessliche Geisteszustände im Sterben

Im Folgenden finden Sie einige Sätze für die Praxis Unermesslicher Geisteszustände, mit denen Sterbende üben können.

- Möge ich meine Wut, meine Angst und Traurigkeit annehmen und darauf vertrauen, dass mein Herz von diesen Gefühlen nicht eingeschränkt wird.
- Mögen alle, die ich zurücklasse, in Sicherheit und Frieden leben.
- Möge ich, wenn ich diesen Körper loslasse, mich daran erinnern, dass mein Bewusstsein weiter ist als der Körper.

- Möge ich, wenn ich das Unbekannte zurücklasse, offen für das Unbekannte sein.
- Möge ich in Leichtigkeit leben und sterben.

17. Zerbrochener Kiefernzweig

Tod, Akzeptanz, Befreiung

Dean hatte Darmkrebs und befand sich in der letzten Phase des Sterbens. Seine Nieren versagten. Während er, wie es schien, seine allerletzten Atemzüge tat, versammelte sich seine Familie um das Sterbebett. Doch genau in diesen letzten Momenten zogen die Ärzte ihn auf eine Krankenbahre und eilten mit ihm durch die Gänge, um ihn wiederzubeleben. Die Familie befand sich in einem Schockzustand – genau wie Dean, der an der Schwelle des Todes wieder umkehren musste.

Anfangs war er wütend darüber, noch am Leben zu sein; dann erkannte er jedoch, dass er etwas ganz Außergewöhnliches erlebt hatte. In seiner Nahtod-Erfahrung hatte Dean eine tiefgreifende Einsicht in den Sinn von Leben und Tod gemacht. Obwohl er danach nur noch wenige Tage zu leben hatte, empfand er in dieser Zeit tiefe Dankbarkeit für diese Erfahrung.

Manche Menschen, die sterben, entdecken am Ende, dass der Tod ein Mysterium ist, das nicht allein biologisch erklärt werden kann, und ihre Angst vor dem Tod verwandelt sich in klares Gewahrsein und Liebe. Andere vollenden die letzte und wertvollste Aufgabe: Sie erkennen den Tod als den absoluten Moment der Befreiung vom Leiden, als Rückkehr zur ursprünglichen Heimat, als Eingehen in die leuchtende, klare Natur unseres Herzens und Geistes, jetzt und im Moment des biologischen Todes.

Am stärksten inspiriert, berührt und belehrt wurde ich durch das Sterben von Menschen, die ihr Leben ganz der Entwicklung inneren Gewahrseins gewidmet hatten. Mehrere buddhistische Lehrer, die in meiner Lebenszeit gestorben sind, haben mir ein Gefühl vermittelt, was für Sie und mich möglich ist. Bereits vom Krebs gezeichnet, war Seine Heiligkeit der sechzehnte Karmapa dennoch voller Gleichmut und widmete sich auch im Sterben seiner Praxis. Der ehrenwerte Kalu Rinpoche und Seine Heiligkeit Khyentse Rinpoche starben in der Meditationshaltung. Issan Dorsey bemühte sich auch noch um seine Brüder, die an AIDS litten, als er mit der gleichen Erkrankung bereits im Sterben lag.

Eine ausgereifte Meditationspraxis kann die wirkungsvollste Unterstützung für einen sterbenden Menschen sein. Der Geist, der klar und friedlich ist, auch wenn er bereits in den dunklen Brunnen der Alzheimer-Erkrankung gefallen ist, kann eine Befreiung für alle sein. Wenn wir im Zen eine Ordinationsrobe nähen, egal, ob für Laien oder Priester, besticken wir die Stelle, wo sie auf dem verletzlichen Nacken aufsitzt, mit einem gebrochenen Kiefernzweig. Dieser zerbrochene Ast symbolisiert die Ganzheit, die wir erst erfahren können, nachdem wir vollständig aufgebrochen wurden.

Francisco Varela, ein berühmter Neurowissenschaftler, starb an Leberkrebs. Kurz vor seinem Tod legte sein tibetischer Lehrer ihm nahe, seinen Geist zu klären. Obwohl er Wissenschaftler war, hatte Varela sein Leben auch der buddhistischen Praxis gewidmet. Das Sterben sei ein günstiger Moment, meinte sein Lehrer, durch Praxis die Befreiung zu erfahren. Varela bat seine Familie, alles um ihn herum sehr einfach zu halten. Seine Frau erzählte, ihr Mann habe sich in seinen letzten Tagen der Praxis gewidmet und in einer stillen inneren Verfassung geruht. Einige Tage, nachdem er die Worte seines Lehrers gehört hatte, starb er friedlich an der Seite seiner Frau, die neben ihm lag.

Eine spirituelle Perspektive ist die Voraussetzung, um die Befreiung, die im Sterben möglich ist, zu verwirklichen. Für sterbende Menschen, Familienangehörige, Freunde, aber auch für das medizinische Personal ist es wichtig, dies zu erkennen und gegebenenfalls zu unterstützen. In den Krankenhäusern gibt es oft immer noch Widerstand gegen die spirituelle Begleitung von Sterbenden. Diejenigen, die diese Unterstützung bereitstellen, haben aus dieser Sicht nichts Entscheidendes beizutragen. Ihre Arbeit wird als sekundär gegenüber der primären medizinischen Versorgung betrachtet. Was in den etablierten Gesundheitseinrichtungen oftmals nicht erkannt wird, ist, dass spirituelle Begleitung Angst und Stress lindern kann. Außerdem reduziert sie den Bedarf an bestimmten Medikamenten und teuren Behandlungen, Rechtsstreitigkeiten und die Zeit, die Ärzte und Pfleger damit verbringen, Menschen Mut zu machen. Betreuer – sowohl professionelle als auch familiäre – können durch spirituelle Unterstützung leichter mit Leiden, Verlust und Trauer umgehen. Das größte Glück, das die Begleitung Sterbender uns schenkt, ist, uns der spirituellen Dimension des Daseins zu öffnen.

In einigen spirituellen Traditionen wird gelehrt, dass es eine tiefe Ebene des Geistes gibt, die im Moment des Todes und danach bestehen bleibt. Obwohl ich selbst nicht bezeugen kann, was im Moment des Todes geschieht, versuche ich, für alle Möglichkeiten offen zu sein. Falls das Bewusstsein nach dem physischen Tod weiterexistiert, wünsche ich mir ein klares Herz und einen klaren Geist, um diesem Übergang zu begegnen. Und wieso sollten wir uns den Meditationspraktiken, die diese Klarheit hervorbringen, nicht widmen, da sie uns doch bereits in unserem Alltag beständig stärken?

In diesem Zusammenhang denke ich an eine Geschichte über den chinesischen Zen-Patriarchen Hui Neng. Er hatte erklärt, dass er »im achten Monat aufbrechen« werde, und als seine Zeit gekommen war, bat er seine Schüler, sich um ihn zu versammeln. Die Mönche weinten bitterlich, als sie vernahmen, dass sein Tod bevorstand. Hui Neng, offen und direkt wie immer, wollte wissen, um wen sie weinten. Machten sie sich vielleicht Sorgen, dass er nicht wisse, wohin er gehe? Wenn er das nicht wüsste, meinte Hui Neng, könnte er sie so nicht verlassen. Sie weinten wohl eher darüber, fuhr er fort, selbst nicht zu wissen, wohin sie gingen. Denn wüssten sie es, würden sie nicht weinen, da unsere wahre Natur frei von Geburt und Tod sei.

Oftmals braucht ein sterbender Mensch nichts anderes als Einfachheit. Ein weiter Himmel und ein stilles Zimmer können Frieden schenken. Ein Mann, der im Sterben lag, bat darum, sein Bett unter ein großes Fenster zu stellen. Jeden Tag blickte er in den blauen Himmel New Mexicos. Dann, eines Tages, sagte er zu mir, dass er zu diesem Himmel werde. Er wollte keine Besucher mehr sehen. Er wollte einfach nur still und allein mit diesem Himmel sein. Eines Morgens starb er ganz friedlich in der Gegenwart seines Freundes, des offenen, weiten Himmels, und transzendierte seinen begrenzten Körper.

Ein anderer Mann, der einen Gehirntumor hatte, stand plötzlich von seinem Sterbebett auf, öffnete die Eingangstür und blickte voller Erwartung auf die Straße. Obwohl er sich bereits seit Tagen zurückgezogen und nicht mehr gesprochen hatte, sagte er klar und deutlich: »Lass uns gehen.« Das tat er dann auch noch in derselben Nacht.

Vor nicht allzu langer Zeit betrachtete meine Freundin Maggie einen Fotoband über Tibets heiligen Berg Kailash. Sie war eine erfahrene Praktizierende des tibetischen Buddhismus, und es war ihr größter Wunsch gewesen, den Kailash zu besuchen. Thomas Kelly, ein bekannter Fotograf und Autor des Bandes, hielt sein Buch für sie und blätterte zu einer Aufnahme der »inneren Kora«, des heiligsten und schwierigsten Pilgerpfades auf dem Kailash. Maggie sagte einen Satz: »Oh, wenn ich dort wäre, würde ich sicherlich sterben.« Im nächsten Moment fiel ihr Kopf auf dieses Foto, auf dem die höchsten Stupas des Kailash zu sehen waren, und sie war auf der Stelle tot. Ich weiß, es klingt unglaublich, aber Tom erzählte mir diese Geschichte kurz nach Maggies Tod.

Ein langsames Sterben ist meist mit Erfahrungen verbunden, die eine Vorbereitung auf den eigentlichen Moment des Todes sind. Eine Nahtod-Erfahrung oder die Erfahrung des klinischen Todes kann äußerst unterstützend dafür sein, einen Menschen auf die Wirklichkeit des Todes selbst vorzubereiten – so wie im Falle von Deans Wiederbelebung. Diese visionären Erlebnisse sind meist mit positiven Gefühlen verbunden, die den sterbenden Menschen seine letzten Tage ganz neu erleben lassen.

Das Sterben ruft so viele unterschiedliche Erfahrungen hervor. Im Sterben erleben wir immer wieder veränderte Bewusstseinszustände. Unser Körper verändert sich und mit ihm unser Geist. In diesem Prozess tauchen beglückende und unangenehme Geisteszustände auf. Vielleicht begegnen wir geliebten Menschen, die bereits tot sind, gehen noch einmal durch gute und schlechte Erinnerungen oder haben Halluzinationen, die eine Folge der Medikamente sind, die wir nehmen, vielleicht aber auch der Selbstvergiftung des Körpers oder letztendlich der geistigen Veränderungen, die den Sterbeprozess begleiten.

Nathaniel, ein älterer Mann, den ich begleitete, nahm ein Medikament gegen seine Inkontinenz. Nachts wachte er immer wieder auf und halluzinierte, dass sich Essen in seinem Bett befand. Einmal waren es Karamellbonbons, ein anderes Mal Lasagne und schließlich Schokoladenriegel. Er weckte seine Frau mitten in der Nacht auf und wollte wissen, was all das in seinem Bett zu suchen habe. Sie versicherte ihm, dass er träume und kein Essen in seinem Bett sei. Einmal fragte ich Nathaniel, ob diese Erfahrungen für ihn angenehm seien, und er sagte, dass er immer gerne gegessen habe; Essen mache ihn glücklich und erinnere ihn an seine Kindheit.

Als Nathaniel aufhörte, seine Medikamente zu nehmen, verschwanden damit auch seine Halluzinationen. Doch kurz vor seinem Tod kehrten sie zurück; und wieder waren es angenehme Erfahrungen für ihn. Nathaniel hatte Essen immer geliebt, verlor jedoch seinen Appetit, als der Tod näher rückte. Obwohl seine letzte Mahlzeit für alle anderen unsichtbar blieb, war sie für Nathaniel ein großer Genuss.

Mein Vater dachte während eines seiner Klinikaufenthalte, dass er sich auf einem Schiff auf dem Myakka-Fluss in Florida befand. Er machte sich Sorgen, weil er kein Geld dabeihatte. Ich legte ihm nahe, dass er da, wo er hingehe, kein Geld brauche. Mit einem breiten Grinsen sagte er zu mir: »Du hast recht, Kindchen. Danke.« Kurz vor seinem Tod schien es, als äße er etwas. Meine Schwester fragte ihn, was er da aus seiner Hand in den Mund fallen ließ. »Erdnüsse«, sagte er. Sie wollte wissen, wie sie schmeckten, und mit dem Sinn für Humor, der meinem Vater eigen war, sagte er: »Großartig, wenn sie nur echt wären.«

Was mit sterbenden Menschen geschieht, kann manchmal auch unglaublich komisch sein. Nach einiger Zeit beginnt man, das Unerwartete zu erwarten. Simone lag mit einer Herzinsuffizienz im Sterben. Sie wurde künstlich beatmet. Familie und Freunde waren bei ihr und beteten leise. Mich hatte man gefragt, ob ich kommen und durch den Schleier des Nahtodes zu ihr sprechen und ihr hilfreiche Worte mit auf den Weg geben würde. Nachdem ich gegangen war, salbte eine Freundin sie mit Öl, und eine andere trug ihr etwas heilige Asche auf die Stirn auf. Etwas später tauchte ihr Bridge-Partner auf, auch er ein guter Freund, zog sein Taschentuch aus der Hose und wischte ihr den »Schmutz« von der Stirn. Er bemerkte die Bestürzung nicht sofort, die sich unter allen, die am Bett saßen, ausbreitete; sie löste sich jedoch nach wenigen Augenblicken in Gelächter auf – dieser absurde Moment war typisch für Simones Leben gewesen.

In veränderten Bewusstseinszuständen sehen Menschen immer wieder verstorbene Verwandte, wie im Fall meiner Mutter, die sich auf einem Kreuzfahrtschiff wähnte, die Häfen ihrer Vergangenheit ansteuerte und dabei auch ihrer Mutter und ihrem Vater begegnete. Manchen Menschen begegnen spirituelle Figuren, wie die Jungfrau Maria, Engel, Lichtwesen oder Buddhas. Andere machen mystische Erfahrungen, die ihnen tiefe, bereichernde Einsichten und einen Lebenssinn vermitteln. Meist können diese Einsichten nicht in Worten ausgedrückt werden.

Einmal begleitete ich einen Mann, der an einem AIDS-assoziierten Lymphom starb. Eines Nachmittags fragte er mich, ob ich den Vogel auf der Terrasse vor seinem Schlafzimmer gesehen hätte. Er sagte: »Siehst du den Vogel? Er sitzt auf dem Balkon. Kannst du ihn sehen?« Ich drehte mich um und sah natürlich nichts. Daraufhin fragte ich: »Was siehst du?« »Den wunderschönsten weißen Vogel«, erwiderte er, »siehst du ihn? Eine riesige Taube.« Freudig beschrieb er dieses Wesen, das ihm eine Art Erlöser gewesen sein muss.

Das Sterben bemerkenswerter buddhistischer Lehrer aus allen Schulen des Buddhismus ist ein Beispiel für unser eigenes Potenzial, einen erwachten Tod zu erfahren. So verließ der chinesische Meditations-Meister Hung-Chih Cheng-chüeh den Berg, auf dem er praktizierte, nach dreißig Jahren zum ersten Mal. In seine feinsten Roben gekleidet besuchte er viele Orte und verabschiedete sich von Schülerinnen und Schülern, Förderern, Regierungsbeamten und Freunden. Nachdem er in seinen Tempel zurückgekehrt war, nahm er ein Bad, legte frische Roben an und hielt vor seinen Schülern einen letzten Vortrag. Danach bat er, ihm Papier und Pinsel zu bringen. Er schrieb sein Sterbegedicht nieder und starb, den Pinsel noch in der Hand haltend.

Für eine Sterbebegleiterin, die ich kannte, waren die Augenblicke, bevor ihre Mutter, starb ein Höhepunkt der Erfüllung von Liebe und Inspiration. Ihre Mutter hatte ihr Leben gemeinnütziger Arbeit und spiritueller Praxis gewidmet. Sie war im Einklang mit ihrem Leben und ihrem Geist. Ihre letzten Minuten auf dieser Welt schienen mit Schönheit angefüllt zu sein. Mit ihren letzten Atemzügen rief sie leise aus: »Wie schön, wie wunderschön!« Sie starb mit einem Lächeln auf dem Gesicht.

Manche Tode kommen schrecklich unerwartet, wie der des Mannes, den ich eingangs erwähnte, der auf dem Meditationskissen starb – oder Maggies Tod, der uns alle überraschte. Kürzlich hörte ich die Geschichte eines jungen Mannes, der in der Teton-Bergkette in Wyoming Bergsteigen war. Auf dem Rückweg von seiner spektakulären Kletterei wurde er krank. Er dachte, es sei ein Fall von Höhenkrankheit, und ging sofort zum Arzt. Dieser entdeckte jedoch, dass der junge Mann an Leukämie litt. Früh am nächsten Tag starb er.

Obwohl all diese Tode gänzlich unerwartet waren, zeichnet sie eine eigentümliche Schönheit und Harmonie aus. Um ehrlich zu sein: Ich will lieber auf einem Meditationskissen sterben oder nachdem ich auf dem Gipfel eines majestätischen Berges gestanden habe, als bei einem Autounfall ums Leben zu kommen. Aber ich weiß natürlich, dass ich nicht wissen kann, wie und wann ich sterben werde.

Dann gibt es Menschen, denen es vergönnt ist, ihrem Tod nach langer, sorgfältiger Vorbereitung zu begegnen. Dies war bei Julie der Fall, die ich kennenlernte, als der Brustkrebs sich bereits auf Leber, Lunge und Gehirn ausgebreitet hatte. Sie war kurz davor, zu erblinden, und schien dem Tod nahe zu sein. Aber Julie hatte einen Geist, der nicht aufgab, und sie war entschlossen, ihr Sterben mit voller Akzeptanz zu leben.

Eines Tages lud sie mich zu sich ein. Nachdem wir ein wenig miteinander geplaudert hatten, fragte sie: »Würdest du mir bitte erklären, wie man stirbt?«

Ich sagte ihr, dass das, was ich zu wissen glaubte, letztendlich auf Spekulation beruht. Ich sei eben nur eine Schülerin in der Betrachtung des Sterbens, keine Expertin. Dann schlug ich ihr vor, gemeinsam zu meditieren.

Wir atmeten miteinander. Ich sagte zu Julie: »Mache dir vor allem dein Ausatmen bewusst, denn damit wird tatsächlich alles zu Ende gehen. Lasse mit dem Ausatmen los und schau, wie tief du in ein Gefühl des Friedens hinein loslassen kannst. Denk doch mal so darüber nach: Vielleicht wirst du wieder einatmen, vielleicht aber auch nicht. Konzentriere dich also vor allem auf das Ausatmen.«

In der Zeit, die wir miteinander verbrachten, ging es hauptsächlich um Einfachheit, Klarheit und Akzeptanz. Wir praktizierten, uns auf das Ausatmen zu konzentrieren, und unterlegten diese Praxis später mit einem der Achtsamkeits-Verse des Zen-Lehrers Thich Nhat Hanh: »Ein, aus. Tief, ruhig. Still, entspannt. Lächle, lass los. Gegenwärtiger Moment, einziger Moment.« Jedes Wort oder jede Phrase begleitet das Ein- und Ausatmen.

Einige Tage später kamen fünfzehn Frauen zu mir, die alle entweder Brustkrebs hatten oder davon geheilt waren, um gemeinsam zu meditieren. Den meisten von ihnen war die Praxis der Meditation neu. Julie, deren Erkrankung weit fortgeschritten war, verstörte einige der Frauen, die sich als Überlebende betrachteten. Sie sah wie eine Zen-Nonne aus: keine Haare, schwarze Kleidung. Auf ihrem Nacken hatte sie Verbrennungen von der Chemotherapie, und ihre Ohren waren geradezu durchsichtig. Aber sie lachte auch.

Am Ende unserer Retreats sitzen wir meist in einem Gesprächskreis zusammen, um unsere Erfahrungen auszutauschen. Das Sprechobjekt macht dabei im Kreis die Runde, was uns hilft, uns mit jeder Sprechenden tief zu verbinden. Alle hören still und konzentriert zu, als sei dies für die Sprechende der letzte Tag auf Erden. Und so sprachen auch diese Frauen miteinander und hörten einander zu. Als Julie an der Reihe war, nahm sie das Sprechobjekt mit beiden Händen entgegen und sagte: »Ich wünschte, ich könnte meinen Tod so annehmen wie diesen Stab.« Sie gab ihn an die Frau zurück, die ihn ihr gereicht hatte, und sagte: »Bitte lass mich den Stab noch einmal annehmen.« Daraufhin wurde ihr der Stab ein zweites Mal gegeben. Sie praktizierte Akzeptanz und Loslassen.

Julie sprach mit Kraft und Optimismus über ihren bevorstehenden Tod. Sie hatte alles unternommen, um am Leben zu bleiben, aber jetzt war ihre Zeit gekommen, um zu sterben. Aus ihr sprach kein Selbstmitleid, kein Bedauern. In ihrer Klarheit war sie wie ein Diamant; in ihrer Wahrheit war sie sanft. Ich spürte tiefen Respekt für sie. Ich glaube, wir alle spürten ihn. Einige von uns hatten in den vorausgegangenen Monaten des Ringens mit ihrer Erkrankung sehr eng mit ihr praktiziert. In ihrem Unverständnis darüber, dass all ihre Versuche, den Krebs zu heilen, nicht gefruchtet hatten, hatte sie bitterlich geweint. Sie hatte um ihr Leben gekämpft, und jetzt war sie bereit, zu sterben.

Als die Zeit des Sterbens näher rückte, nahm Julie einen ganzen Tag lang an einem Gesprächskreis teil. Rebecca, eine Krankenpflegerin, teilte ihre Verzweiflung darüber mit, dass sie nicht mehr Mitgefühl in die Krankenhausatmosphäre, in der sie arbeitete, einbringen konnte. Julie sprach kurz nach Rebecca. Wir alle waren von der Ehrlichkeit und Direktheit ihrer Präsenz berührt. Ich sah, wie Rebecca Julie betrachtete. Während sie der jungen Frau zuhörte, schien sie ihre eigene Frustration vergessen zu haben.

In weniger als einer Woche erfüllte sich Julies Wunsch nach einem friedvollen Sterben. Der letzte Gesprächskreis hatte an einem Mittwoch stattgefunden. Samstags wurde Julies Grab ausgehoben, und montags wurde sie in die Klinik eingeliefert, in der Rebecca arbeitete. Am Montagmorgen betrat Rebecca das Zimmer 201 und sah, dass Julie ihre Patientin war.

Später an diesem Vormittag fragte Rebecca Julie, ob sie eine Anordnung zum Verzicht auf Wiederbelebung unterschrieben hatte. Das hatte Julie nicht, und nachdem Rebecca ihr erklärte, worum es sich dabei handelte, wollte Julie das Formular unterschreiben. Sie wusste, dass ihr Tod bevorstand, und wollte, dass nichts in den natürlichen Ablauf eingriff.

Um zehn vor zwölf am selben Tag sagte Julie zu ihren Freunden: »Ich sterbe jetzt.« Eine halbe Stunde später war sie tot. Sie starb mit der Unterstützung und in Gegenwart ihrer vier Brüder und ihrer Mutter. Außerdem waren mehrere befreundete Begleiter, Rebecca und der Patientenvertreter der Klinik anwesend. Alle fanden, dass es ein stiller, freundlicher Tod war, mit einem kurzen Moment der Angst, der vorüberging, als ihr Sterben sich dem Ende näherte.

Ich kam eine halbe Stunde später. Die Anwesenden waren müde und gingen etwas essen. Das gab mir die Möglichkeit, bei Julies Körper zu sitzen. Ihr rechtes Auge war geschlossen, als würde sie nach innen schauen. Ihr linkes Auge stand offen und hatte eine sehr kleine Pupille, als hätte sie ins Licht geblickt. Den Mund hielt sie geöffnet, als würde sie gerade *ah* sagen. Im Profil sah sie aus, als ob sie meditierte. Sie wirkte nicht, als ob sie schliefe, sondern als hätte sie sich dem Frieden überlassen.

Als ich bei ihrem Körper saß, fragte ich mich: »Wo ist sie hingegangen? Wo ist Julie hingegangen?« Ich konnte mir nicht vorstellen, dass das Lachen, das ich erst vor wenigen Tagen gehört hatte, nicht noch irgendwo präsent sein sollte. Ich beschäftigte mich mit dieser Frage und unterzog mich dann einigen Meditationspraktiken, die für Menschen bestimmt sind, die gerade gestorben sind.

Bald darauf wurde eine Bahre ins Zimmer gerollt, und Julies Körper wurde in eine weiße Körpertasche aus Plastik gelegt. Eine Entourage aus Krankenpflegerinnen, Familienmitgliedern, Freunden und dem Patientenvertreter folgte ihr durch die Gänge, als handele es sich um eine verstorbene Königin. Sie wurde in einen kleinen Kombiwagen gelegt und in ein Dorf nördlich von Santa Fe gebracht.

Julie wollte hinter ihrem Haus bestattet werden. Sie hatte darum gebetet, in eine indianische Decke gehüllt und in den Sarg gelegt zu werden, den sie selbst entworfen hatte. Einige Wochen zuvor hatte sie mit einem Möbelschreiner an ihrem eigenen Sarg gearbeitet.

Am nächsten Tag stiegen ihre vier älteren Brüder auf einem verschneiten Feld in das klaffende Loch und nahmen den Sarg entgegen, als würden sie Julie der Erde zurückerstatten. Danach schaufelten wir gemeinsam Erde in das offene Grab. Es dauerte, bis wir das Loch aufgefüllt hatten. In dieser Zeit konnte ich beobachten, wie Trauer sich in ein Gefühl der Gemeinschaft verwandelte.

Auf ihrer Reise zur Endstation Tod ließ Julie nichts aus. Sie hatte Angst und verwandelte sie; gegen Ende schenkte sie anderen sogar Furchtlosigkeit. Sie war voller Liebe, und in ihrem Sterben verband sie andere in Liebe miteinander. Sie machte Pläne und führte ihre Pläne mit Mut und Würde aus. Sie hielt nichts zurück, und am Ende hielt nichts sie zurück. Sie war nicht sentimental. Sie öffnete sich dem Nicht-Wissen, ihrem ständigen Begleiter, und erhielt sich dadurch ein frisches Herz und einen flexiblen Geist. Sie erinnerte mich an den gebrochenen Kiefernzweig, der das Ewige und das Zerbrechliche, die sich in einem Phänomen begegnen, symbolisiert. Denn unser Leben ist wie ein Kiefernzweig, frisch und grün durch alle Jahreszeiten hindurch, und doch kann er zu jeder Jahreszeit zerbrechen.

Julies mutige Akzeptanz ihres Todes war keine Resignation. Ganz im Gegenteil: Sie hatte tief verstanden, dass der Tod ein Teil des Lebens ist. Wenn ich an sie denke, fühle ich mich an Howard Auster, den langjährigen Partner des Schriftstellers Gore Vidal, erinnert. An der Tür des Operationssaales wendete er sich an seinen berühmten Freund und sagte: »Du, es ist toll gewesen«, und gab damit nicht nur sein eigenes, sondern beider Leben frei.

Wenn wir die Unausweichlichkeit des Todes annehmen, ist das weder eine gute noch eine schlechte Sache. »Der Tod passiert«, sagte einer meiner Lehrer, »es ist einfach nur der Tod, doch wie wir ihm begegnen, liegt allein an uns.«

Meditation:

Auflösung der Elemente im Sterben

Die tibetisch-buddhistische Beschreibung der Auflösung der Elemente ist eine Landkarte des Sterbeprozesses, die es Sterbebegleitern erlaubt, sich mit den physischen und geistigen Anzeichen des Sterbens und der Erfahrung des Todes vertraut zu machen. Sie dient allerdings auch der Verwandlung von Sterben, Tod und Wiedergeburt in die Erfahrung von Erleuchtung und Befreiung. Die folgende Praxis beschreibt einen Weg, auf dem der Praktizierende den Sterbeprozess bewusst durchlaufen kann und ihn dadurch transformiert.

Dem tibetischen Buddhismus zufolge beginnt der Prozess des Sterbens, sobald die Grundlagen des Bewusstseins sich aufzulösen beginnen. Die Grundlagen, im tibetischen Verständnis, sind die sogenannten »Winde«, die die Beweglichkeit des Körpers kontrollieren, also unser Sprechen, Schlucken, Spucken, Urinieren, unsere Darmentleerung, die Bewegung der Glieder und Gelenke, die Bewegung der Augen, das Fließen in den Blutgefäßen, unsere Atmung und Verdauung.

Sobald sich die Winde im Sterbeprozess verwandeln, geht der Geist durch radikale Veränderungen. Fortgeschrittene Yogis folgen diesen Prozessen bewusst, um die Kontrolle über die geistigen Zustände zu behalten, die im Sterben auftauchen, und den Tod als die Befreiung zu erleben, die er in Wirklichkeit ist.

Die folgenden Beschreibungen und Praktiken bezüglich der Auflösung der Elemente beruhen auf jahrhundertealten, detaillierten Betrachtungen erfahrener Meditierender in Tibet. Auch wenn es sich dabei um esoterische Praktiken handelt, sind sie meiner Erfahrung nach äußerst hilfreich für die Arbeit mit Sterbenden und ihren Betreuern. Die Beschreibungen bestätigen die Beobachtungen vieler professioneller Betreuer im Hinblick auf die physischen, mentalen und energetischen Veränderungen bei

Sterbenden. Sie sind eine Hilfe, ein Wegweiser und eine Quelle der Inspiration für alle, die durch die Erfahrung des Sterbens gehen oder sich auf sie vorbereiten wollen.

Teil dieser Beschreibung ist die Auflösung unserer subjektiven Erfahrung, also all dessen, was uns den Eindruck einer eigenständigen Identität verleiht, nämlich Körper, Empfindungen, Wahrnehmungen, geistige Formationen und Bewusstsein. Einen gewissen Eindruck davon können wir bereits gewinnen, wenn wir krank sind und altern. So fühlen wir zum Beispiel die Schwere und Schwachheit des Körpers, wenn wir krank sind, und können dadurch einige der Anzeichen erkennen, die im Prozess der Auflösung eintreten werden. Wenn wir älter werden, wird uns der Einfluss der Erdanziehungskraft immer deutlicher. Unsere Sinne sind dann weniger empfänglich, und unser intellektueller Zugriff auf die Welt wird schwächer. Krankheit und Alter geben uns also einen Vorgeschmack dessen, was uns im Sterben begegnen wird. Tibetischen Lamas zufolge gehen wir auch im Fall eines plötzlichen Todes durch diesen sukzessiven Prozess der Auflösung.

Die hier vorgestellte Praxis beschreibt nicht nur die Auflösung der Elemente des Geistes, sondern auch die des Körpers – Erde, Wasser, Feuer, Luft – und ihre Freisetzung in den Raum. Durch das Freisetzen der Elemente unserer Identität, also dessen, was wir »Ich« nennen, lösen wir uns in das strahlende Licht des Geistes auf und lassen das los, was wir als Bewusstsein bezeichnen.

Sterbende Menschen können diese Beschreibung benutzen – ganz gleich, ob sie sie hören oder selbst lesen –, um sich mit dem Sterbeprozess vertraut zu machen und sich im Loslassen zu üben. Eine Frau, die ich betreute, arbeitete ein Jahr lang mit einer Tonaufnahme des Textes, bevor sie starb. Laut ihrer Familie war ihre aktive Sterbephase frei von Furcht und Widerstand.

Sehr wirkungsvoll für diese Praxis ist es, sich in der »Haltung des schlafenden Löwen« niederzulassen, der Meditationshaltung, die der Buddha einnahm, als er im Sterben lag. Dazu sollten Sie sich auf Ihre rechte Seite legen und die Beine ein wenig anziehen. Der linke Arm ruht auf der linken Körperseite; der rechte Arm stützt den Kopf, wobei die Wange in der Handfläche ruht. Um die Haltung zu vervollkommnen, können Sie den rechten kleinen Finger an das rechte Nasenloch legen.

Machen Sie es sich bequem, und verändern Sie, wenn es notwendig wird, Ihre Haltung, während Sie praktizieren.

Der Scheitelpunkt Ihres Kopfes sollte auf ein Bild – real oder imaginiert – Ihrer Wahl ausgerichtet sein. Es kann sich dabei um Jesus, Buddha, Mohammed, Abraham, die Jungfrau Maria oder Kuan Yin handeln oder jedes andere Wesen, das die Essenz der Erleuchtung – Mitgefühl, Liebe und grundlegende Güte – repräsentiert. Ihr tiefer Wunsch ist es, das Bewusstsein im Moment des Todes durch den Scheitelpunkt des Kopfes zu befreien und als Essenz der Erleuchtung zu manifestieren.

Lassen Sie den Atem gleichmäßig und sanft werden. Folgen Sie Ihrem Atem. Was auch auftauchen mag – Widerstand oder Sorgen, Trauer oder Freude, Langeweile oder Geschichten –, machen Sie sich alles bewusst, und nehmen Sie es an, aber kehren Sie immer wieder sanft zu Ihrem Atem zurück.

Stellen Sie sich vor, dass dies eine realistische Beschreibung des Sterbevorgangs, Ihres Sterbevorgangs, ist. Registrieren Sie, was vor sich geht, während Sie diese Übung machen. Nehmen Sie jedes aufsteigende Gefühl und jede Empfindung wahr, während diese durch Ihren Körper und Geist wandern, und lassen Sie sie dann wieder los.

1. Die Auflösung des Erdelements in Wasser und die Loslösung des Körpers

Stellen Sie sich vor, dass Sie zu Hause im Bett liegen. Freunde und Familienmitglieder sind um Sie versammelt, doch Sie nehmen sie nur undeutlich wahr. Sie sind aufgewühlt und nehmen diesen Geisteszustand an.

Ihr Körper ist schwach. Sie haben nicht mehr die Energie, irgendetwas zu tun. Sie sind einfach nur da. Sie lassen los, während Sie sterben. Spüren Sie, wie Ihr Körper schwer wird, als würde ihn ein starkes Gewicht niederdrücken. Diese Schwere ist durchdringend und tief; sie reicht bis ins Zentrum Ihres Körpers. Ihr Körper fühlt sich an, als ob er sich auflösen würde; Arme und Beine scheinen nicht mehr zu ihm zu gehören. Sie fühlen sich, als würden Sie langsam im Wasser versinken; tiefe Müdigkeit durchdringt jede Zelle Ihres Körpers. Wachen Sie auf, während der Körper loslässt.

Ihre Sinne sind nur noch sehr lückenhaft auf die äußere Welt gerichtet. Ihr Sehvermögen ist schwach. Es fällt Ihnen schwer, die Augen zu öffnen und zu schließen. Der Zugriff Ihrer Sinne auf die Welt löst sich auf. Mit dem Körper, der Ihnen entgleitet, entgleitet Ihnen auch die äußere Welt.

Ihr Blutdruck fällt ab, und Ihre Haut ist blass. Das Blut zieht sich in das Zentrum des Körpers zurück. Sie sind schläfrig und schwach, ohne Interesse an der äußeren Welt. Sie sinken immer tiefer in einen trüben und dumpfen Geisteszustand. Bilder, die auftauchen, sind wie blaue Luftspiegelungen.

Sie gehen durch die Auflösung des Körpers und die Ablösung von der physischen Welt – dies erfahren Sie als Schwere, Müdigkeit, Druck, den Verlust von Begrifflichkeit, das Zurückziehen der Farben aus Ihrem Körper, Kontrollverlust und das Unvermögen, die Welt der Form um Sie herum wahrzunehmen.

Seien Sie in diesem Körper- und Geisteszustand wach und ohne Anstrengung präsent. Im Loslassen kann Ihr Geist still und betrachtend sein. Dieser Körper ist nicht, wer Sie sind. Sie erleben die Aufspaltung des Erdelements, während es in Wasser versinkt und Form sich in Empfindungen auflöst.

2. Die Auflösung des Wasserelements in Feuer und die Loslösung der Empfindungen

Fühlen Sie, wie Ihr Körper sich auflöst. In diesem Loslösungsprozess nimmt Ihr Hörvermögen ab, und Sie versinken in einen getrübten Geisteszustand.

Ihre Nase läuft; Speichel tropft Ihnen aus dem Mund. Ihre Augen sind wässrig. Es fällt Ihnen schwer, den Urin zu halten. Ihre Haut ist klamm.

Dadurch, dass die Flüssigkeiten den Körper verlassen, trocknet er aus. Ihre Haut wird pergamenten. Ihre Lippen sind zurückgezogen und spröde. Die Zunge ist dick, klebrig und schwer. Ihr Hals kratzig und verstopft. Die Nasenflügel fallen ein und brennen vor Trockenheit, wenn Sie einatmen. Ihre Augen fühlen sich sandig an und brennen. Sie scheiden nicht mehr viel Urin aus. Sie spüren einen Durst, den kein Wasser mehr löschen kann.

Lassen Sie los, und öffnen Sie sich vollständig dieser Trockenheit. Geben Sie das flüssige Element – Wasser und Empfindungen – frei.

Ihr Geist ist verschleiert, und Sie sind reizbar. Sie haben aufgehört, Schmerzen, Freude oder auch nur Gleichgültigkeit zu empfinden. Sie differenzieren nicht mehr zwischen physischen und mentalen Eindrücken. Diese Unterscheidungen sind für Sie nicht mehr wichtig.

Wenn Sie hinter Ihre Augen blicken, sehen Sie aufsteigenden Rauch. Das Wasserelement löst sich in Feuer auf. Sie reagieren nicht mehr auf Phänomene. Wachen Sie, während Sie loslassen, in dieser Vision aufsteigenden Rauchs auf.

3. Die Auflösung des Feuerelements in Luft und die Loslösung der Wahrnehmungen

Indem das Feuerelement des Körpers sich auflöst, beginnen Sie, sich kühler zu fühlen. Die Hitze zieht sich aus Händen und Füßen in die Mitte des Körpers zurück. Der Atem, der durch Mund und Nase strömt, ist kalt. Mund, Nase und Augen trocknen noch stärker aus. Ihr Wahrnehmungsvermögen nimmt weiter ab. Das Feuerelement löst sich in das Luftelement auf.

Sie können nicht mehr riechen. Sie sind nicht hungrig und können auch keine Nahrung mehr verdauen. Sie können nicht schlucken und nicht trinken. Das Einatmen ist weniger kräftig, und das Ausatmen wird länger. Ihre geistige Wahrnehmung wechselt zwischen Klarheit und Verwirrung. Die Sinnesfelder lösen sich auf, und Sie können nicht mehr sehen, hören, schmecken, fühlen oder riechen. Ihr Einatmen ist kurz. Ihr Ausatmen ist lang.

Sie erinnern sich nicht mehr an die Namen Ihrer Freunde und Familienmitglieder und erkennen niemanden mehr, der bei Ihnen ist. Sie haben kein Interesse mehr an Ihrem sich auflösenden Leben oder an dem, was um Sie herum geschieht.

Vielleicht fühlen Sie sich, als würden Sie von einem Feuer, das in die Luft steigt, verzehrt werden. Lassen Sie in dieses Feuer hinein los, jetzt, da Ihr Geist freigesetzt wird. Vielleicht sehen Sie Funken, die wie Glühwürmchen wirken. Wachen Sie in dieser Vision schimmernder Funken auf. Das ist die Aufspaltung des Feuerelements in das Luftelement und die Auflösung Ihres Wahrnehmungsvermögens.

4. Die Auflösung des Windelements in den Raum und die Loslösung der geistigen Formationen

Sie haben jetzt alles Bemühen losgelassen. Akzeptieren Sie diese Ziellosigkeit, die frei von Sinn und Zweck ist. Ihr Einatmen ist kurz. Ihr Ausatmen ist lang. Der Geist ist sich nicht länger der äußeren Welt bewusst.

Die Auflösung des Luftelementes führt dazu, dass Sie Visionen haben. In diesen Visionen drückt sich aus, wer Sie sind und wie Sie Ihr Leben gelebt haben. Vielleicht sehen Sie Ihre Familie und Ihre Vorfahren in einer friedlichen Umgebung. Vielleicht sehen Sie schöne Menschen, Heilige oder Freunde, die Sie willkommen heißen. Oder Sie durchleben noch einmal angenehme Momente aus Ihrer Vergangenheit.

Es können sich aber auch bedrängende Visionen einstellen. Falls Sie Menschen verletzt haben, kann es sein, dass diese auftauchen werden. Schwierige Episoden Ihres Lebens könnten ebenfalls auftauchen und Sie verfolgen. Menschen, mit denen Sie problematische Begegnungen hatten, greifen Sie jetzt vielleicht an. Es kann sein, dass Sie sich fürchten und schreien.

Identifizieren Sie sich nicht mit diesen Visionen. Erlauben Sie ihnen, aufzutauchen. Das Luftelement löst sich auf. Es gibt nichts mehr für Sie zu tun. Praktizieren Sie einfach den Atem des Loslassens und lassen Sie alles abfallen.

Ihre Zunge ist dick und schwer. An der Wurzel ist sie blau angelaufen. Sie haben bereits Ihren Geschmackssinn verloren und jetzt verlieren Sie auch den Geschmack am Leben. Sie haben kein Druckempfinden mehr und auch kein Körperempfinden. Ihr Körper bewegt sich kaum noch. Die noch vorhandene Energie zieht sich in die Körpermitte zurück. Alle verbleibende Wärme sammelt sich jetzt in der Herzgegend. Das Einatmen ist kurz, nur noch ein Hauch. Das Ausatmen ist lang, aber unregelmäßig. Ihre Augen, die in die Leerheit schauen, sind nach oben gerollt. Sie haben aufgehört zu denken.

In dieser Phase zieht sich Ihr Bewusstsein in einen immer kleiner werdenden Punkt zusammen. Nach drei weiteren Atemzügen hebt Ihr Körper sich leicht dem Atem entgegen, der aber tritt nicht mehr in Sie ein. Alle geistigen Funktionen hören auf. Das

Bewusstsein löst sich in den Raum auf. Von außen betrachtet sind Sie gerade gestorben. Atem und Gehirnaktivität haben aufgehört. Machen Sie sich mit diesem Zustand der Leerheit vertraut. Lassen Sie sich in ihn hineinfallen. Das ist das Windelement, das sich in den Raum auflöst.

Im Moment des physischen Todes erscheint dem Geist eine kleine, flackernde Flamme, wie eine Kerze. Sie erlischt plötzlich, und Sie sind ohne Bewusstsein.

5. Die innere Auflösung

Vom Scheitelpunkt wird ein weißer Tropfen, angetrieben von den inneren Winden, durch den zentralen Kanal nach unten in Richtung des Herzens getragen. Es handelt sich dabei um die männliche Essenz. Wut verwandelt sich dadurch in umfassende Klarheit. Sie erfahren einen makellosen Herbsthimmel, aus dem blendendes Sonnenlicht strahlt.

Ein roter Tropfen wird von der Basis der Wirbelsäule durch den zentralen Kanal nach oben in Richtung des Herzens getragen. Es handelt sich dabei um die weibliche Essenz. Verlangen verwandelt sich dadurch in umfassende Freude. Sie erfahren einen weiten, klaren kupferroten Herbsthimmel bei Sonnenuntergang.

Der weiße und der rote Tropfen treffen im Herzen aufeinander und umhüllen Ihr Bewusstsein. Die Winde treten in Ihr Bewusstsein ein. Sie sind jetzt vom konzeptuellen Geist befreit. Tiefe Dunkelheit, wie ein sternenloser Nachthimmel im Herbst, taucht auf. Sie gehen in die Unbewusstheit ein.

Aus diesem Nichts erhebt sich ein Strahlen. Sie sind eins mit dem klaren Himmel des Sonnenaufgangs, der frei ist von Sonnenlicht, Mondlicht und Dunkelheit. Sie sind Seligkeit und Klarheit. Das klare Licht der Gegenwärtigkeit ist jetzt befreit.

Das ist die große Vollendung.

Dies ist der eigentliche Moment des Todes.

18. Dankbarkeit für die sterbliche Hülle

Sorge für den Körper nach dem Tod

Als David an einem Gehirntumor starb, hatte er seine letzten Wünsche bereits mit seiner Familie besprochen und ihnen mitgeteilt, was mit seinem Körper geschehen solle. Als ich zwanzig Minuten nach seinem Tod ankam, um zu helfen, traf ich auf eine stille, sehr bewegende Szene der Anteilnahme.

Seine Frau wischte behutsam den Schleim aus seinem Mund; seine Zwillingsschwester hielt die Hand ihres Bruders und dankte ihm für alles, was sie von ihm gelernt hatte. Sein engster Freund und die Hospiz-Pflegerin hielten sich im Arm und beteten leise. Nichts wirkte überstürzt; niemand verlor sich in Geschäftigkeit oder versuchte zu verdrängen, was gerade geschehen war. Alle wirkten, in einer stillen, verbundenen Art und Weise, offen für diesen Tod.

Die Begleitung Sterbender endet nicht mit dem Moment des Todes. Als Betreuer oder Familienmitglieder, die den Tod eines Freundes oder Verwandten miterlebt haben, ist es unser Privileg, uns um den Körper des Verstorbenen zu kümmern. Heutzutage haben viele von uns die lebendige Verbindung mit dem Kreislauf von Geburt und Tod verloren, da wir immer stärker von traditionellen Gemeinschaften und der Großfamilie abgeschnitten sind. In früheren Jahrhunderten wäre es sehr ungewöhnlich gewesen, dass jemand das Erwachsenenalter erreicht, ohne den Tod direkt miterlebt zu haben. Aus diesem Grund hatten unsere Vorfahren vielleicht einen selbstverständlicheren Blick auf den Tod als dem natürlichen Ende des Lebens. Stattdessen lernen wir bereits als kleine Kinder, uns vor einem toten Körper zu fürchten, und werden oftmals davor »geschützt«, zum Beispiel davor, unsere toten Großeltern zu sehen. Die Konsequenz dessen ist, dass schon der Gedanke an eine Leiche die meisten Menschen verschreckt und wir Angst davor haben, nicht stark oder mutig genug zu sein, uns um die sterbliche Hülle eines geliebten Freundes oder Familienmitglieds zu kümmern.

Ein einfacher, aber ratsamer Schritt, um alle darauf vorzubereiten, was kommt, kann darin bestehen, mit dem sterbenden Menschen ein Gespräch darüber zu führen, wie man sich um ihren oder seinen Körper kümmern soll. Als David wissen wollte, was direkt nach seinem Tod mit seinem Körper geschehen würde, gab das seiner Familie und seinen Freunden eine Chance, mit ihm gemeinsam darüber nachzudenken, was er sich wünschte und was möglich war. Dieses Gespräch öffnete alle noch mehr für Davids Erfahrung und dem, was mit jedem Tag näher rückte.

Wenn es kulturell und psychologisch angebracht ist, können Sie als Begleiter Freunde und Verwandte auf den Moment des Todes vorbereiten, indem Sie ihnen vorschlagen, eine Atmosphäre der Stille und des Respekts zu wahren. Erklären Sie ihnen, wie der Moment des Todes sein wird. Letztendlich hängt es natürlich davon ab, wie jeder einzelne stirbt, doch meist ist der eigentliche Moment des Todes ganz einfach – ein langes Ausatmen des Loslassens. Wie wir gesehen haben, sind manche Tode anstrengend, doch jeder Körper wird unweigerlich in Frieden ruhen.

Als Begleiter sollten wir uns vom Glauben und den Vorstellungen des sterbenden Menschen leiten lassen und ihnen gegenüber offen sein. Wir sind aufgefordert, uns mit den Besonderheiten unterschiedlicher Glaubensvorstellungen vertraut zu machen und alle spirituellen Ansätze, die einer Gemeinschaft oder dem sterbenden Individuum zur Verfügung stehen, zu unterstützen. Aus diesem Grund frage ich oft: »Was leitet und unterstützt Sie in

Ihrem Leben? Woran glauben Sie? Was ist Ihnen in diesem Moment wirklich wichtig?«

Eine Betreuerin beschrieb mir ihre Erfahrungen bei der Begleitung einer Sterbenden:

> Ich bin bestürzt darüber, wie die Menschen heutzutage in den Kliniken sterben, nämlich ohne Einsicht in die grundlegende Heiligkeit dieses Übergangs. Letzten Freitag haben wir etwas Wunderbares gemacht. Ich begleitete eine zwanzig Jahre alte Frau aus Kambodscha, die nach einem Unfall bereits ein Jahr lang im Wachkoma lag. Die Familie hatte sich Gott sei Dank entschieden, die künstliche Beatmung und Ernährung abzuschalten. Ich fragte den Vater, ob sie einem Glauben naheständen. »Wir sind Buddhisten«, sagte er. Ich fragte ihn, ob wir eine Zeremonie für seine Tochter abhalten sollten, und er sagte ja. Ich rief die andere Krankenpflegerin (sie hatte gerade ein Einzel-Retreat gemacht und Sogyal Rinpoches Buch *Das tibetische Buch vom Leben und Sterben* gelesen), und sie organisierte eine wunderschöne Zeremonie. Erst rezitierten wir das *Herz-Sutra* und andere Gebete, und dann saßen wir in Stille, während das Leben der jungen Frau verebbte. Ich legte ihr eine *mala* um den Hals und klebte Bilder des Buddha an ihr Krankenbett. Der Raum füllte sich mit Stille und Frieden.

In vielen Traditionen herrscht die Vorstellung, dass der Geist oder das Bewusstsein des Verstorbenen noch eine Zeit lang anwesend ist – vielleicht im Körper, vielleicht im Raum. Als Begleiter sollten wir diese Präsenz respektieren, während wir zugleich die praktischen Dinge tun, die getan werden müssen. Dabei hat jede Kultur ihre eigenen Traditionen, den Körper auf das Begräbnis oder die Verbrennung vorzubereiten. Im Folgenden mache ich einfach nur einige Vorschläge, wie wir mit diesem abschließenden Aspekt des Sterbens umgehen können.

Direkt nach dem Tod sollten Sie versuchen, im Sterbezimmer alles so einfach und ruhig wie möglich zu halten. Stören oder berühren Sie den Körper nicht, falls das geht. Wenn es absolut notwendig ist, den Körper zu berühren oder zu transportieren, sollte dies sehr behutsam geschehen. Alle, die anwesend sind, können für den Frieden und die Befreiung des gerade Verstorbenen beten. Wenn es angemessen ist, können Sie heilige Texte vorlesen oder eine Zeremonie in der Tradition des Verstorbenen durchführen. Da es ungefähr zwei Stunden dauert, bis die Totenstarre einsetzt, haben Sie genügend Zeit, den Körper zu waschen und einzukleiden – Sie müssen sich nicht beeilen; lassen Sie sich Zeit.

Oft wurde ich Zeuge davon, wie heilsam es für Familienmitglieder und Freunde ist, den Körper zu waschen und vorzubereiten. Es ist ein letzter Akt der Vertrautheit und des Respekts. Heutzutage fürchten wir uns oft vor dieser Aufgabe und legen sie in die Hände der Bestatter, obwohl es eine wunderbare Gelegenheit ist, nach dem Verlust eines geliebten Menschen zusammenzufinden.

Direkt vor und im Moment des Todes hat der sterbende Mensch sich möglicherweise erbrochen, uriniert, den Darm entleert oder geschwitzt. Anstatt einfach nur Wasser zu benutzen, können Sie den Körper mit einer Mischung aus Alkohol (eine kleine Menge genügt, um die Poren zu schließen) und einem milden, wohlriechenden Tee abreiben.

Falls der Verstorbene zu Hause aufgebahrt werden soll, möchte ich einige Vorschläge machen. Platzieren Sie etwas Watte im Rektum, um Ausscheidungen zu verhindern, und ziehen Sie ein Kondom über den Penis oder legen Sie Watte in die Vagina. Sie können die Zähne und den Mund reinigen. Entfernen Sie keinen Zahnersatz, da Sie ihn möglicherweise nicht mehr einpassen können, nachdem die Totenstarre eingesetzt hat. Manchmal kommt es nach dem Tod zu Muskelkrämpfen im Gesicht und in den Gliedmaßen. Machen Sie sich darüber keine Sorgen; gelegentliche Muskelreflexe sind normal.

Kleiden Sie den Körper sorgfältig ein, und bringen sie ihn in seine endgültige Lage, bevor die Totenstarre einsetzt. Wählen Sie leichte Kleidung und decken Sie ihn nicht zu. Der Körper sollte so kühl wie möglich gehalten werden. Benutzen Sie eine Klimaanlage, einen Ventilator, Trockeneis oder öffnen Sie das Fenster, um die Luft frisch zu halten.

Oft sind die Augen während des Sterbens und nach dem Tod offen. Falls Sie es wünschen, können Sie die Lider sanft schließen und mit einem Pflaster befestigen.

Der Mund ist vielleicht ebenfalls geöffnet. Sie können ihn schließen, indem Sie einen Schal um den Kopf binden. Da der Tod uns an den Schlaf erinnert, kann der Eindruck des Toten auf Familie und Freunde weniger verstörend sein, wenn wir das Gesicht in einer friedlichen Haltung des Schlafes arrangieren. Schal und Pflaster können nach kurzer Zeit entfernt werden.

Mit der Zeit wird der Körper langsam auskühlen. Der letzte Ort, von dem die Wärme sich zurückzieht, ist die Herzgegend. Wenn das Herz immer noch Wärme ausstrahlt, sollten Sie besonders darauf achten, was um den Toten herum geschieht. In der buddhistischen Tradition ist dies nämlich ein Zeichen der Realisierung oder Befreiung im Moment des Todes.

Vielleicht fragen Sie sich, ob es gesundheitsschädlich ist, den Toten zu Hause aufzubahren, selbst wenn es sich nur um eine kurze Zeit handelt. Es besteht dabei überhaupt keine Gefahr. Gehen Sie mit dem Körper des Verstorbenen so um, wie Sie auch mit einem lebendigen Körper umgehen würden. Treffen Sie die üblichen Vorsichtsmaßnahmen, besonders dann, wenn die Person an einer ansteckenden Erkrankung gestorben sein sollte.

In den Vereinigten Staaten muss ein Arzt einen Totenschein ausstellen.[20] Normalerweise ist es einfacher, sich um den Körper

20 Auch in Deutschland muss von einem Arzt ein Totenschein ausgestellt werden. Wir weisen im Folgenden jeweils darauf hin, wenn die Bestimmungen in den USA von denen in Deutschland abweichen. (Anm. d. Ü.)

zu kümmern, bevor der Arzt hinzugezogen wird. Wenn Sie das Krematorium oder den Bestatter kontaktieren, kommen die Mitarbeiter meist sehr schnell, um den Körper abzuholen. Falls der Körper noch eine Zeit lang ungestört ruhen soll, ist es empfehlenswert, mit diesen Organisationen erst später Kontakt aufzunehmen. Entfernen Sie allen Schmuck, bevor der Körper in das Bestattungsunternehmen gebracht wird; falls gewünscht, kann er später wieder auf den Körper gelegt werden.

In den meisten Gemeinden der Vereinigten Staaten können Familienmitglieder und religiöse Organisationen die Funktion des Bestatters übernehmen.[21] Falls Sie sich dafür entscheiden, benötigen Sie möglicherweise einen Berechtigungsschein, um sich um den Körper zu kümmern, und müssen die vorgeschriebenen Bestattungs- oder Kremierungsdokumente ausfüllen.

Ein nicht einbalsamierter Körper sollte innerhalb weniger Tage beigesetzt werden, um zu vermeiden, dass Bakterien sich bis zu einer gesundheitsschädlichen Menge vermehren. Die Beerdigung beziehungsweise die Einlieferung der Leiche in ein Krematorium muss im Regelfall innerhalb von 120 Stunden (fünf Werktagen) nach dem Tod erfolgen. Ausnahmen bedürfen der Genehmigung der örtlich zuständigen Behörden.[22] Falls Sie von den üblichen Bestattungsmaßnahmen abweichen wollen, sollten sie sich mit den gesetzlichen Bestimmungen vertraut machen und sich nicht auf die Auskünfte des Krankenhauses oder eines Bestatters verlassen.

Feuerbestattungen haben in den letzten Jahren zugenommen und werden von vielen Sterbenden bevorzugt. Als mein Vater

21 Da sich die deutschen Bestattungsverordnungen von dem amerikanischen stark darin unterscheiden, in welchem Maße die Rolle des Bestatters von Familienmitgliedern oder anderen Betreuern übernommen werden kann, ist es ratsam, sich hier im Detail beim Bundesverband Deutscher Bestatter (BDB) e.V. zu informieren (www.bestatter.de)

22 Arbeitsgemeinschaft der Verbraucherverbände e.V. (Hg.): *Was tun, wenn jemand stirbt?,* Bonn, 2000.

starb, wurde sein Körper zu Hause von einem Feuerbestatter abgeholt. Der letzte Blick, den ich auf meinen Vater werfen durfte, war deprimierend: Ich sah der Bahre hinterher, die durch den Hausflur zum Aufzug geschoben wurde, und musste, gerade als die Aufzugstür sich schloss, mit ansehen, wie der Körper meines Vaters auf den Kopf gestellt wurde. So ungewöhnlich ging es auch weiter. Meine Stiefmutter nahm die Asche vom Krematorium entgegen und weigerte sich, sie für die Trauerfeier herauszugeben.[23] Schließlich rief unser Anwalt sie an und erinnerte sie daran, dass alles, was meinem Vater vor ihrer Ehe gehört hatte, an seine Töchter ging – einschließlich seines Körpers. Schließlich gab sie nach, und wir erfüllten den Wunsch meines Vaters: Seine Asche wurde gemeinsam mit der meiner verstorbenen Mutter in den Golf von Mexiko gestreut. Diese Vorgänge nach dem Tod meines Vaters waren für uns alle beschämend. Dies ist häufig der Fall. Das Absonderliche und Wunderbare, das Traurige und Peinliche begleiten den Tod. Und so soll es wohl auch sein.

Immer wieder werde ich gefragt: »Wie verhält es sich mit Organspenden?« Ich persönlich respektiere beide Optionen – die Organspende als eine mitfühlende Gabe an die Lebenden, aber auch die Entscheidung, nach dem Tod nicht in den Körper einzugreifen. Letztendlich ist dies die persönliche Entscheidung jedes Einzelnen. Diese Wahl wird meist aufgrund sozialer oder kultureller Normen getroffen, wobei es wichtig ist, dem sterbenden Menschen nicht die eigenen oder die Vorstellungen der Familie aufzudrängen. Fragen Sie den sterbenden Menschen, was er will, falls dies möglich ist, und unterstützen Sie seine Entscheidung.

Jishu, eine buddhistische Priesterin, entschied sich bereits Jahre vor ihrem Tod dafür, dass sie ihre Organe zum Wohle anderer spenden würde. Dabei war sie sich bewusst, dass der Körper in der

23 In Deutschland besteht Bestattungspflicht, und die Urne mit der Asche eines Verstorbenen darf nicht mit nach Hause genommen werden. (Quelle: BDB)

buddhistischen Tradition mehrere Tage lang, bis zu seiner Bestattung, nicht gestört werden soll. Doch nach eingehendem Nachdenken und Gesprächen mit anderen Praktizierenden kam Jishu zu dem Schluss, dass es die mitfühlendste Entscheidung sei, in dieser Weise zum Wohlergehen anderer beizutragen. Darin ist sie nicht allein – viele Buddhisten betrachten es als ein großes Verdienst, sich für die Organspende zu entscheiden.

Wie sich herausstellte, konnte Jishu aufgrund einer Vorerkrankung nur ihre Augenhornhaut spenden. Da die Augenhornhaut auch noch mehrere Stunden nach dem Tod entnommen werden kann, hatten alle, die sie liebten, viel Zeit, um mit ihrem Körper zu sein und ihre Dankbarkeit für alles auszudrücken, was sie uns und anderen gegeben hatte.

Nach mehreren Herzanfällen war Jishu im Alter von siebenundfünfzig Jahren plötzlich gestorben. Ihr Tod erlaubte es vielen von uns, in der Art und Weise, wie wir uns um ihren Körper kümmerten, das Unausdrückbare auszudrücken. Als ihr Herz im Krankenhaus schließlich aufhörte zu schlagen, wurden die lebensverlängernden Maßnahmen abgebrochen, und sie glitt still und sanft in den Tod. Wir baten die Mitarbeiter der kardiologischen Intensivstation um Hilfe, und man gab uns warmes Wasser und Waschlappen, um Jishus Gesicht und Hals zu waschen. Dann saßen wir bei ihr und beteten.

Jishus Begräbnis sollte eine Woche nach ihrem Tod stattfinden. Am Abend vor der Trauerfeier konnten wir ihren Körper vom Bestattungsinstitut nach Hause holen. Es war das Haus, in das sie mit ihrem Mann gerade erst gezogen war – sie hatte nur eine Woche gehabt, um sich vor ihrem ersten Herzanfall daran zu erfreuen.

An diesem Abend versammelten sich ihre Mutter, ihr Mann und viele Frauen, mit denen sie befreundet war, um das Bett, auf dem sie lag. Wir wollten Jinshu vor ihrem Begräbnis und ihrem »Feuer-*samadhi*«, ihrer Einäscherung, gemeinsam waschen und anziehen. Anfangs war ihre Mutter sehr zögernd und zurückhaltend, was ihre eigene Teilnahme betraf, doch schließlich entschied sie sich zu kommen und zumindest zu versuchen, mit ihrer Tochter in dieser Weise zu sein.

Wir fingen an, Jishu zu waschen, während eine Freundin im Zimmer sang. An einem Punkt bahnte sich Jishus Mutter einen Weg durch den Pulk von Frauen, der um den Körper ihrer Tochter stand, und begann, ihr Gesicht liebevoll zu waschen. Wir anderen wuschen Jishus Körper, und ihre Mutter kämmte und richtete schließlich ihr Haar. Wir zogen ihr buddhistische Roben an und hüllten den Körper in eine Patchworkdecke, die ihre Mutter genäht hatte. Viele von uns, die am nächsten Tag bei der Trauerfeier waren, empfanden, dass dies der stärkste und innigste Moment gewesen war.

Überall auf der Welt gibt es diesen Brauch der Totenwaschung, der einen tiefen Eindruck bei allen Familienmitgliedern und Freunden hinterlässt, die sich an diesem Ritual beteiligen. Wir brauchen uns nicht so sehr darum zu sorgen, ob wir dieser Aufgabe auch gewachsen sind. Wenn wir uns um die sterbliche Hülle kümmern, ist dies nur eine weitere Facette unserer Fürsorge und ein bedeutungsvoller Ausdruck unserer Dankbarkeit dafür, im Leben dieses Menschen eine Rolle gespielt zu haben – und in seinem Tod. Indem wir für den Körper eines Verstorbenen Sorge tragen, erhalten wir eine weitere Gelegenheit, den Riss im Gewebe von Tod und Trauer zu flicken und den Kreislauf der Anteilnahme am Sterben zum Abschluss und zur Heilung zu bringen.

Meditation: *Leichenfeld-Betrachtung*

Wenn wir morgens nach dem Aufwachen nicht über den Tod meditieren, sagt ein tibetisches Sprichwort, haben wir den gesamten Morgen verschwendet. Wenn wir mittags nicht über den Tod meditieren, haben wir den gesamten Nachmittag verschwendet. Und wenn wir abends nicht über den Tod meditieren, verschwenden wir die Nacht mit sinnlosen, leichtsinnigen Aktivitäten.

Die folgende, einfache buddhistische Praxis ist ein sehr direkter Weg, um über den Tod zu meditieren. Dazu visualisieren wir den Verfall unseres Körpers nach dem Tod in neun Stufen der Auflösung. Diese Praxis macht uns die unbeständige Natur unseres Körpers und damit aller Phänomene bewusst. Sie erinnert uns auch an die Leerheit von einem eigenständigen Selbst.

Traditionellerweise unterzieht man sich dieser Praxis auf einem Leichenfeld, wo Körper in verschiedenen Stadien des Verfalls betrachtet werden. 1999 hatte ich auf der Westseite des Berges Kailash in Tibet die Gelegenheit, mit den menschlichen Überresten zweier »Himmelsbegräbnisse« zu praktizieren. Mir wurden buchstäblich die Augen geöffnet, als ich mich in Gehmeditation durch Blutlachen, Knochen und zwei vom Schädel abgeschabte Gesichter, deren blutige Haare ein wirrer Haufen waren, bewegte.

Ein Tibeter kam auf mich zu, ein »Fachmann« dieses Rituals, bei dem Verstorbene zerstückelt werden, sodass Geier die menschlichen Überreste leichter verschlingen können. Er schlug mir vor, mich zwischen den frischen Leichenteilen hinzulegen. Es war eine verstörende, aber zugleich leibhaftige Erfahrung, in menschlichen Blutlachen und Fett zu liegen. Der Mann zog sein Messer aus der Scheide unter seinem Mantel und tat so, als würde er mich zerstückeln. Einen Moment lang wurde ich vom Ekel überwältigt. Dann, ganz plötzlich, entspannte mich die Einsicht, dass auch ich aus Blut und Fett bestehe. Ich konnte nach und nach den starken

Widerstand loslassen, der mich überwältigte, und richtete meinen Blick auf den Berg. Ich dachte daran, dass auch ich früher oder später sterben werde. Der alte Mann schwang auch weiterhin sein Messer über mir, und ich visualisierte meinen toten Körper.

Natürlich müssen Sie nicht nach Tibet fahren und sich einer so haarsträubenden Erfahrung aussetzen. In der im Folgenden beschriebenen Praxis können wir unsere Geschichten in die Wahrheit der Unbeständigkeit hinein loszulassen.

Entspannen Sie Ihren Körper und konzentrieren Sie sich auf den Atem. Rufen Sie sich Ihren Vorsatz in Erinnerung, alle Wesen vom Leiden zu befreien. Verweilen Sie in der Gegenwärtigkeit dieses Moments und folgen Sie dem Atem.

Stellen Sie sich vor, dass Sie Ihren Körper als Leichnam sehen. Sie sitzen neben dem Körper und betrachten die Form, die Sie einmal waren. Nichts bewegt sich. Sie sind heute gestorben.

Schauen Sie genau hin. Betrachten Sie das bleiche Gesicht und die eingefallenen Wangen. Die Haut ist dünn und wächsern. Beachten Sie die Streifen und Flecken auf der Unterseite der Arme und Beine. Ohne Blutdruck sammelt sich das Blut an diesen Stellen. Betrachten Sie die Fingernägel; sie sind bleich und blutleer. In seiner Reglosigkeit scheint der ganze Körper in sich selbst eingesunken zu sein. Die Haut ist bleich und hat einen graublauen Schimmer. Die Augenlider wirken fast durchsichtig. Die Augen sind trocken, stumpf, leicht geöffnet und blicken ins Nichts. Der Mund ist schlaff, die Kiefer sind geöffnet.

Stellen Sie sich jetzt vor, dass mehrere Stunden vergangen sind. Dieser Körper, einst der Ihre, scheint noch dunkler geworden zu sein. Seine schattige Verfärbung hat sich vertieft. Dem Körper entströmt jetzt ein leichter Geruch. Berühren Sie diesen Körper. Fühlen Sie das kalte, leblose Fleisch. Dieser Körper, der einmal Ihnen gehörte, ist jetzt kalt, steif, totes Gewicht.

Drei Tage vergehen, aber Sie sitzen immer noch vor diesem Körper. Er ist nun aufgebläht und fault; er ist angeschwollen mit

Bakterien und Gasen. Der Geruch, der aus diesem Körper kommt, der einst der Ihre war, ist streng und faulig.

Mehrere Tage vergehen. Sie sitzen immer noch vor diesem Körper und betrachten ihn genau. Sie sehen, wie sich etwas bewegt. Maden ernähren sich von diesem Körper. Fliegen landen auf ihm. Andere Insekten legen ihre Eier in diesen verwesenden Leib. Der Geruch ist jetzt streng. Öffnen Sie sich für die Wahrheit der Veränderung in diesem Körper.

Zwei weitere Tage vergehen. Krähen kommen und zerren an dem verfallenden Fleisch. Andere Aasfresser konkurrieren miteinander um diesen verwesenden Körper. Fleisch wird von den Knochen gerissen. Gewebe wird von Waden und Schenkeln, von den Armen und der Brust gezerrt. Der Bauch wird aufgerissen. Immer mehr Knochen werden freigelegt.

Ein Monat ist seit dem Zeitpunkt des Todes vergangen. Sie sitzen immer noch vor diesem Körper, der einmal Ihnen gehörte. Alles, was davon nun noch übrig ist, ist ein Knochengerüst, an dem einige Fleischfetzen herabhängen. Blicken Sie tief. Wenn das also alles ist, was von Ihnen bleibt, worin hat dann Ihr Leben bestanden? Einfach nur ein Skelett mit einigen Sehnen hier und dort. Altes Blut, das die Knochen verfärbt. Betrachten Sie dieses Knochengerüst.

Drei Monate später, und nur noch wenige Sehnen halten die Knochen an diesem Skelett zusammen. Blicken Sie mit Gleichmut auf diesen Körper und sehen Sie, wie er sich auflöst.

Noch mehr Zeit vergeht. Mit den Bändern verlieren die Knochen auch ihre Verbindung untereinander. Die Knochen der Füße sind in eine Richtung verstreut, die Knochen der Hände in eine andere. Der Oberschenkelknochen, das Becken und die Wirbelkörper fallen auseinander. Der Körper, um den Sie sich so gut gekümmert haben, ist jetzt nur noch ein Haufen verstreuter Knochen. Sie haben sich so bemüht, ihn zu pflegen, und alles, was bleibt, sind verstreute Knochen.

Sechs Monate später sitzen Sie immer noch dort. Alles, was Sie jetzt noch sehen, ist ein Haufen ausgebleichter Knochen. Die Knochen zerbrechen langsam und zerfallen zu Staub.

Ein Jahr später, immer noch neben dem sitzend, was einst Ihr Körper war, blicken Sie auf einen Haufen alter Knochen, die kaum noch voneinander zu unterscheiden sind. Einige wurden bereits von Tieren weggetragen. Zersetzt von Sonne, Wind und Regen zerfallen die restlichen Knochen, wenn sie berührt werden.

Zwei Jahre später sitzen Sie dort, wo einst Ihr Körper lag. Nichts ist übrig, außer Staub. Wind kommt auf und bläst den Staub, der einmal Ihr Körper war, in alle Richtungen. Fragen Sie sich bitte: Wer ist das?

Ruhen Sie im gegenwärtigen Moment. Verweilen Sie in dieser Offenheit. Erwachen Sie in diese Weite hinein. Öffnen Sie Ihren Geist für die Wahrheit: Ihr Körper verändert sich ständig. Eines Tages wird er zu Staub zerfallen. Wachen Sie zur Wirklichkeit auf.

Bitte fragen Sie sich: Wer stirbt?

19. Strom des Verlustes

In die Trauer eintauchen

Im 18. Jahrhundert verlor der japanische Haiku-Meister Issa seine kleine Tochter. Tief erschüttert und damit ringend, diesen Verlust zu begreifen, schrieb er:

Die Welt des Taus
Ist die Welt des Taus.
Und doch, und doch –[24]

Wir können spüren, dass Issa von seinem Kummer noch nicht befreit ist. Er begreift nicht, wie das Leben des kleinen Mädchens genauso flüchtig sein kann wie die verschwindend kleine, perfekte Welt in einem Tropfen Morgentau. In seinem Gedicht wird jedoch auch deutlich, dass seine fest verschlossene Faust sich bereits zu öffnen beginnt.

Wie das Leben von Issas Tochter, so ist auch jede Trauer vergänglich, und wenn wir durch sie hindurchgegangen sind, hat sie uns weiser und demütiger gemacht. Vor dieser Verwandlung müssen wir sie jedoch Schritt für Schritt durchqueren. Wenn wir den Schmerz und die Sehnsucht, die wir empfinden, verdrängen, berauben wir uns zweier schwerer Steine, deren Gewicht sich schließlich in tiefe Weisheit und Mitgefühl verwandeln wird. Wenn wir das schwierige Geschenk des Verlustes annehmen, wird

24 Kobayashi Issa: *The Essential Haiku*, New York, 1994, S. 191.

die Erfahrung der Trauer eine bittere Medizin sein. Sie zieht unser ganzes Wesen zusammen, doch dann setzt sich etwas in unseren Knochen ab, das uns Kraft verleiht.

Trauer erfasst immer wieder auch Menschen, die im Sterben liegen; in Erwartung des Todes beklagen sie den Verlust ihres gesamten Lebens. Auch Begleiter sind oftmals ergriffen, wenn sie sehen, wie Erkrankte ihre Freiheit und ihre Ausdrucksmöglichkeiten allmählich verlieren und der Tod sie ihrer wertvollen Beziehungen berauben wird. Außerdem gibt es auch eine Trauer, die unsere Kultur, die darauf beruht, zu besitzen und nicht loszulassen, bestimmt.

Manchmal scheint es, als thematisiere der Buddhismus die Erfahrung der Trauer nicht, sondern begreife sie als Charakterschwäche oder Ausdruck einer schwachen Praxis, obwohl es viele buddhistische Erzählungen über das sanfte Herz des Mitgefühls gibt, das tiefe Trauer möglich macht. Mein erster Lehrer, Zen-Meister Seung Sahn, erzählte immer wieder eine Geschichte aus dem alten Korea, in der ein junger Mönch zur Berghöhle eines Meisters wanderte, weil er hoffte, dessen berühmte Unterweisungen über die Unbeständigkeit zu hören. Als der Mönch sein Ziel erreichte, war er schockiert, den großen Meister weinend über den toten Körper eines Rehkitzes gebeugt zu sehen.

Der Mönch fragte, was geschehen sei, und der Meister erzählte ihm, dass Jäger die Mutter des Rehkitzes getötet hatten. Er hatte das Tier gepflegt und war jeden Tag nach unten in die Stadt gegangen, wo er um Milch bettelte, um es großzuziehen. Wenn niemand ihm Milch geben wollte, weil es bloß für ein Tier war, sagte der Meister, sie sei für seinen Sohn – doch die Menschen fanden es natürlich noch abstoßender, dass ein zölibatärer Priester ein Baby hatte! Trotz ihrer Missbilligung gaben ihm einige Menschen widerwillig etwas Milch. Schließlich schien die ganze Situation jedoch zu skandalös zu sein, und niemand wollte ihm mehr helfen. Der Meister versuchte es überall, er bettelte, doch als er endlich ein wenig Milch erhalten hatte und zu seiner Höhle zurückkehrte, war das Rehkitz gestorben.

»Du begreifst das nicht«, gab der Meister dem Mönch zu verstehen. »Mein Geist und der Geist des Rehkitzes sind eins. Sein Geist ist mein Geist. Darum weine ich: Ich will Milch.«[25]

Wie in allen guten Zen-Geschichten begriff der Mönch es in diesem Moment: Der Meister war ein Bodhisattva, ein erleuchtetes Wesen, der sich, aufgrund seines großen Mitgefühls, dafür entschieden hatte, mit uns allen hier, in dieser schwierigen Existenz, zu verweilen, um seine Hilfe anzubieten. Und es ist genau diese Erfahrung der Trauer, die unser Leben dem Mitgefühl öffnet und zu einem Schmelztiegel der Entwicklung macht, die unserer Praxis Tiefe und Menschlichkeit verleiht – und eine neue Weisheit.

Der von Angst durchsetzte Druck der Trauer ist Ausdruck eines Herzens, das sich an die neue, schreckliche Last des Verlustes eines Menschen gewöhnt, eines Menschen, der aus der äußeren Welt ins Innere unseres Seins eingeht. C. S. Lewis beschreibt die Empfindungen, die aus dieser Umklammerung entstehen. Diese Gefühle sind im Körper angelegt, sagt er: das Ringen nach Luft, die Irritation des Magens, das wiederholte Hinunterschlucken unakzeptabler Schmerzen – all das sind Empfindungen, die mit der Angst assoziiert sind. In seinem Buch *Über die menschliche Trauer* schreibt er: »Niemand hatte mir je gesagt, dass das Gefühl der Trauer so sehr dem Gefühl der Angst gleicht.«[26]

In der schonungslosen Direktheit einer solchen Erfahrung lernen wir, dass Angst und Leiden nicht dadurch verwandelt werden, dass uns ein anderer sagt, wie es geht. Vielleicht können uns jene helfen, die uns am nächsten stehen, indem sie Licht in die Dunkelheit unseres Leidens werfen und uns ermutigende Worte zurufen, während wir lernen, im dunklen, reißenden Wasser des

25 Seung Sahn: *Der Buddha steht kopf*, Bielefeld, 1990, S. 51.
26 C. S. Lewis: *Über die menschliche Trauer*, Einsiedeln, 1967, S. 5.

Schmerzes zu schwimmen. Letztendlich müssen wir jedoch allein durch dieses Gewässer ans andere Ufer gelangen.

Christine war an Gebärmutterhalskrebs erkrankt. Sie rief an und bat mich, ihren Mann und sie zu treffen. Kein wirklicher Notfall, sagte sie, aber würde ich kommen? Als ich mich zu den beiden setzte, konnte ich sehen, dass Christine ihren bevorstehenden Tod akzeptiert hatte – es war ihr Mann, der litt. Angespannt wie eine Sprungfeder, mit tiefen Linien der Sorge und Angst, die sich in seine bleiche Stirn eingegraben hatten, brodelte nervöse Wut unter seiner Oberfläche. Ich saß bei den beiden und hörte zu, wie Christine Dan half, den Boden unter den Füßen wiederzufinden. Ihre Worte waren wie Trittsteine im stürmischen Wasser vorweggenommener Trauer. Und so, wie Christine die Steine platzierte, auf die Dan treten musste, war sie wie eine der Eisenfrauen, die wir bereits erwähnt haben. Sie konnte und wollte nicht für ihn über diese Steine hinwegschreiten.

Die Schmerzen, die wir als Mensch durch Verluste erleiden, kleine wie große, vorweggenommene wie eingetroffene, münden alle in einem Fluss, der durch den Untergrund unseres Lebens strömt. Wenn dieses dunkle Wasser durch die Oberfläche bricht, fühlen wir uns zuerst absolut allein. Wir sind dann überzeugt, dass niemand außer uns je einen solchen Schmerz gespürt hat. Und das stimmt auch zur Hälfte, denn unser Kummer und Schmerz breitet sich über eine Landschaft aus, die so weit und vielfältig ist, dass wir ihn nur in unserer direkten Erfahrung entdecken können.

Als meine Mutter starb, wurde mir eine der härtesten, aber auch wertvollsten Lehren meines Lebens erteilt. Ich verstand, dass ich nur diese eine Gelegenheit hatte, ihren Tod zu betrauern. Ich hatte die Wahl. Einerseits konnte ich eine »gute Buddhistin« sein, konnte die Unbeständigkeit akzeptieren und meine Mutter mit Würde loslassen. Die Alternative bestand darin, mein Herz mit aufrichtigem Schmerz zu reinigen.

Ich entschied mich für die Reinigungsaktion. Nach ihrem Tod fuhr ich, mit Fotos von ihr und Briefen, die sie meinem Vater nach meiner Geburt geschrieben hatte, in die Wüste. Ich schlug mein Lager unter einem Felsvorsprung auf und ließ mich im Schatten des Schmerzes nieder. Wenn unsere Mütter sterben, stirbt auch der Schoß, aus dem wir kommen. Ich fühlte, dass mein Rücken nackt und ungeschützt war, obwohl ich ihn an den kalten, massiven Fels presste. Später wanderte ich mit einer Freundin, die vor Kurzem ebenfalls ihre Mutter verloren hatte, durch den Himalaya. Die Berge wurden vom Herbstregen ausgewaschen, und das Wasser ergoss sich über unsere Gesichter.

Als wir in Kathmandu eintrafen, boten einige Lamas an, eine tibetische Zeremonie für meine Mutter abzuhalten. Sie wiesen mich an, nicht zu weinen, damit sie in Frieden ruhen könne. Zu diesem Zeitpunkt war ich bereit, auf ihre Worte zu hören. Ich musste mich nicht zwingen, nicht mehr zu trauern. Als ich mich in der Zeremonie ganz fallen ließ, spürte ich, dass meine Mutter zu einer Ahnin geworden war. Nachdem ich sie endlich losgelassen hatte, war sie zu einem Teil von mir geworden. Und meine Traurigkeit war in den allgemeinen Strom der Schmerzen eingegangen, der tief in uns allen pulsiert, der zwar unsichtbar ist, aber an jeder Biegung auf unser Leben einwirkt.

Unsere Probleme beginnen meist dann, wenn wir uns nicht genügend um die schmerzhaften, intensiven Emotionen kümmern, die uns nach dem Verlust eines geliebten Menschen überkommen. Direkt nach dem Tod eines nahen Freundes oder Verwandten ist es einfach, unsere Gefühle durch die »Geschäftigkeit der Geschäfte«, die nun anstehen, zu unterdrücken. Im Westen ist diese Geschäftigkeit zu einem Teil der Erfahrung des Todes geworden. Die Hinterbliebenen sind direkt nach dem Tod mit einer komplexen Situation konfrontiert. Sie müssen sich nach einem Bestatter umschauen, Familie und Freunde verständigen, Entscheidungen über eine Trauerfeier treffen und sich durch ein

Labyrinth von Versicherungen, Steuerangelegenheiten, letzten Wünschen und Testamenten arbeiten. Außerdem muss der Besitz des Verstorbenen geordnet, aufgeteilt und weggegeben werden. In den scheinbar endlosen Aktivitäten, etwas zum Abschluss bringen zu wollen, liegt es nahe, die Geschäftigkeit zu benutzen, um die Tiefe des erfahrenen Verlustes nicht zu spüren. »Ich trauere später – jetzt habe ich nicht die Zeit dafür.«

Anfangs ist die Trauer überwältigend, ganz gleich, ob Sie mit dem möglichen Ende des eigenen Lebens konfrontiert sind oder damit, jemanden verloren zu haben. In unserem Schmerz gehen wir durch die dunklen Bereiche der fünf Elemente Erde, Wasser, Feuer, Luft und Raum, wobei jedes einzelne ein Teil der intensiven körperlichen Erfahrung der Trauer ist. Während wir durch diese Elemente und ihre schrecklichen Transformationen gehen und uns oft so verloren fühlen wie Christus in seinen letzten Stunden, ist es normal, schwere Schuld oder Scham zu empfinden. Wir widersetzen uns unseren Freunden und ihren guten Absichten – »Auch das wird vorübergehen« –, denn ihr Trost wirkt schwach und defensiv im Vergleich zu der Tiefe unseres Verlustes. Zugleich mag uns aber dennoch beschäftigen, was andere von uns denken. Wir sorgen uns darüber, dass wir die Geduld unserer Freunde erschöpfen oder peinlich wirken in dem, was in ihren Augen vielleicht einfach nur wie larmoyantes Selbstmitleid aussieht.

Machen Sie sich bitte bewusst, dass Trauer, wie der Tod, ganz natürlich ist. Selbst Tiere trauern. Vor einigen Jahren teilten in einem indischen Zoo zwei Elefantenkühe ein Gehege. Als die eine bei der Geburt eines Jungen starb, war die andere, eine zweiundsiebzig Jahre alte Dame, untröstlich. Sie wollte weder essen noch trinken, weinte und brach schließlich zusammen und starb. Als Säugetiere gehen wir miteinander komplexe Beziehungen ein, und wenn diese aufgelöst werden, trauern wir in unseren Körpern.

Wir unterstützen den Trauerprozess durch Furchtlosigkeit, wenn wir uns durch unsere Scham nicht beirren lassen, sondern in unserer Traurigkeit gegenwärtig bleiben. So half auch der Buddha einer Frau, die ihre Schmerzen über den Tod eines Kindes nicht loslassen konnte. Ubbiri stammte aus eine angesehenen indischen Familie. Schon als kleines Mädchen war sie sehr schön, und als sie erwachsen war, heiratete sie einen König. Als Ubbiri eine Tochter zur Welt brachte, gab sie ihr voller Freude den Namen Jiva, was »lebendig« bedeutet. Doch schon kurz nach der Geburt starb Jiva plötzlich.

Ubbiri war am Boden zerstört. Jeden Tag ging sie an die Verbrennungsstätte, um ihre Tochter zu betrauern. Eines Tages fand sie bei ihrer Ankunft eine große Menschenmenge vor: Der Buddha, der in dieser Gegend unterwegs war, hatte Halt gemacht, um die Menschen zu unterweisen. Eine Weile lang hörte Ubbiri dem Buddha zu, ging dann aber wie üblich an den Fluss und weinte in ihrer Verzweiflung. Der Buddha hörte ihre herzzerreißende Totenklage. Er ging zu ihr hin und fragte, wieso sie weine. In ihrem tiefen Schmerz rief sie aus, dass ihre Tochter tot sei. Der Buddha zeigte daraufhin erst auf eine Stelle, dann auf eine andere, an der die Toten gelegen hatten, und sprach:

> Oh Ubbiri, wer klagt im Walde und weint: »Oh, Jiva! Oh meine liebste Tochter.« Komm zu dir! An dieser Begräbnisstätte wurden 84 000 Töchter verbrannt. Und alle wurden so genannt wie jene. Um welche all dieser Jivas trauerst du?[27]

Beachten Sie, dass der Buddha Ubbiri keinesfalls dazu auffordert, nicht zu trauern. Behutsam versucht er ihr zu helfen, sich in ihrem individuellen Schmerz der Möglichkeit des universellen Mitgefühls zu öffnen. Der Buddha weist ihr einen Weg, wie sich ein persönlicher Verlust in tiefe Anteilnahme für alle, die je gelitten haben, verwandeln lässt. Anteilnahme für *alle* 84 000 Mütter. Für

27 *Therīgāthā – Die Sprüche der Nonnen*, 3.51

alle Mütter, die je gelebt haben, sie selbst eingeschlossen. Ubbiri brauchte das Bewusstsein einer tieferen Verbundenheit, um zu gesunden und vollständig zu heilen.

Trauer ist wie jene Mutter, von der ich gehört habe, die ihr totes Kind in ihrer eigenen Muttermilch wusch. Sie lehrt uns Sanftheit und Geduld im Umgang mit unserem eigenen Schmerz und erinnert uns liebevoll daran, nicht zu intensiv festzuhalten. Die Unbeständigkeit ist unvermeidbar, wird uns gelehrt. Niemand und nichts können sich ihr entziehen.

Meditation:
Begegnung mit der Trauer

Die folgenden Praktiken, die auf den Unermesslichen Geisteszuständen beruhen, können uns immer wieder durch die Untiefen unserer Trauer leiten. Verwandlung kann es geben, wenn wir uns von unserem Verlust berühren lassen, ihn bewusst erleben und uns reinigen, indem wir vollständig in den Strom der Trauer eintauchen.

Lassen Sie den Körper zur Ruhe kommen, wenn Sie mit diesen Sätzen praktizieren; Sie können entweder im Sitzen oder im Liegen üben. Machen Sie sich bewusst, wieso Sie praktizieren; entwickeln Sie ein sanftes Herz. Finden Sie einen Satz oder Sätze, die zu Ihnen sprechen, und praktizieren Sie sie mit dem Atem – dabei können Sie Ihre Konzentration eher auf den Atem oder eher auf den Satz lenken.

- Möge ich für den Schmerz der Trauer offen sein.
- Möge ich die Kraft finden, in meinem Kummer gegenwärtig zu sein.
- Möge ich meine Traurigkeit annehmen, wohl wissend, dass ich nicht meine Traurigkeit bin.

- Möge ich meine Wut, meine Angst, meine Sorge und meinen Kummer annehmen.
- Möge ich meine Trauer annehmen, wohl wissend, dass das weder schlecht noch falsch ist.
- Möge ich es mir verzeihen, die Bedürfnisse meiner Lieben nicht erfüllt zu haben.
- Möge ich mir meine Fehler und alles, was ungetan blieb, verzeihen.
- Möge ich mir selbst und anderen gegenüber offen sein für die Erfahrung des Leidens und Verlustes.
- Möge ich Frieden und Kraft finden, um für andere hilfreich zu sein.
- Mögen alle, die trauern, von ihren Schmerzen befreit werden.

Leben und Tod sind von höchster Bedeutung.
Die Zeit vergeht schnell, und die Gelegenheit ist verloren.
Wacht auf,
Wacht auf …
Verschwendet nicht euer Leben.

Abend-Rezitation des Zen

Nachwort

Einssein mit dem Sterben

In seinem berühmten Roman *Die Brücke von San Luis Rey* beschreibt Thornton Wilder das Leben von fünf Menschen, die beim Einsturz einer Hängebrücke in Peru ums Leben kommen. Im Verlauf der Erzählung sieht ein Missionar »die Brücke sich teilen und fünf zappelnde Ameisen in die Schlucht hinunterschleudern.«[28] Sein Interesse ist geweckt, und er macht sich daran, die Lebensgeschichte der fünf Opfer zu rekonstruieren, um die scheinbare Zufälligkeit dieser Tragödie zu begreifen.

Wilders Geschichte ist eine Parabel über unser Ringen damit, dem Zufall und unerklärlichen Katastrophen einen Sinn zu verleihen. Ein Ringen, mit dem die Verwandten der Opfer nach der Katastrophe konfrontiert sind. Auch der Missionar fragt sich: »Entweder leben wir durch Zufall und sterben durch Zufall, oder wir leben nach einem Plan und sterben nach einem Plan.«[29]

Seine Erzählung gemahnt uns daran, dass der Tod nicht nur die Sterbenden trifft – er *be*trifft auch all jene, die weiterleben. Tatsächlich ist das Sterben kein individueller Akt. Der sterbende Mensch ist oft eine Figur in einem größeren Drama. So, wie wir ein Testament als Vermächtnis hinterlassen, von dem die Überlebenden materiell profitieren, so hinterlassen wir auch ein Vermächtnis über unsere Erfahrung des Todes. Und das Gros dieser

28 Thornton Wilder: *Die Brücke von San Luis Rey*, Frankfurt a. M., 1994, S. 9 f.
29 Wilder: *Die Brücke*, S. 10.

Hinterlassenschaft setzt sich daraus zusammen, wie wir durch diesen letzten Übergangsritus hindurchgehen – in welchem Maße wir dazu in der Lage sind, an unserem eigenen Sterbeprozess teilzuhaben.

Immer wieder nehmen wir an Übergangsritualen teil, ohne uns dabei wirklich bewusst zu sein, dass es sich um solche handelt – oder ohne dass der Übergang und die daraus resultierenden Bewusstseinsveränderungen von unserer Kultur anerkannt werden. Die Elemente, aus denen sich solche Rituale zusammensetzen, sind: lange, schlaflose Stunden, hoher innerer Druck sowie die Anwesenheit von Leiden, Tod und dem Mysterium des Unbekannten.

Selbst wenn wir sie nicht als Übergangsrituale bezeichnen, beinhalten diese universellen Übergänge im Leben des Einzelnen Stationen wie Trennung, die Schwelle, die es zu überschreiten gilt, sowie die Rückkehr. Meist sind wir in diesen Erfahrungen nicht wirklich präsent, nicht offen für die Gezeiten des Lebens, weil etwas daran schmerzhaft ist oder uns Angst macht. Krankheit und die Wiederherstellung unserer Gesundheit sind eine solche Erfahrung, der erste Sex, die Geburt eines Kindes. Sterben ist wohl das extremste Beispiel für diese Art des Übergangs. Der Tod fordert uns auf, unser Leben anzunehmen und zu würdigen, uns selbst und anderen zu vergeben und loszulassen, während das kleine Selbst sich in den größeren Strom des Seins auflöst. Aus der Sicht des Buddhismus ist dies die günstigste Gelegenheit, aufzuwachen und Freiheit zu erlangen – oder wie Emerson sagte, es ist die verwundete Auster, die sich selbst mit einer Perle heilt.

Doch welche Rituale gibt es in unserer Gesellschaft, die solche transformierenden Übergänge beschreiben und legitimieren? So gut wie keine. Krisen werden in unserer Gesellschaft nicht als Übergang begriffen. Es gibt für sie keine Akzeptanz, weshalb chaotische, erschreckende Erlebnisse normalerweise kontrolliert oder unterdrückt werden.

Doch selbst ohne diese Akzeptanz suchen wir Erfahrungen der Trennung, Schwellen- oder Grenzerfahrungen und der Rückkehr. Tod und Sterben sind auch in unserer Kultur ein Übergangsritus, ob wir das wahrhaben wollen oder nicht. Manche Menschen erfahren einen geistigen Zusammenbruch, der einen Reifeprozess auslöst. Andere bewegt das Leiden dazu, einen spirituellen Weg zu gehen. Einige erkranken körperlich und entwickeln sich zu verwundeten Heilern, die sich nach außen wenden und anderen helfen, nachdem sie sich selbst geheilt haben. Und, das haben wir gesehen, viele Menschen entdecken im Sterben ihre eigene, natürliche Weisheit. Mein Vater wurde ein noch weiserer Mann, als er im Sterben lag. Issan Dorsey wurde im Sterben zu einem wahrhaftigen Mann des Zen. Meine Freundin Julie reifte zu einer Lehrerin heran, als sie starb. Und Ann, die brillante Medizinerin, fand einen Glauben jenseits der Sprache, als ihr Gehirn von einem aggressiven, tödlichen Tumor überfallen wurde.

Es ist merkwürdig, aber Krisen sind immer wieder ein Katalysator, der Stärke, Weisheit und Güte aus der bedrängenden Umarmung der Furcht befreit. Im Sterben können wir lebendiger sein. Wenn wir inmitten einer Lebenskrise gegenwärtig sind und Anteil nehmen, entsteht Mitgefühl. Auf diese Weise reifen wir und entwickeln Durchlässigkeit und Innigkeit. Unsere eigene physische und psychische Verletzlichkeit, wenn wir sie zulassen, zeigt uns den Weg und führt uns in die Gegenwart. Außerdem wachsen auf diese Weise Dankbarkeit und Bescheidenheit. Krisen sind die Essenz des spirituellen Pfades, eine Serie von Zusammenbrüchen, die es uns erlauben, die Fäden zu entdecken, die das Leben zu einem vollständigen Tuch verweben.

Als ich vor einigen Jahren das Projekt Biosphäre 2 in Arizona besuchte, fragte ich den Wissenschaftler, der mich durch den Komplex führte, wieso einige Bäume mit Seilen am Stützwerk des Gebäudes befestigt waren. Da in der Biosphäre kein Wind wehte, erklärte er mir, mussten die Bäume keinem Druck standhalten.

Dadurch waren sie schwach und mussten gestützt werden. Auch wir brauchen Druck, dem wir widerstehen, um stark zu werden.

Wie, habe ich mich über die Jahre gefragt, können wir wirklich mit dem Sterben sein, diesem unsichtbaren Weg der Initiation, der sich für uns alle auftun wird? Wie können wir uns vom Sterben auseinanderreißen lassen und, indem dies geschieht, gestärkt daraus hervorgehen? Für mich sind die drei Grundsätze des Nicht-Wissens, der Anteilnahme und des mitfühlenden Handelns ein Schlüssel, der viele Tore öffnet, Tore, die alle an denselben Ort führen: ins Nicht-Wissen, ins Unbegreifliche, dorthin, wo wir einfach nur gegenwärtig sind für die Wahrheit dessen, was geschieht. Über die Jahre sind diese Grundsätze wie ein Dünger in den Boden meines Daseins eingesunken, insbesondere in meiner Arbeit mit Sterbenden. Ich habe gelernt, die Grundsätze als ein Boot zu betrachten, das mich durch unbekannte Gewässer trägt. Sie erinnern mich an das, was ich in meinen Begegnungen mit Sterbenden verwirklichen möchte.

Die Grundsätze helfen mir, mich mit Bescheidenheit daran zu erinnern, wie ich mit dem, was im gegenwärtigen Moment geschieht, vertraut sein kann. Sie unterstützen mich darin, angemessen zu handeln, wenn ich Menschen begegne, die leiden. Sie lehren mich, alles anzunehmen, und leiten mich in den kontemplativen Praktiken, die im Zentrum unserer Begegnung mit dem Sterben stehen. Achtsame Meditation vertieft unsere Konzentration, Offenheit und Einsicht, sodass wir nach und nach den Horizont unseres Herzens erweitern, bis es weit genug ist, alles aufzunehmen, einschließlich der Wirklichkeit des Todes und der Tatsache, dass ein »guter« Tod noch lange nicht gut aussehen muss.

Wenn wir uns um einen sterbenden Menschen und seine Familie kümmern, stellt uns diese außergewöhnliche Praxis ins Zentrum des Unbekannten, Unvorhersagbaren, in den Zusammenbruch des Lebens. Das ist der Druck, dem wir standhalten. Körperliche Erkrankung, Schwäche von Körper und Geist, im

Fadenkreuz der medizinischen Einrichtungen zu stehen, alles zu verlieren, worum der sterbende Mensch sich ein Leben lang bemüht hat – das ist der harte und zerreißende Strom des Sterbens. Ein Begleiter kann für all das da sein, aber auch für die Wunder und Überraschungen des menschlichen Geistes. Und an jeder Biegung des Weges können wir lernen und sogar Kraft schöpfen. Sterbende zu begleiten ist wirklich eine Entdeckungsreise, wenn wir in sie hinein loslassen. Ganz gleich, ob wir professionelle oder familiäre Betreuer sind – wir wandeln auf einem Pfad, auf dem es keine Spuren gibt und der uns Demut und Ehrfurcht einflößt. Ob uns dieser Pfad gefällt oder nicht, die meisten von uns werden sich auf ihm wiederfinden – irgendwann werden wir uns nahestehende und andere Menschen, die im Sterben liegen, begleiten.

Wenn wir Glück haben, werden wir auch für unseren eigenen Tod da sein. Ein sterbender Mensch kann sich auf Wahrheit, Glaube und Hingabe als edle Begleiter einlassen. Er kann sich öffnen für die Gnade und Weite, die wie ein Fluss sind, der in den Ozean mündet, oder wie Wolken, die sich im Himmel auflösen.

Denn die Praxis des Sterbens ist die Praxis des Lebens – wenn wir das nur sehen können. Je tiefer unser Einblick in diese Wahrheit ist, umso besser können wir für all jene da sein, die im Sterben liegen, und ihnen unsere bedingungslose Liebe schenken.

Thornton Wilders Roman schließt mit den folgenden Worten:

> Bald aber werden wir alle sterben, und alles Angedenken jener fünf wird dann von der Erde geschwunden sein, und wir selbst werden für eine kleine Weile geliebt und dann vergessen werden. Doch die Liebe wird genug gewesen sein.[30]

30 Wilder: *Die Brücke*, S. 158.

Liebe war auch Martin Tolers Botschaft, der vor mehreren Jahren bei einem Grubenunglück in West Virginia ums Leben kam. Toler starb, langsam, in der immer dünner werdenden Luft des Minenschachts, die er mit jedem Atemzug aufbrauchte. Mit der wenigen Kraft, die ihm blieb, schrieb er eine Nachricht der Zuversicht an alle, die ihm nahestanden – und an die Millionen, die, wie ich, später davon hörten.

Tief aus dem Inneren der Erde richtete Toler sich an die gesamte Welt, als er schrieb: »Sagt allen, dass ich sie auf der anderen Seite wiedersehen werde.« Er verspricht seiner Familie, sie im ewigen Leben wiederzusehen – an jenem Ort, der frei vom Tod ist. Für uns alle drückt er den tiefen menschlichen Wunsch aus, dass unsere Verbundenheit die Trennung, die wir im Moment des Todes erleiden, überdauern werde. »Es ist nicht schlimm; ich schlafe einfach nur ein«, fuhr seine Notiz fort, an deren Ende er mit letzter Kraft »Ich liebe euch« schrieb.

Ich saß oft am Bett sterbender Menschen, deren Verwandte im Raum waren und auf diese letzten Worte der Liebe und der Hoffnung warteten. Die letzten Aussprüche Sterbender, die an der Schwelle vom Leben zum Tod getan werden, sind von einer Aura des Mysteriösen und der Wahrhaftigkeit umgeben. Wir, die zurückbleiben, hoffen, durch die Worte des Sterbenden einen Blick durch den Schleier zu werfen, der die Welten trennt – denn diejenigen, die dem Tod so nahe sind, wissen vielleicht, was wir alle wissen wollen.

Tolers letzte Worte unterstreichen das Edelste in unseren menschlichen Verbindungen, nämlich dass das Leben erhaben ist und unsere Beziehungen heilig sind. Durch die Dunkelheit streckte er seine Hände nicht nur seiner Familie, sondern uns allen entgegen und nahm uns durch seine mitfühlenden Worte in seine Gemeinschaft auf. Denn, wie es schon der Buddha gegenüber seinem Cousin Ananda ausgedrückt hatte, das spirituelle Leben besteht vor allem darin, dem anderen ein guter Freund zu sein. Unsere Beziehungen und unsere Liebe verleihen dem Leben letztendlich Bedeutung und Tiefe.

Welche Worte wollen wir zurücklassen, wenn wir sterben? Als die Dichterin Elizabeth Barrett Browning starb, sprach sie ein einziges letztes Wort: »Schön.« Der Wissenschaftler Charles Darwin rief aus: »Ich fürchte den Tod nicht im Geringsten.« Thomas Edison, der geniale Erfinder, sagte einfach nur: »Es ist sehr schön da drüben.« Diese weisen Menschen, die sich an der Schwelle des Todes befanden, überbringen uns die Botschaft, dass der Tod unser Freund ist und wir ihn nicht fürchten müssen. Was haben sie gesehen, das es uns zu sehen verlangt? Was ist dieses Mysterium, in das wir alle eingehen werden?

Ihre letzten Worte lehren uns, wie wir unseren Geist der Erfahrung des Sterbens anempfehlen können – und wie wir in der Zwischenzeit leben sollten. Sie sind ein wertvolles Testament des menschlichen Herzens, das uns auffordert, unser Leiden loszulassen und Freiheit zu finden, indem wir dem Tod ohne Furcht entgegentreten. So verstehen wir ganz direkt die Wahrheit der Unbeständigkeit, die Zerbrechlichkeit von allem, was wir lieben, und dass wir letztendlich an nichts festhalten können. Ja, vielleicht werden wir einander »auf der anderen Seite« wiederbegegnen, aber wir könnten uns auch fragen: Können wir uns selbst und anderen auch jetzt begegnen? Was ist uns heute am wichtigsten, wenn wir bedenken, dass der Tod unausweichlich ist?

Wir können den Tod nicht kennen, ohne zu sterben. Er ist das Mysterium, das unter der Haut des Lebens liegt. Aber wir können spüren, was Menschen bewegt, die ihm nahe sind. Martin Toler schrieb: »Ich liebe euch.« Im Grunde genommen sagte er damit, dass alles in Ordnung sei. Wenn wir dem Sterben begegnen, ist das eine Feuerprobe, die uns zeigt, was es heißt, zu lieben und geliebt zu werden. In diesem brennenden Feuer unterziehen wir unsere Praktiken des Nicht-Wissens, der Anteilnahme und des mitfühlenden Handelns einer Prüfung, jene Praktiken, die uns in den stärksten Flammen stützen können. Lassen Sie uns nicht die kostbare Gelegenheit versäumen, für diese große Angelegenheit da zu sein – die *einzige* Angelegenheit –, die ehrfurchtgebietende Angelegenheit von Leben und Tod.

Danksagung

Ich habe vielen Menschen zu danken, die zu diesem Buch beigetragen haben. Mein inniger Respekt gilt allen, die mich durch ihre Trauer, Krankheit und ihr Sterben gelehrt haben. Ich empfinde tiefe Dankbarkeit für alle, die mir in den vielen Jahren, die ich Sterbende begleitet und Betreuer geschult habe, Zuflucht und Unterstützung gewährten: Tony Back, Richard Baker Roshi, Irène Kyojo Bakker, Sarah Barber, Mary Catherine Bateson, Gregory Bateson, Jonathon Berg, Richard Boestler, Dale Borglum, Ira Byock, Joseph Campbell, Annette Cantor, David Cantor, den Ehrenwerten Chagdud Tulku Rinpoche, David Chambers, Sandy Chan, Gigi Coyle, Grant Couch, Seine Heiligkeit den Dalai Lama, Ram Dass, Joe David, Lisl Dennis, Larry und Barbara Dossey, Ann Down, Scott Eberle, Katherine Foley, Jane Fonda, Verona, Dana und John Fonte, Steven Foster, Ghelek Rinpoche, Bernie Glassman Roshi, Natalie Goldberg, Joseph Goldstein, Sallie Goodman, Rose Gordon, Jonna Goulding, Fleur Green, Christie Greene, Stanislav Grof, Lama Gyaltrul Tulku Rinpoche, Bessie Bandy Halifax, John und Eunice Halifax, Larry Hall, Charles und Susan Halpern, Frances Harwood, Ted Heffernan, Michael Henry, Barry Hershey, Jishu Angyo Holmes Roshi, Allan und Marion Hunt-Badiner, Edwin und Adrienne Joseph, John Kabat-Zinn, John und Tussi Kluge, Elizabeth Kübler-Ross, Andrea Kydd, Rob Lehman, Stephen Levine, Meredith Little, Alan Lomax, Christine Longacre, Fleet Maull, Patrick McNamara, Margaret Mead, Dick

Miller, Thich Nhat Hanh, Lukas Niederberger, Mayumi Oda, Enkyo O'Hara Roshi, Frank Ostaseski, Susan und George Otero, Manny Papper, Gary Pasternak, Marty Peale, Louise Pearson, Kathleen Priest, Annie Rafter, Laurance Rockefeller, Gisela Roessiger, Larry Rosenberg, Cynda Rushton, John Russell, Sharon Salzberg, Dame Cecily Saunders, Seung Sahn Dae Soen Sa Nim, Diane Shainberg, Patricia Shelton, Larry Sherwitz, Huston Smith, Beverly Spring, Bruder David Steindl-Rast, Gwynn Sullivan, Kazuaki Tanahashi Sensei, Elizabeth Targ, Lama Tempa Dukte, Chögyam Trungpa Rimpoche, die Sangha des Upaya Zen-Zentrums, Andy Weil, Jean Wilkins, Jack Zimmerman und Zuleikha.

Ich möchte Emily Sell, Emily Bower und Peter Turner von Shambala Publications für ihre große Unterstützung und Geduld danken. Ganz besonderer Dank gilt Jennifer Lowe, die an der letzten Fassung dieses Buches gearbeitet und es rund gemacht hat.

Über die Autorin

Dr. Joan Halifax ist Zen-Priesterin und Anthropologin. Sie hat an der Columbia University, der University of Miami School of Medicine, der New School of Social Research und an der Naropa University gelehrt. Seit vierzig Jahren arbeitet sie mit sterbenden Menschen und hat Vorlesungen über Tod und Sterben an der Harvard Divinity School, der Harvard Medical School, der Georgetown Medical School und vielen anderen akademischen Institutionen gehalten. 1990 gründete sie das Upaya Zen Center, ein Zentrum für buddhistische Studien und soziales Handeln, in Santa Fe, New Mexico. 1994 gründete sie das *Project on Being with Dying*, in dem bereits Hunderte von Medizinern und Pflegekräften in der kontemplativen Begleitung Sterbender ausgebildet wurden.

Weitere Informationen finden Sie unter www.upaya.org.